细说史记三千年・霸主之路

王嗣敏 著

華夏出版社
HUAXIA PUBLISHING HOUSE

图书在版编目（CIP）数据

细说史记三千年．霸主之路 / 王嗣敏著 .-- 北京：华夏出版社有限公司，2022.7

ISBN 978-7-5222-0217-4

Ⅰ．①细… Ⅱ．①王… Ⅲ．①中国历史－古代史－纪传体 ②《史记》－通俗读物 Ⅳ．① K204.2-49

中国版本图书馆 CIP 数据核字（2021）第 238133 号

细说史记三千年·霸主之路

著　　者 王嗣敏
责任编辑 张　平

出版发行 华夏出版社有限公司
经　　销 新华书店
印　　刷 三河市少明印务有限公司
装　　订 三河市少明印务有限公司
版　　次 2022 年 7 月北京第 1 版
2022 年 7 月北京第 1 次印刷
开　　本 890mm×1280mm 1/32
印　　张 11.125
字　　数 265 千字
定　　价 69.00 元

华夏出版社有限公司　地址：北京市东直门外香河园北里 4 号　邮编：100028
网址：www.hxph.com.cn　电话：（010）64618981

若发现本版图书有印装质量问题，请与我社营销中心联系调换。

为人不展风云志，空负天生八尺躯

十年前，我创作了这副对联：

震古烁今，不虚美不隐恶不挟私不苟同不惜命不爱财，不愧不怍不屈不挠，不见风使舵，不怨天不尤人，忍辱苦斗，实事求是，质近孔孟老庄墨翟学，开正史之首。公真做到千秋不朽，克成大德昭日月。

呕心沥血，有继承有总结有创造有肝胆有理想有卓见，有智有信有仁有勇，有以身殉道，有家学有自励，发奋著书，兼收并蓄，文追屈贾扬班相如赋，酬两代之劳。我愧未睹先哲风范，光大遗著慰英灵。

通过这副对联我究竟要表达什么意思，读者们可能不甚了了。现在就分句解释，以此作为本书之前言。

（一）震古烁今

书可以读厚，也可以读薄。

天下之书，数之不尽，读之不尽。可如果只读代表作，也是可以读尽的。

假如只给人一个选择，在史学中只选一本，那么就可以只选这本震动天下的《史记》。

（二）不虚美不隐恶不挟私不苟同不惜命不爱财

“不虚美，不隐恶”是《汉书》作者班固对《史记》的评价，这是非常高的评价，可见，虽然《史记》不全是信史，在人物传记部分，有很多地方需要商榷，可是在学术领域，一等一的学术大师都承认其价值，尤其“八书十表”，作为司马迁的学术论文，其引用是高频次的。

这六个字，是文学和艺术的永恒追求，是一种文学求真的态度。

但是，非常遗憾的是，直到目前，能做到这六个字的，寥寥无几，有时是形势使然，有时是功力不到，有时是私心作祟，有时是利益驱使，有时源于怯懦。

挟私之人，一心只想给自己辩护，一心只想给后面的利益集团代言，文章自然是美容过度，以至于失真。司马迁并非完全没有私心，他也是活生生的人，然而他没有把私心凌驾于公理之上，这就是伟大。超越了个人局限性，都是伟大。

不苟同，也很难做到。坚持独立的学术原则，不为外部压力所屈服，不为取悦世人，敢于发表振聋发聩（kuì，耳聋）的学术见解，使得聋人都能听见，用文字唤醒糊涂麻木之人，这是何等的功力？

一部大作，可能会耗掉人所有的精华岁月，熬干人的心血，还可能使人因言获罪，丢了脑袋。一心只想获取现实利益，只想保养身体之人，绝不会干这种“傻事”。

至于不爱财，就更难做到了。在知识产权可以转变为财富的当今，追求光明正大的财富，是可以获得广泛认同的。然而，不是进行马上变成钱的创作，想要从事《史记》这样的创作，必须有一年、两年、八年、十年，甚至一辈子都看不到钱的心理准备。在物欲横流的大潮中，必定会有人逆流而上，因为支撑他卓尔不群的那个东西叫信念。

（三）不愧不怍不屈不挠，不见风使舵，不怨天不尤人

不愧不怍（zuò，惭愧），出自《孟子·尽心上》。原文："仰不愧于天，俯不怍于人，二乐也。"抬起头看着苍天，感觉对得起天，低下头想想，感觉自己无愧于人，这是人生的两大乐事。

光明磊落，心胸坦荡，问心无愧，不屈不挠，不见风使舵，不怨天尤人，这样的人生多么让人羡慕啊！

人的一生，不是追求功名利禄，长生不老也不是真正的追求，无愧于身、无愧于心、无愧于天、无愧于人，人生做到无愧，做到了无遗憾，才是至高的追求。

能达此境界者，古今中外，有几人？

《幼学琼林·卷三》有言："生平所为皆可对人言，司马光之自信；运用之妙惟存乎一心，岳武穆之论兵。"

司马光之境界，司马迁也可达到。

虽然司马迁也无数次考问苍天，抱怨命运之不公，然而抒发过后，他依然秉笔直书，坚守学术底线，坚信学术道德，坚定学术信仰。

是好汉，牙被打掉，和血吞，绝不吭声。

（四）忍辱苦斗，实事求是，质近孔孟老庄墨翟学，开正史之首

没有任何一个人的人生是容易度过的。

人生之苦，最难熬的就是精神上的羞辱，尤其对于贤达之士和精神贵族而言。

士可杀不可辱，以死抗争，也很惨烈。然而，没有选择马上死，而是完成了一件伟大的艺术作品，把自己与汉武帝的争论、争斗，延续两千年，这又是一种何样的伟大?

《司马迁之人格与风格》作者李长之先生说司马迁是“学术上的汉武帝”，汉武帝是“政治上的司马迁”。这是非常经典的评论。

我认为，当时手无缚鸡之力的司马迁抵挡不住依托强大国家机器的汉武帝的攻势，而在这场持续两千多年的斗争中，“政治上的汉武帝”依然没有使“学术上的汉武帝”——司马迁屈服。

两个人都是强者。在这种纠缠和较量中，两个人同时用自己的意志与力量，诠释了豪气干云、大气磅礴、纵横天下的大汉精神。

汉武帝征服了世界，却没有征服司马迁的灵魂。想一想，这是多么美妙的一件事啊!

忍辱奋斗的司马迁，依然秉持着学术上实事求是的精神，创作了一部可以与孔子、孟子、老子、庄子、墨子相比肩的不朽作品。

《史记》列二十四史之首，开创之功，无人能及。

(五)公真做到千秋不朽，克成大德昭日月

冯友兰先生把人生境界分成四个层次：自然境界、功利境界、道德境界、天地境界。

绝大多数的人都停留在自然境界、功利境界中，为衣、食、住、行、功、利、权、钱等耗费全部心血。这也挺好，也都是活着的目的。

可是也有少数人在追求道德境界和天地境界，虽然壮志未酬者居多，然而，正是这部分人撑起了一个社会的架构。

人生是有段位的。两段三段的人，很难理解八段九段的人。相反也是如此。不同段位的人，要承认对方的价值追求，也就是说，不能用自己的价值观消灭、压制对方，不能互相笑话。但总体来说，一个社会两段、三段的人太多，一生最大的理想就是获得一点好的衣食，这个社会也基本是没有希望的。

不是说这样是错的，而是这样的社会缺少远大理想和坚定信念，对人性中动物性的一面超脱能力有限。

司马迁这种身处人生九段的人物，一般人很难懂。

如果中国也有先贤祠，无论设定什么样的标准，他都应该名列其中。

生时不幸，能享哀荣，也是对他在天之灵的安慰。

（六）呕心沥血

我先不谈司马迁创作时的痛苦，只从我自己写作时需要付出的努力，就可感受到他的付出与痛苦。

为了做这件事，必须割舍现实的利益与快乐，绝大多数时间只能与清月、清风、清水、清心为伴。

这是一项需要让人摒弃一切人生享乐的工作，是没有休息日的工作，是一种身心都容易遭受巨大摧残的工作，是一种需要赌上一生名誉的工作。

因为此事不成，司马迁会成为“胆小怕死”的代名词，会被认为是一个为了活命宁愿忍受羞辱刑罚的“胆小鬼”。

他在中国历史中的记载，可能只是在《汉书》中的“上以迁诬罔……下迁腐刑”之外，还要加“迁，附逆李陵，因言获罪，苟活于乱世”这样的贬低之词。

然而，他为了《史记》的创作，押上了常人难以理解、难以忍受的赌注——一世英名。

这才是真正的豪赌。

（七）有继承有总结有创造有肝胆有理想有卓见

一部伟大的史学作品能够面世，需要史料、史德、史识、史才，四位一体，缺一不可。

《史记》能够产生在汉武帝时代，与时代大背景是有一定关系的。虽然秦皇汉武并称，但是与秦始皇大不相同的是，汉武帝“搜求遗书”的力度极大，设置写书之官，建设藏书之所，使得“搜求遗书”成为制度；不仅中央政府大力提倡，地方政府也是积极搜求，使得“搜求遗书”形成热潮，经学、史学、文学、目录学、诸子百家、诗词歌赋等各种学科都获得了极大的发展，也为《史记》的创作提供了时代的土壤。

《史记》的成功，不是司马迁一人的功劳，而是其父子两代的呕心沥血之作。

从他的父亲司马谈开始，就已经对《史记》进行策划、构思，并且着手收集、整理、辨析文字史料，尤其秦始皇以后到汉武帝这大约百年间的历史，对于司马谈父子来说，就是他们的“近代史”“当代史”。

此时，许多西汉开国功臣的后代还在，“功二代”“功三代”“功四代”的口述历史，对于《史记》的创作，是非常重要的史料来源。

从司马迁父亲司马谈开始，就非常注重对各种各样史料的收集和整理。

在给创作带来便利的同时，当代人写“近代史”和“当代史”，还有很大的政治风险，尤其是已有“焚书坑儒”的案例在先。

这时，如何秉笔直书，又能让书顺利出版，就考验司马迁的大智大勇了。

（八）有智有信有仁有勇，有以身殉道，有家学有自励

智、信、仁、勇、严，本来是《孙子兵法》中对杰出将领的五项要求。

这五项要求，司马迁也完全可以做到。

他一定有一个充满了智慧的大脑，具有极强的思辨能力、分析能力、策划能力和创作能力等，不具有这些综合实力，是很难完成《史记》的。

那种信，是九死而不悔的信义和诺言，是他跪在临终的父亲面前发下的宏愿，是他出于一种历史的自觉，对中国历史许下的承诺，这是人生之大信。

至于司马迁的仁，可以理解为一种慈悲之心、恻隐之心、仁爱之心，超凡入圣之人，总有普通人难以理解的浩瀚胸怀，那是可以吞吐天地的志向，仁在其中矣。

说到勇，前文说过，一旦做了这个工作，就是一种挑战身心极限的工作，只要没有出现最终结果，就永远没有休息日，收集、整理、思考、策划、创作、修改、定稿，每一个环节都是浩大工程。

创作《史记》这样的大部头，就好比盖一座“无形的高楼大厦”。有形的高楼大厦，是几千人、几万人共同努力的结果，而无形的高楼大

厦，一般只能一个人来完成。一般有形的大楼，只要盖完就可以了，把水、电、煤气都通上，成为一个毛坯房即可，而建设无形的高楼大厦，他还需要对每一个“房间”进行精装修。想想这个工程有多大！

司马迁创作《史记》，有家学，有自励，这都远远不够，一定要有以身殉道的牺牲精神。那是一种宗教般狂热的信仰，信仰就是火，自己就是飞蛾，有时，实现理想，就是自己粉身碎骨之时，然而，不后悔，不退缩。

（九）发奋著书，兼收并蓄，文追屈贾扬班相如赋，酬两代之劳

一部《史记》，几乎是一部从黄帝到汉武帝的百科全书，历史、文学、政治、军事、文化、社会、人物、制度、学术、论文、经济、天文等，几乎无所不包，只要是研究先秦史、秦史、西汉史，就不可能不引用它。

牛了两个月，是网红；牛了两年，算是一个现象；牛了二十年，算是站得住脚；牛了二百年，已经是个奇迹；牛了两千年，这才是真的牛。

关键的问题是，《史记》既有“历史的真实”，还有“人性的真实”“艺术的真实”和“性格的真实”。虽然这样写也存在很多问题，在正文中会详细解释这个问题，然而，就是因为《史记》兼具文学性，才让它更有一种超凡脱俗的气质，不全是晦涩难懂的学术语言和历史表述。

有了文学性，才耐读、好读、乐读，以至于像《史记·淮阴侯列传》这样优美的单篇传记和《报任安书》等，我读了超过百遍。

屈原、贾谊、扬雄、班固、司马相如，这些人中，屈原、贾谊在司马迁之前，司马相如与司马迁大致同时，而扬雄、班固则在司马迁之

后，但这五个人都是辞赋大家。

一部历史作品，却被认为具有诗意般的行文、艺术的美感和文学的韵律，这可是相当了不起的文化成就，是彪炳千古的名山事业。

如此，司马迁足以告慰父亲的在天之灵，而两千多年来，《史记》一直被视为神一般的存在，知音后学倾心研习，也足以告慰司马公的在天之灵。

两代之辛苦，创造两千年的文化奇迹。

曹丕的《典论·论文》中有一句话，它可以概括这个事业的价值："盖文章，经国之大业，不朽之盛事。年寿有时而尽，荣乐止乎其身，二者必至之常期，未若文章之无穷。"

人的寿命终有尽头，追求的快乐、荣耀也就是当代终结。寿命、快乐、荣耀都是短暂的，只有创作出可以流传后世的文章，才是名垂不朽的伟大事业。

当然，这是千古文章才有的穿透历史的价值，速朽文章不算，那只是换取眼前利益的工具。

（十）我愧未睹先哲风范，光大遗著慰英灵

世上不缺明清之世俗、明清之卑污、明清之苟且、明清之钻营，独缺秦汉之雄浑、秦汉之诗意、秦汉之思辨、秦汉之气节。

一直以司马先生的知音而自居，一直对现存的《史记》普及版本不太满意，于是不自量力，想要凭借一己之力，创作一个能得《史记》之"魂"的个性化版本，希望各位读者能通过它更好地理解《史记》，并能因此阅读《史记》原著，让更多的人理解它、爱惜它、学习它。

因此，我非常愉快地、不遗余力地投入到这个事业中，结果发现踏

入了一个一眼望不到边的泥潭中，一只脚陷进去了，另一只脚陷进去了，腰陷进去了，最危险的时候，淤泥已经淹没了胸口，有时还要吃几口泥，好在凭着意志，一直在向对岸慢慢地移动、游动、爬动、滚动、蠕动，只能一寸寸地前进。

做其他任何事都是迫不得已的谋生，都是副业，我的主业只有这一件事，集中绝对优势兵力，集中所有的时间、精力、资源、黄金岁月，集中我所能拥有的一切，只做这一件事。

值得吗？我也在问。能行吗？我也在问。

既然骑虎难下，那么，要么自己被吓死，要么把老虎累死。

凡事都有因果。这是我和司马迁之间的一个承诺，言必信行必果，我要为年轻时吹过的牛，付出我所有的力量。

干就完了。

虽然这是一个人的战役，但是依然离不开亲朋好友的帮助，在此谢谢他们。

为了创作这一版，我在采风和查询资料方面耗费了大量的心血。我一向欣赏诸葛亮“独观大略”和陶渊明“不求甚解”的读书方法，本来不想做学术上的考证，可是对于《史记》来说，停留在故事层面还是肤浅的，必须做一些学术性探究，才能触及其精神内核，这是没有办法的，也是必然要走的路。在此方面，谢谢张涛、王英等给我提供的学术便利条件，他们始终相信我做这件事的意义。

也要感谢华夏出版社的编辑团队，他们一有伯乐眼，二有匠人情。谢谢他们对我的信任、支持，“放任”我的创作欲望，给我以最大的包容。谢谢他们对本书的策划与精雕细刻。

还有很多幕后的朋友，都为本书的出版提供了各种各样的支持，在此一并感谢。

为人不展风云志，空负天生八尺躯。

都是一副臭皮囊，要重视健康，可也不要过于爱惜自己，为了值得之事，拼一把！

以上就是我对《史记》和司马迁的理解，也是我创作这副对联时内心的浮想联翩。

司马迁在《报任安书》中说："此可为智者道，难为俗人言也。"

此联，只有知音能懂。

此书，只为知音而作。

王嗣敏

/ 目录 /

源远流长

第 一 章 / 真历史藏头露尾　委奴印真伪难辨　/ 003
第 二 章 / 广陵王穿越作证　两相较宛如孪生　/ 006
第 三 章 / 八等级分门别类　司马迁笔著春秋　/ 010
第 四 章 / 前四史号称信史　观大略书藏龙虎　/ 015
第 五 章 / 尽信书不如无书　不信书读书为何　/ 019
第 六 章 / 三皇事史记不采　五帝纪司马认宗　/ 022
第 七 章 / 炎黄帝人文初祖　禅让制五帝顺延　/ 028
第 八 章 / 受迫害死里逃生　大舜帝孝感动天　/ 030
第 九 章 / 接班人千锤百炼　栋梁材济济一堂　/ 033
第 十 章 / 惩四凶以邪制恶　扬善行不忘初心　/ 037
第十一章 / 国势兴启明汤善　社稷亡桀暴纣淫　/ 045

第十二章 / 杀比干饰非拒谏 纣王事换位思考 / 050
第十三章 / 煌煌哉文武之道 郁郁乎孔子从周 / 056
第十四章 / 成王幼周公辅政 三吐哺天下归心 / 061
第十五章 / 周厉王道路以目 周幽王智商欠费 / 066
第十六章 / 群婚制不知其父 上户口娃随母姓 / 070
第十七章 / 认知低神话始祖 畏自然崇拜图腾 / 073
第十八章 / 查血缘女子称姓 别贵贱男子称氏 / 076
第十九章 / 同根生殊途同归 姓氏学源远流长 / 081
第 廿 章 / 秦一统姓氏合流 为普及称谓简化 / 088

姜齐豪士

第 一 章 / 潦倒汉静观时变 大丈夫自当雄飞 / 097
第 二 章 / 太公望运筹帷幄 大齐国屹立东方 / 104
第 三 章 / 齐襄公荒淫乱政 鲁桓公客死他乡 / 107
第 四 章 / 杀襄公里应外合 姜无知南柯一梦 / 111
第 五 章 / 两公子政治避难 姜小白捷足先登 / 116
第 六 章 / 鼎力荐管仲拜相 君臣欢尽释前嫌 / 120
第 七 章 / 抓内政强国有术 重实干不务虚名 / 124
第 八 章 / 格局大人才济济 保初心勿忘在莒 / 128
第 九 章 / 翻手云大国政治 覆手雨衡山之谋 / 131
第 十 章 / 管鲍交千古绝唱 布仁义转败为功 / 134
第十一章 / 拼外交尊王攘夷 成霸主葵丘会盟 / 138
第十二章 / 管夷吾病榻论相 看人性入木三分 / 141

第十三章 / 大厦倾人才凋零 好内宠后宫起火 / 146
第十四章 / 第一霸虎头蛇尾 齐桓公晚景凄凉 / 149
第十五章 / 见识浅子不类父 道德乱祸起萧墙 / 153
第十六章 / 齐顷公因小失大 逢丑父李代桃僵 / 156
第十七章 / 立庄公前门拒虎 信庆封后门进狼 / 162
第十八章 / 晏平仲大局为重 不辱命晏子使楚 / 169
第十九章 / 贤国相以身作则 用二桃巧杀三士 / 174
第 廿 章 / 姜齐亡灰飞烟灭 田齐兴欣欣向荣 / 180

大晋悲歌

第 一 章 / 周成王桐叶封弟 唐叔虞开国称孤 / 185
第 二 章 / 妖骊姬口蜜腹剑 痴太子画地为牢 / 190
第 三 章 / 晋献公假途伐虢 攸关方唇亡齿寒 / 203
第 四 章 / 大晋国风雨飘摇 晋惠公浑水摸鱼 / 209
第 五 章 / 贵公子周游列国 五贤士风雨同舟 / 217
第 六 章 / 介子推誓不言禄 晋文公大器晚成 / 230
第 七 章 / 大楚国兵锋北指 城濮战一触即发 / 237
第 八 章 / 增国力大展宏图 讨伐原小试牛刀 / 242
第 九 章 / 宋与楚泓水决战 河南地兵家必争 / 248
第 十 章 / 组三军排兵布阵 晋旌旗用力南挥 / 253
第十一章 / 攻曹卫隔山打牛 杀颠颉以儆效尤 / 256
第十二章 / 兵未动伐谋先行 抛媚眼伐交结盟 / 260
第十三章 / 雄略主退避三舍 城濮战一鸣惊人 / 267

第十四章 / 规格高践土之盟 霸主位实至名归 / 274
第十五章 / 晋文公战后论功 成得臣杀之可惜 / 278
第十六章 / 王孙启楚材晋用 三巨头大谋不谋 / 283
第十七章 / 两臼季孰真孰假 五贤士众说纷纭 / 287
第十八章 / 三辞卿赵衰举贤 行德政重耳爱才 / 290
第十九章 / 狐偃死当无异议 抠细节喜忧参半 / 295
第 廿 章 / 不急功重耳受教 别记仇胥臣荐贤 / 298
第廿一章 / 恩威举郤缺论霸 忠谋具二卿立功 / 302
第廿二章 / 势力大六卿主政 种祸端尾大不掉 / 305
第廿三章 / 三人行必有我师 真贵族自信宽容 / 310
第廿四章 / 楚成王难吃熊掌 常胜军城濮受挫 / 315
第廿五章 / 秦晋好联合伐郑 烛之武勇退秦师 / 319
第廿六章 / 晋灵公多行不义 赵宣子多方树敌 / 323
第廿七章 / 难有为几代平庸 虽欲振国势已衰 / 330
第廿八章 / 霸主业沉沙折戟 韩赵魏三家分晋 / 334

源远流长

数，子丑寅卯，历，秋冬春夏，涉，江河湖海，揽，三山五岳。时空纵横，古时明月九州照。

读，经史子集，备，笔墨纸砚，书，忠孝节义，谈，爱恨情仇。今古奇观，座中常有剧中人。

嗣敏试对《源远流长》

第一章　真历史藏头露尾　委奴印真伪难辨

孟子说：尽信书则不如无书。

这一句话，可有无穷无尽的含义，非大知识分子，很难有此通透犀利的见解，很难有此点石成金的佳句。

对于历史的研究，也是如此。

没有记录的不一定没有发生，记录下来的不一定是真实的。

但是，能够记录下来的，尤其是有考古器物进行验证的，基本是可靠的。如果没有考古证明，或者没有各种典籍交叉印证，可以在存疑的情况下选择相信，关注其大历史背后的那些真知灼见。

“历史的真实”不容含糊，一就是一，二就是二，它能复原“真实的历史”，可“性格的真实”也很关键，它能提供一些研究人的典型素材和样本，让我们品鉴“真实的性格”。

什么叫“历史的真实”？用一个例子来说明。

《后汉书·东夷列传第七十五》中记载：“建武中元二年（公元 57

年），倭奴国奉贡朝贺，使人自称大夫，倭国之极南界也。光武赐以印绶。”《后汉书·光武帝纪下》记载：“（建武中元）二年春正月……东夷倭奴国王遣使奉献。”这两条记载，都比较详尽，是说在建武中元二年，也就是公元 57 年，光武帝刘秀去世前夕，日本的倭奴国国王遣使朝贺，“光武赐以印绶”。这只是史籍上的一条记载，即便完全属实，也只是字面上的记载，并不一定能引起人的注意。真赏赐日本金印了吗？如果赏赐了，是个什么款式的？这些《后汉书》上没有记载，也没有相关细节的详细记录。然而，1784 年，在日本福冈志贺岛出土了一枚金印，上书“汉委奴国王”。委，通倭。这枚金印即时引起轰动，被列为日本一号国宝。可是也有人提出质疑，认为它可能是倭奴国首领的“私印”，当时日本各个部落开始争权夺利，可能是他拉大旗作虎皮，想借着汉朝天子的名义给自己树立权威。另外当时造假技术已经相当成熟了，有没有可能是发掘者与某些利益集团合谋造假？这枚金印究竟是真是假？虽然说，承认这枚金印为真依然是学术界的主流见解，可是，历史考证最怕孤证，那个最具有说服力的证据在哪里？

如果只靠中国史书来证明，依然显得证据单薄。如果是金印，那么应该是把倭奴国首领（日本史学家把倭奴称为倭之奴国，当时日本分成百余部落，奴国是其中之一，它曾派遣使节通过对马海峡，抵达朝鲜，进而来到中国。这里不做详细辨析，只称倭奴国，下同）当成诸侯国或者上卿级别的。按照《汉书·百官公卿表》中的记载，秦汉之时，汉承秦制，相国、丞相、太尉、太师、太傅、太保，爵位相当于上卿的前将军、后将军、左将军、右将军，爵位为列侯的，金印紫绶。也就是说，这第一梯队的人，官印是金质的，绶带是紫色的，“金紫”也就成为这些中央大员的指代。御史大夫、年薪在二千石以上的，是银印青绶；年薪在六百石以上的，是铜印黑绶；年薪在二百石以上的，是铜印黄绶。当然，这里还有很多其他的细节，不一一说明。在这篇文章中还记载："诸侯王，高帝初置，金玺盭绶（lì shòu，诸侯王佩的印绶，色黄而近绿，因用莀草染制，故名），掌治其国。"秦朝考虑到诸侯纷争的问题，不再给同姓子弟分封，但是汉高祖看到秦朝灭亡时没有同姓王拱卫的弊端，于是在主流的郡县制之外设置了诸侯国，郡国并行。不过汉朝的诸侯国不同于先秦的诸侯国，它们属于郡县制之外的特别行政区，开始时，诸侯王是"掌治其国"的，也就是说有行政权、财权和军权这些核心权力，但一些重要属官由朝廷任命，如诸侯国国相。"七王之乱"后，汉朝中央统治者认识到同姓王一样不可靠，于是加快速度剥夺其行政权、军权，最后只剩一个地税局局长的实际权力。诸侯王有实权时，想要治理地方，必须有公章。秦朝是官本位的确立者，行政文书是只认公章不看人的。

第二章 广陵王穿越作证 两相较宛如孪生

在这个金印出土之时，史学界就认定这应该是光武帝赐予的那颗。但是《后汉书》只说赐予印绶，是什么材质的印章，是什么颜色的绶带，没有说。金质、银质、铜质加上不同颜色的绶带，是代表不同品级的。因此，仅靠《后汉书》很难结束这场纷争。这场纷争从 1784 年到 1981 年持续了将近二百年，直到在江苏邗（hán）江甘泉山二号东汉广陵王墓出土了一枚“广陵王玺”，面对这一无可辩驳的证据，人们的质疑才终止。

这件无价之宝保存在南京博物院，先看下院方的介绍：“东汉，江苏邗江甘泉山二号东汉广陵王墓出土。铸造而成，印面阴刻篆书‘广陵王玺’四字，印纽为立龟。印主人为东汉光武帝刘秀的第九子广陵王刘荆。”光武帝在位时封刘荆为山阳王，儿子汉明帝继位后，改封刘荆为广陵王。《后汉书・显宗孝明帝纪》记载：“（永平元年）八月戊子，徙山阳王荆为广陵王，遣就国。”他死后，为何不把这枚金印传给儿子，而是把它带入坟墓？只因他犯了罪，广陵王国被废除了。这篇传记还说："十年春二月，广陵王荆有罪，自杀，国除。"其实，就是因为父亲去世，他不服哥哥汉明帝，策划谋反不成，才被改封广陵王。中央政府没有把金印收回，于是"广陵王玺"跟着主人被埋入了坟墓。由于广陵王墓被人盗掘过，这枚金印是在墓地周边被一农民发现的，这才让后人得以一饱眼福。

东汉永平元年是公元 58 年，永平十年是公元 67 年，广陵王刘荆获得"广陵王玺"应该是在公元 58 年，他在建武十七年（公元 41 年）被封为山阳王，58 年从山阳王被改封为广陵王。而《后汉书》记载，光武帝是公元 57 年去世的，就在这一年赏赐了"汉委奴国王"金印。两枚都是金印，都出自东汉中央政府之手，如果两者在形制和细节上非常相似，是否就可以互相印证了？答案是肯定的。

《广陵王玺和中日交往》一文作者是南京博物院的纪仲庆先生，他曾经详细测量过"广陵王玺"的尺寸，《"汉委奴国王"玺与"广陵王玺"的铸、雕比较》一文作者周晓陆先生，曾经实地调查研究过"汉委奴国王"玺，因此，一些关键参考元素以这两位先生的学术成果为准，二者的尺寸对比以纪先生公布的数字为准。若把二者进行详细对比，会产生非常强烈的认知。

以一个简表来对比：

◎"广陵王玺"与"汉委奴国王"玺在制作细节上的相通之处

名称	"广陵王玺"	"汉委奴国王"玺
级别	诸侯王级（金玺盭绶）	诸侯王级或上卿级（金印紫绶）
材质	金质	金质
绶带	盭绶	盭绶或紫绶

续表

名称	“广陵王玺”	“汉委奴国王”玺
长度（厘米）	2.372	2.34（有不同说法）
宽度（厘米）	2.375	2.354（有不同说法，差别不大）
台高（厘米）	0.945	0.874—0.906
通高（厘米）	2.121	约 2.2
重量（克）	122.87	不详（推想相差不大）
印纽	龟纽	蛇纽
纹饰	鱼子纹	鱼子纹
制作方式	手工，阴刻篆书	手工，阴刻篆书
制作时间	58 年	57 年
发掘年份	1981 年	1784 年

这样的比较就非常直观了，如果再参照汉武帝时代的“颠王之印”等（不拓展了，太学术化），就可以进一步证明，“汉委奴国王”玺与“广陵王玺”在形制上相似，符合《汉书》《后汉书》等典籍对汉朝典章制度的记载。

到此，做个小结。

《后汉书》记载，光武帝曾经赐给日本来使印绶，但具体是什么形制和规格，不太清楚。汉朝赐给匈奴的一般都是铜印，按照汉朝制度，金玺盭绶、金印紫绶、银印青绶、铜印黑绶、铜印黄绶，是代表不同品级和含义的。汉朝四百年，统治相对稳定，典章制度的传承也相对稳定和完整。是不是把日本视为与匈奴同级别？如果只看史籍，一切只能推测。但是，从“汉委奴国王”玺的出现，就可以知道光武帝对日本使者是超高规格接待。中国一直有“厚往薄来”的传统，你来拿什么不重要，只要你服我，认我当老大就行，给你的回报是十倍、百倍，以至于

◎根据《汉书·百官公卿表》中的记载梳理的西汉官印制式

<table>
<tr><th>序号</th><th>秩　　禄</th><th>官印制式</th><th>实发月薪（斛）</th></tr>
<tr><td>1</td><td>诸侯王</td><td>金玺盭绶</td><td>具体收入具体分析</td></tr>
<tr><td>2</td><td>万石</td><td>金印紫绶</td><td>350</td></tr>
<tr><td>3</td><td>比二千石至中二千石</td><td>银印青绶</td><td>100—180</td></tr>
<tr><td>4</td><td>比六百石至千石</td><td>铜印黑绶</td><td>60—90</td></tr>
<tr><td>5</td><td>比二百石至五百石</td><td>铜印黄绶</td><td>27—60</td></tr>
<tr><td>6</td><td>比二百石以下</td><td>无</td><td>8—16</td></tr>
<tr><td rowspan="2">备注</td><td>今制 250 克=秦制 1 斤
1 石=120 斤（秦制）=
60 斤（今制）=
30 公斤（今制）</td><td></td><td>今制 200 毫升=秦制 1 升
1 斛=10 斗（秦制）=100 升=
20000 毫升（今制）</td></tr>
<tr><td colspan="3">先做参考，关于官职、薪水问题的详细说明请见本系列丛书之《秦史之谜》一书</td></tr>
</table>

后来很多国家把这个当成大生意来做，中国才不得不做限制。

现在“汉委奴国王”玺出现了，可以证实《后汉书》史料的准确性。然而，由于《后汉书》没有记载这颗印绶的详细信息，也没有留下照片或者拓片，反证“汉委奴国王”玺就显得证据不足。这也是在日本争论了两百年的原因。可是“广陵王玺”的发现，证明了“汉委奴国王”玺是真实存在的，同时也证明了《后汉书》中关于广陵王刘荆的记载是准确的，证明了《汉书》《后汉书》中关于汉代官印制度的记载也是准确的。这样就形成了环环相扣的证据链。

这就是“历史的真实”。

第三章　八等级分门别类　司马迁笔著春秋

如果再做一点拓展，可以梳理一下“历史的真实”的等级，这不是出自名家的总结，是笔者自己的总结，语言也没有权威性和学术性，只是一种感性的认识。

我把“历史的真实”分成八个等级：

1 级：史籍记载+考古证明+传承至今。这是真正的历史文化，化于人心。

2 级：史籍记载+考古证明+现已失传。这是历史化石，只代表曾经存在过。

3 级：考古交叉证明。虽然缺少史籍佐证，但是考古器物可以互相证明。

4 级：考古孤证。缺少史籍佐证，考古器物只有一件，缺乏充足证据。

5 级：史籍交叉证明（可信）。没有考古证明，史籍具有权威性，作者与该时代较近。

6 级：孤证可立。不能提供考古证明，在其他史籍中也找不到证据，但可信。

7 级：史籍交叉证明（可疑）。没有考古证明，史籍具有权威性，作者距离该时代较远。

8 级：孤证不立。不能提供考古证明，不能在其他史籍中找到证据，不可信。

如果按照这个个人标准，像秦始皇陵、秦始皇兵马俑，应该属于 1 级，《史记》有记载，考古有证明，且能传承至今。

吴越青铜剑属于 1 级或 2 级。关于它的存在，有各种史籍的交叉印证，考古证明也很充分，它应该属于 1 级，但是制作青铜剑的技术失传了，关键是匠人精神也失传了，因此将它划分到 2 级中也合适。

像秦始皇的父亲是谁，这个问题就是 8 级：只有《史记》记载，缺少其他典籍和考古证明的支持。如果想要真正破解这个问题，只有一个最权威的做法，就是找到秦始皇、秦庄襄王、赵姬、吕不韦的墓穴，并且能够成功提炼出脱氧核糖核酸（英文缩写为 DNA），做血缘配比试验。这里有几个关键问题：（1）能从考古学角度确认找到的墓葬是真实的；（2）能够证明墓主人的身份就是这四个当事人；（3）能提炼出活性细胞。否则，一切都是猜疑、推想、判断。如果没有这些证明，过于纠结真假就是闲的。

3 级、4 级、6 级的案例学术性过强，过于复杂，在此忽略。

重点说一下 5 级、7 级的情况，以司马迁创作《史记》、班固创作《汉书》和陈寿创作《三国志》来做一个案例说明。一部《史记》对于司马迁来说，有“司马迁的古代史部分”“司马迁的近现代史部分”“司马迁的当代史部分”，粗略划分，从黄帝到秦始皇统一六国算是“司马迁的古代史部分”，从秦始皇统一六国到汉景帝时代算是“司马迁的近现代史部分”，从汉景帝到汉武帝时代算是“司马迁的当代史部分”。为何要如此划分？因为司马迁具体的死亡年代不可靠，生年可考，就是公元前 145 年，即汉景帝中元五年，或者是公元前 135 年，即汉武帝建元六年。而且《史记》的创作还有他父亲的功劳，他父亲为他做了大量的资料收集和学术铺垫工作，因此，司马迁在写“司马迁的近现代史部分”和“司马迁的当代史部分”时，相对比较可信。这就是 5 级中所说的“作者与该时代较近”。

关于司马谈与司马迁的生卒年代说法比较多，对《史记》创作的开始与结束时间也都存在争议，故此列出一个图表，以方便理解。

◎司马谈、司马迁生卒年和《史记》创作时间

序号	公历	传统纪年	事件	备注
1	前 190	汉惠帝刘盈五年	司马谈出生（一说）	
2	前 179	汉文帝前元元年		汉文帝继位
3	前 165	汉文帝前元十五年	司马谈出生（二说）	
4	前 157	汉文帝后元七年		汉文帝去世
5	前 156	汉景帝前元元年		汉景帝继位
6	前 145	汉景帝中元五年	司马迁出生（一说）	
7	前 141	汉景帝后元三年		汉景帝去世
8	前 140	汉武帝建元元年		汉武帝继位
9	前 135	汉武帝建元六年	司马迁出生（二说）	
10	前 111	汉武帝元鼎六年	司马迁任郎中，出使巴蜀	

续表

序号	公历	传统纪年	事件	备注
11	前 110	汉武帝元封元年	司马谈大约此年去世	
12	前 108	汉武帝元封三年	司马迁继任太史令	
13	前 104	汉武帝太初元年	《史记》开始创作	
14	前 99	汉武帝天汉二年	司马迁遭李陵之祸，遭受宫刑	
15	前 93	汉武帝太始四年	《史记》完成（一说）	
16	前 91	汉武帝征和二年	《史记》完成（二说）	
17	前 90	汉武帝征和三年	司马迁去世（一说）	
18	前 89	汉武帝征和四年	司马迁去世（二说）	
19	前 87	汉武帝后元二年	司马迁去世（三说）	汉武帝去世
20	前 86	汉昭帝始元元年	司马迁去世（四说）	汉昭帝继位
备注	以上年代除了司马谈出生（二说）之外，以《史记辞典》为基准			

不做辨析。简单地说，从司马谈的生卒年和司马迁的生卒年来看，父子两代人的生活轨迹基本贯穿了西汉两百年的一半时间，加上他们借着担任太史令的职务便利，可以阅读大量史书和许多秘密档案，又因为前代功臣的后代都健在，“功二代”“功三代”们可以提供大量的口述历史，因此，司马迁写“司马迁的近现代史部分”——秦汉之际、楚汉战争和文景之治，或者创作“司马迁的当代史部分”——他的生活年代与汉武帝同时，史料采集比较丰富，历史记载比较可靠。当代人写当代史最大的优势在于史料的丰富，最大的问题是容易被主观感情所左右。好在司马迁虽然遭受了巨大的不幸，可是在原则性问题上还是理智战胜了情感。他的记载体现了一位一流史学家应该具备的史才、史德和史识。

同样，《汉书》记述了上起西汉的汉高祖元年（公元前 206 年），下至新朝王莽地皇四年（公元 23 年）共 229 年的史事，班固（公元 32—92 年）生活的年代距离《汉书》记载的时间段不远，而且《汉书》中涉及《史记》中西汉人物的部分，基本就是《史记》搬家。这不是班固抄袭，而是司马迁的创作相当精当了，说明《史记》在当时就是经得起推敲的。《汉书》同样有很多的原创。就像与陈寿同时代的夏侯湛（zhàn，夏侯渊的曾孙），他也在创作《魏书》，看到《三国志》后倍加赞赏，认为没有另写新史的必要，竟然毁弃了自己的作品。班固的情况应该类似，司马迁的创作经得起历史和专家的考验，没有必要另外记载司马迁已经写过的人物。而陈寿本身就是三国时代的人，他创作的《三国志》，同样是当代人写当代史，对于书中人物的记载，基本是符合"历史的真实"的。

《史记》《汉书》《三国志》中记述了大量的史实，不断出现的历史考古成果，印证了史学家们的卓越。但是我对 5 级的表述是"史籍交叉证明（可信）。没有考古证明，史籍具有权威性，作者与该时代较近"，我的意思是，不是说他们记载的内容没有考古证明，而是说，这类作品的作者手稿已经不可能通过考古发掘到了。虽然作者手稿没有了，可是名著传承下来了，而且可以和其他史籍互相印证，交叉证明，所以比较可信。这只是个人之见，读者不必深究其学术严谨性。

第四章　前四史号称信史　观大略书藏龙虎

既然讲到了前四史，我就再做一些普及工作。说到中国最权威的史书，大家都知道二十四史，从《史记》到《明史》一共二十四部史书。另外，还有一个特定称谓叫“前四史”，即《史记》《汉书》《后汉书》《三国志》。《资治通鉴》以编年体的形式，再现《宋史》之前的历史，也非常了不起。《史记》《资治通鉴》被称为“史学双璧”。

其实还有一部《左传》，我越来越发现它的史学价值和文学价值，可以说是价值连城，可是它没有被列入二十四史中，因为按照经、史、子、集的分类，《左传》作为儒家的经典，被列入了经部。

下面用一个简表，列出这些名著大致的记述范围，不展开，如有需要，可通过其他渠道深入了解。

话题再转回来。汉武帝时代的司马迁写《史记》中的西汉史部分，东汉的班固写记录西汉史的《汉书》，三国、西晋时代的陈寿创作《三国志》，都是作者创作记录同时代或者相近时代史实的作品，比较接近

◎几部重要史书的大致记述范围，别较真儿

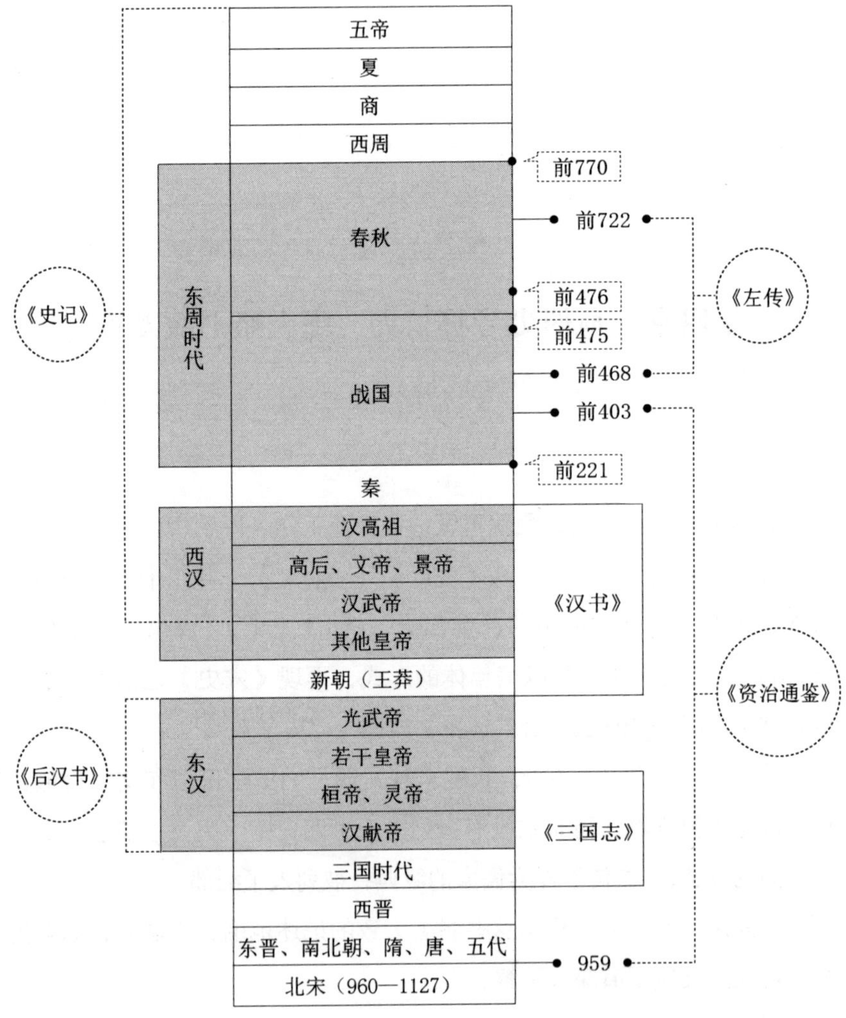

“历史的真实”。

大家不要嫌烦，如果想考证“历史的真实”，只能做这样的推理和说明。一个优秀的考古学家，完全具有法官判案和侦探循迹的素质，这可不是高抬。通过这样的论证，也可以让读者有一个深入研究历史的方法和路径。

什么是“性格的真实”和“人性的真实”呢？

也举一个例子来说明。秦始皇统一六国之后，巡游天下，目的是弹压地方，考察政务，也显示大皇帝至高无上的尊严。他走到哪里，哪里就引起轰动，全天下人可能都想一睹秦始皇的风范，看看是一个什么样的人打得六国毫无还手之力。当时刘邦是亭长，很可能在欢迎队伍中；项羽身负国仇家恨，更想看看秦始皇是何许人。当然，以他们当时的地位，不可能见到始皇帝真容，但看仪仗队还是可能的。这时，刘邦说“大丈夫当如此也”，项羽说“彼可取而代也”。当时司马迁也没有和他们在一起，他怎么知道两个人说过这样的话？不可能。但是两个人可能说过这样的话，而且这符合两个人的身份和性格。刘邦是世故、世俗、圆滑，充满羡慕，这话没有毛病，而项羽说的就直白、露骨、提气，但是非常危险，如果被人听见了，这就是反叛分子。我们不能因为司马迁记载了这样两句话，就说《史记》不靠谱。把两个人的话调换一下，才是真正的不靠谱。

这就叫“性格的真实”。

一般来说，历史如果突显“性格的真实”，则有血有肉，有传奇色彩，故事性强，为人所喜闻乐见，而“历史的真实”往往是揭示规律性、本质性的史实，这样的历史庞杂、理性、抽象。最佳的状态就是“性格的真实”与“历史的真实”兼具，在鱼和熊掌不可兼得的时候，就要根据个人的情况进行选择，非专业研究者可以偏重“性格的真实”，专业研究者更会在乎“历史的真实”，唯一不能提出无理要求的是，非要偏重“性格的真实”的作品一定还要有“历史的真实”，非要偏重“历史的真实”的作品也要有血有肉、有故事性。当然，能做到二者兼顾，就像《史记》一样，必定是上乘之作，可是，能达到《史记》这个量级的作品，从古至今又有多少呢？不是每一个历史研究者都是历史学家，尤其是可以名垂青史的历史学家，如果这个称号像大白菜一样普遍，那么历史学家就都是“廉价”的代名词了。能称得起“家”的，不论是原创，还是再创作，一定要有巨大的价值。比如，《史记》的本纪、世家、列传、八书、十表的体例，是司马迁的原创，为后世所效法，对司马迁来说，“伟大历史学家”的称号当之无愧，而《资治通鉴》就是在史书基础上的再创作，可是司马光同样当得起“伟大历史学家”的称号。

第五章　尽信书不如无书　不信书读书为何

之所以有这样的感慨，就因为这是一个文化现象。举一个例子：《三国演义》就是偏重“性格的真实”，《三国志》才是接近“历史的真实”；《三国演义》是历史小说，《三国志》是严谨的历史著作，二者本来就是不同的创作方向。现在很多的研究者和阅读者过于纠结《三国演义》中“历史的真实”部分，反而把它最辉煌的“性格的真实”价值忽略了、埋没了。比如描写赤壁之战部分，相当精彩，但那不是历史，是小说，是文学中的瑰宝。想要研究“历史的真实”，看《三国志》就好了，可还嫌看《三国志》太累，总想在突显“性格的真实”的《三国演义》中，用“历史的真实”来苛求它，这就错了，最后可能既得不到“历史的真实”，又品味不到“性格的真实”。同样，要想突显“历史的真实”，有时没有办法，只能承受作品的枯燥、理性、抽象、旁征博引，如果非得要求作品像突显“性格的真实”的作品那样耐读、好看，有故事情节，同样是一种苛求，是一种不讲理。

这是因为，关于“性格的真实”与“历史的真实”，是研究史学、传播史学、阅读史学中的一个非常关键的问题，不能不做一个基本说明。在《史记》中，同样存在“性格的真实”与“历史的真实”这个核心问题，如果没有清晰的认知，很可能对两者产生混淆和误解。加上普通读者对真与假的问题比较关心，没有时间读严肃、严谨、学术性的作品，又对“历史的真实”比较关心，怕自己受到欺骗，于是，阅读时容易首鼠两端、顾此失彼。

真与假那么重要吗？很重要，真的就是真的，假的就是假的，确实如此。真与假真的那么重要吗？有时也不重要，假作真时真亦假。我们现在相信的“真的”，可能经过时间的洗礼之后，都是假的，都是用谎言编织的“真实”；我们现在相信的“假的”，还有可能恰恰是一种真实。我一再说，真与假很重要，“性格的真实”与“历史的真实”同样重要，最关键的是看你的需求，如果你不是为了像司马迁那样，立言不朽，藏之名山，以传后世，相信“性格的真实”也无妨。可是，如果你想做一个比较严肃的史学作品的原创者、传播者，确实要关注“历史的真实”。

对于我们现在认定的“历史的真实”，如果有一天有新的考古证据出现，所有定论很可能都会被推翻。但是这也不要紧，哪怕不一定是“历史的真实”，研究历史，体味中间推理的过程，于国于身于思想于文化，都是很有意义的事情。

不论是“性格的真实”，还是“历史的真实”，我们都要关注两点：细节和战略。性格的细节，感同身受；历史的细节，发人深省。有细节的历史，有时是最真实的历史；有时越是细节，越可能偏离“历史的真实”。这些都需要读者们慢慢体味。其实，除了细节，更要关注战略和大局。我一再说，读书要精读，还要像诸葛亮那样“独观其大略”，像陶渊明那样“不求甚解”。如果本身就是事功之人，是做实践工作的，那么读书最好是观其大略，注重书香世界中的大局，这是对现实最有教益的。

总结一下：我们既要关注“历史的真实”，又不能偏执地求真；既要关注“历史的真实”，还要吸取“性格的真实”；既要注意历史中的细节，又要学习历史中的战略。做到这一点不容易，但这是一种“中庸阅读法”。中庸，不是明哲保身，而是客观、不偏不倚，它是中国历史上伟大的智慧。

这一篇章主要是介绍三皇五帝、夏、商、周的简史。商、周的历史不用说，是信史，可是关于三皇五帝和夏朝的历史，却不能称为信史。有些历史书从商朝开始书写中国历史，因为殷墟、青铜器、甲骨文等就是历史的确证。至于夏朝，虽然也有考古证明来支持，在考古中也发现了与夏朝同时代的，或者比夏朝更早的文明，但是这种证据支持不是强有力的支持，不能证明这个文明就是夏朝文明。同样道理，关于三皇五帝的历史，也存在这种情况。其实，《史记》的记述是从黄帝开始的，并没有论及三皇，而且有些书籍把黄帝列入三皇，并没有列为“五帝之首”。关于这方面的学术考证，笔者不做深究，只以《史记》的说法为准。

在研究三皇五帝这段历史时，我们要把更多的关注点放在“性格的真实”“文化的真实”上，不一定非得探究“历史的真实”。

第六章　三皇事史记不采　五帝纪司马认宗

还是先看一个表格。

◎三皇五帝的多种说法

		具体人物以《史记》为准					出处
三皇	说法一	天皇	地皇	泰皇			《史记》
	说法二	天皇	地皇	人皇			《春秋纬》
	说法三	伏羲	神农	黄帝			《尚书序》
	说法四	伏羲	女娲	神农			《风俗通》
	说法五	伏羲	祝融	神农			《白虎通》
	说法六	伏羲	燧人	神农			《白虎通》
五帝	说法一	黄帝	颛顼	帝喾	尧	舜	《史记》
	说法二	太昊	炎帝	黄帝	少昊	颛顼	《礼记·月令》
	说法三	少昊	颛顼	高辛	尧	舜	《帝王世纪》

我们中国人自称“炎黄子孙”，但是为什么叫“炎黄子孙”呢？要想弄清什么是“炎黄子孙”，要想弄清“皇帝”称号的来源，就要知道“三皇五帝”是谁。对于三皇五帝到底是谁，史学界颇多争论，《史记》上记载的“三皇”是：天皇、地皇、泰皇（出自《史记·秦始皇本纪》中讨论“皇帝”称号时李斯的发言），其他五种说法是：天皇、地皇、人皇；伏羲、神农、黄帝；伏羲、女娲、神农；伏羲、祝融、神农；伏羲、燧人、神农。按照后四种说法，对伏羲、神农基本是认可的，我们则按照司马迁的说法不把黄帝放在“三皇”中，而是把他列为“五帝”之首。《史记》中记载的五帝为：黄帝、颛顼（Zhuān xū）、帝喾（Kù）、唐尧、虞舜。以上时代被历史学家统称为原始社会。后来舜把权力棒转交给大禹，而大禹的儿子夏启后来没有实行禅让制，却把权力棒牢牢掌握在自己的手里，从此开了“家天下”之先河，人类进入了阶级社会。本篇是神话传说以及《史记》之《五帝本纪》《夏本纪》《殷本纪》《周本纪》的略传。

为了解释清楚我们的历史，我还必须再略微讲一下历史上几个美丽的传说，这些传说虽然荒诞不经，但也体现了古时中国人的一些浪漫情怀，也借此反驳外国人说我们不懂浪漫。在我们先祖进行浪漫主义想象的时候，恐怕西方还处在茹毛饮血、以杀为乐的时代呢。

中国人的始祖盘古先生生于大荒山中（也有说这地方在帕米尔高原），受天地之灵气，感日月之光华，遂有灵通之性，龙首人身，身长百尺，遍体皆毛。出于偶然，他寻得一斧一凿。这斧这凿可千万不要小看，这可是先天金石之精，连重量都估算出了，各一千斤。盘古右手持斧，左手持凿，以斧击凿，哗啦一声，天地两分，轻清者上升而为天，重浊者下凝而为地，这就是流传至今的“盘古开天辟地”的传说，很有一点

“齐天大圣”孙悟空出世的经历，或许真有很深的渊源，亦未可知。

燧人氏就是传说中最先“钻木取火”的那个人，他结束了中国人茹毛饮血的时代，促进了中国人的生理发育，若果有此人，功莫大焉，是他开启了人们使用能源的智慧。

伏羲氏为民除害，驱逐毒虫，扫荡猛兽，划分疆界，整顿寰宇，创制利民，分职立极，天人相和，宇内大治，有了人类社会的雏形。据说他是最先关注人与自然关系的圣人，八卦就是他最先推演的，后来周文王和其子周公（“周公解梦”主人公）推陈出新，建立起完备的理论体系。

在这里又要提到另外一个传说，就是“女娲补天”。女娲是伏羲氏的亲妹妹，也有说是其妻子，生而神灵，相传为人首蛇身。说是“蛇身”者，谓其体形修长，袅娜多姿也。伏羲氏在位一百一十五年，寿一百九十四岁，他在世时，女娲常劝他向百姓说明婚姻嫁娶之理，以利法制，他听从了，就让女娲带头成立“工作组”，建立婚姻制度，是为“神媒”。我不知道月下老人是不是也生活在那个时代，照这个传说来看，女娲应该是中国历史上最早的“红娘”吧。

伏羲死后，女娲被人推举为首领，称为“娲皇”，可是伏羲在位时封的一个叫“共工”的部落首领不服女娲，女娲大怒，派遣祝融氏（火神）去剿灭他，共工虽迎战了几百回合，但终因本事不济，败逃到不周山。这共工还是个性格刚烈的主儿，宁死不屈，头触不周山。共工力大无穷，一下把撑天的柱子撞折了，地也陷了一角，最要命的是天还露出了一个大窟窿，这可能是最早的“臭氧层”缺失吧。我们中国人是最讲信义的，也是最能对自己行为负责的。虽然没有人投诉，但女娲还是历经千辛万苦，以百折不回的毅力把天补好了。《红楼梦》中说她炼了三万六千五百零一块五色石，用掉了三万六千五百块，剩下的那一块被弃置在大荒山无稽崖青梗峰下，因无缘补天，自怨自艾，后来被茫茫大士、渺渺真人幻化成一块宝玉，随神瑛侍者（贾宝玉）到那烟柳繁华地、温柔富贵乡经历一场如泣如诉、缠绵悱恻的爱情故事，历经悲欢离合，看尽世态炎凉，但那已经是另外一个遥远的故事了。可以说女娲为清代的曹雪芹先生提供了生动的想象素材，从这点说，女娲对我国文学的发展还有推波助澜的作用呢！女娲是奇女子，女人的心思精巧在“女娲补天”的故事中得到了淋漓尽致的展现。

神农氏最大的功绩就是“尝百草”，从而成为中医的老祖宗，为中国人民的健康事业贡献极大，而且种植五谷，制造生产工具，以“火德”称王天下，故被称为“炎帝”。神农氏定都于今天的山东曲阜，在位一百四十年，无疾而终，寿一百六十六岁。现在有一个奖项叫“神农中华科技奖”，由此可见这种神话传说的影响力。神农氏第十代孙榆罔（wǎng）继位后，因其好勇斗狠，不施仁政，致使群臣怨恨，百姓离心，从而招致蚩（chī）尤的攻击。这个蚩尤被中国古人看作“战神”，是兵器的发明者。刘邦在斩蛇起义之时，就祭祀他，希望自己拥有一往无前的勇气。

这时引出了另外一个济世英雄——黄帝，黄帝的祖宗和神农氏是兄弟，所以两家也算是血脉相连。黄帝名叫轩辕，因生于轩辕丘而得名，以“土德”称王天下，故号“黄帝”。我们中华民族号称“炎黄子孙”，就是“炎帝”和“黄帝”子孙的并称（一般说来，炎帝就是神农氏，神农氏是中国农业文明的开拓者，按照《史记》上的说法，炎、黄二帝同祖同宗，只不过黄帝是炎帝兄弟的后代，二者隔了十多代。还有其他的说法，比如《国语》认为炎黄二帝是兄弟。在这件事上大家不用过于较真，因为我们不是专业研究世系的，而且现在也没有确切的考古证明，我们只要知道这两人是远古部

◎“炎黄子孙”与“人文初祖”是怎么来的

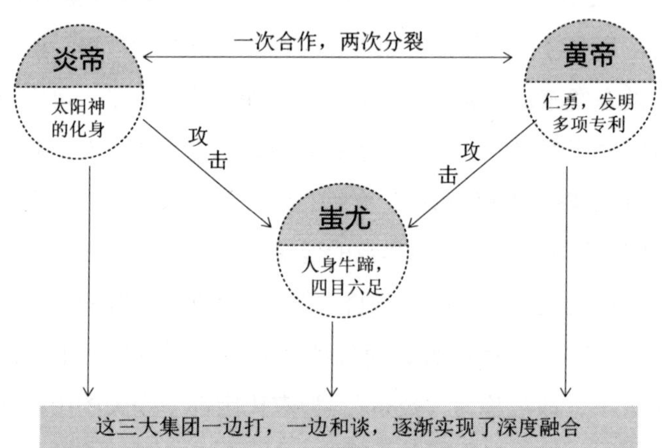

第一回合

双方都在西北高原一带，因势力范围而发生冲突，阪泉（今河北涿鹿东）一战，黄帝获胜

第二回合

炎帝　黄帝　蚩尤

炎帝、黄帝集团合并重组，形成炎黄集团，东进途中，与蚩尤领导的九黎族发生冲突，最终打败蚩尤

第三回合

炎帝　黄帝

炎、黄再次兵戎相见，起因是“炎帝欲侵陵诸侯”，想夺取盟主地位，可是“诸侯咸归轩辕”，最终黄帝获胜

三次大战后最终形成了三个结果

炎黄子孙

炎黄部落与九黎族深度融合

人文初祖

黄帝成为当之无愧的中华人文始祖

华夏族

虽然汉人、唐人也是惯用称号，但华夏族不可替代

落联盟的大首领即可，这点应无疑义）。

由于蚩尤作乱，黄帝领兵帮助榆罔打击他，在战争中黄帝体现了极强的领导才能，大得人心，从而受民拥戴，做了黄河流域的直接统治者，从此中华民族到了繁衍生息的有利时期。若是讲三皇，只讲到神农氏就可以了，若要讲清楚“炎黄子孙”的来历，就必须讲到黄帝。我们的始祖黄帝长眠于陕西省黄陵县，那里有闻名遐迩的“黄帝陵”，所以当地被称为“龙的故乡”。从古至今，多少帝王将相、文人墨客都到那里缅怀先人，抒发思古幽情。

第七章　炎黄帝人文初祖　禅让制五帝顺延

上面提到的“黄帝”，按照《史记》的说法，是五帝中的第一位，叫公孙轩辕，《史记》上说他“生而神灵，弱而能言，幼而徇齐，长而敦敏，成而聪明”。换通俗一点的说法就是，黄帝生下来就和别人不一样，聪明敏慧，仁慈好义，堪为人主。据说黄帝深得养生之道，留下的著作是《黄帝内经》，推动了中医阴阳理论的发展。黄帝死后，继位者是他的孙子——帝颛顼（也叫高阳），也就是五帝中的二号选手。这个颛顼也十分了得，《史记》上说他“静渊以有谋，疏通而知事”，有谋略，有算计，能够因地制宜，懂得管理哲学。颛顼死后，继承衣钵的叫高辛，也就是帝喾，他是帝颛顼的堂侄，也就是黄帝的第四代孙。他的个人素质也很好，恩泽普施，公而忘私，“聪以知远，明以察微。顺天之义，知民之急。仁而威，惠而信，修身而天下服”，也就是成功者的素质都具备，“打铁先要自身硬”，能够以身作则，全心全意为人民服务。

帝喾死后，帝挚继位，施政不善而失位，于是小儿子放勋（xūn）登基，这就是帝尧，大家耳熟能详的“尧、舜、禹”中的“尧”就是他。他是五帝当中的第四位接班人，也是黄帝的第五世孙，“其仁如天，其知（同“智”）如神……富而不骄，贵而不舒……能明驯德……便章百姓”。这样亲民的帝王，百姓自然拥护。他在位时统治的效果大家可能不感兴趣，但有两件事必须简述一下：其一为那时发大水，尧命鲧（Gǔn，大禹的父亲）治水，鲧采用堵截的方式，结果堵来堵去九年没有成功。其二是尧在寻找接班人时大度公正，把帝位禅让给了在乡下隐居的舜。尧有个儿子叫丹朱，但这个丹朱是纨绔子弟，不成气候。在继承人的问题上，尧也颇感踟蹰：把权力授给舜，则天下得利而丹朱不高兴；授给丹朱吧，则丹朱得利但天下不高兴。最后，尧说了一句颇为经典的话：“终不以天下之病而利一人。”于是他从公心出发，把权力交给了舜，这也许是几千年后孙中山先生那句“天下为公”的最早版本吧。

笔者想起宋朝《名臣言行录》上记载的范仲淹的一句名言：“一家哭何如一路哭！”范仲淹一度当上宋王朝的参知政事，相当于副总理，有了用人大权。他曾把那些不胜任按察使的人从候选名单中删去，这时有好好先生劝他说：“一笔勾之甚易，焉知一家哭矣！”指的是那个落选的人一家子该伤悲了。范仲淹的回答是：“一家哭何如一路哭！”也就是说，岂能因为照顾一人的功名利禄而使一路的百姓受害（“路”在宋代是一种行政区划，和今天省的地位相当，按察使是“路”的最高长官）！大家可以把这两件事放在一起考虑，尧和范仲淹作为中国历史上的伟大人物，在用人唯贤的问题上毫不含糊。

第八章　受迫害死里逃生　大舜帝孝感动天

舜，是一个形象相当饱满的儒家圣人。关于他的事迹、故事与传说，我们可以从这些方面解读。

（1）原生家庭。从原生家庭的角度来看，舜是非常不幸的，他应该没有快乐的童年和青少年，然而，他属于天纵奇才，特别阳光，充满了正能量。他的父亲叫瞽（gǔ）叟，瞽，是生理上的眼盲，也是心理上的不辨是非。古人把无目之人称为瞽，但是按照汉代学者孔安国的解释，舜的父亲并非生理上的盲人，而是因为不辨是非，所以被称为“瞽”。“叟”是指年长之人。《史记》原文没有记载舜的母亲是谁，《史记索隐》记载的名字叫握登，非常不具有女性色彩的名字。相传她“见大虹意感而生舜于姚墟”。关于姚墟的位置，学术界有争议，大致有三个说法：山东鄄（juàn）城、河南濮阳、浙江余姚。这可是相差得太远了。因为生在姚墟，所以舜为姚氏，他也是姚姓的始祖。因为名字为重华，所以舜也叫姚重华。舜的母亲去世较早。作为一个不辨是非、薄情寡义的男人，瞽叟顺理成章地又娶了一个夫人，生了一个儿子叫象。有妈的孩子像块宝，没妈的孩子像棵草，自古皆然。据说，舜的这个后母性情怪僻，自私贪婪，只爱亲儿子，偏偏瞽叟又是一个没有责任心、公平心、正义感的父亲，同样偏爱小儿子象，舜的遭遇可想而知。而象也是啥也不顾忌，啥也不害怕，变得桀骜不驯。这三个人用六个字来形容就是“父顽，母嚚（yín），象傲”，也因此留下一个典故叫“顽父嚚母”，大致是指愚蠢、顽固、暴虐的父母。

◎舜的核心家庭成员

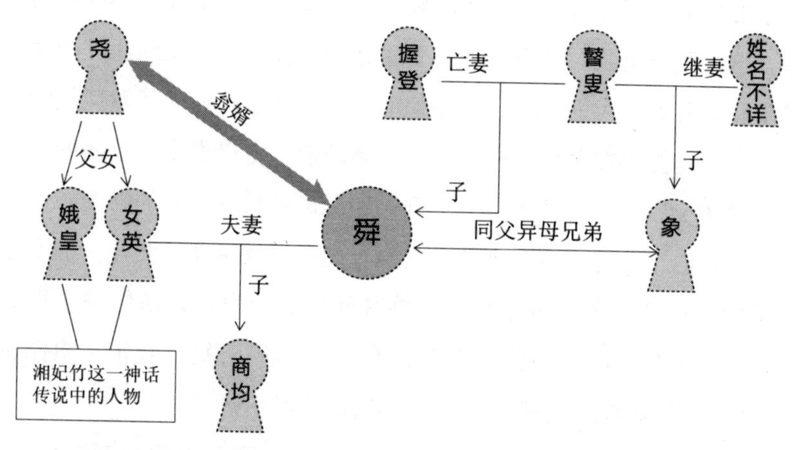

（2）舜的成名。就是在这样的环境中，舜艰难地活着，他并没有因此而变得敏感脆弱、心理扭曲，而是依然内心阳光灿烂，对父亲和继母孝顺，对弟弟充满了关爱，因此他深得百姓赞誉。这一切让当时的执政者尧听说了，尧决定好好考察一下舜。为了获得第一手的资料，他把两个女儿娥皇、女英嫁给了他，看他的治家能力和私人品德。从这个角度来看，舜属于尧的女婿。由于舜非常严谨，尧的两个女儿都不敢因出身高贵而在舜的家中稍有怠慢，侍奉舜的父母非常勤谨。在舜的影响下，尧的九个儿子也变得越发稳重厚道。因此，舜通过了非常重要的人品考核。

（3）不可思议的迫害。舜真的不像是瞽叟的亲儿子，因为两个人的人品有天壤之别。瞽叟完全被后妻迷惑，进一步失去了分辨是非的能力。为了让象独自霸占财产，获得最大利益，舜的父亲、后母和弟弟屡次联手设计杀害舜，好在舜有极强的求生能力，多次躲过迫害。有一次，瞽叟让舜修理谷仓顶部，他自己却在下面放起了火。这可不是普通的家庭暴力，而是故意谋杀了。舜急中生智，把两个斗笠弄成简易降落伞，这才跳下逃生。还有一次，瞽叟让舜挖井，当舜挖到深处的时候，瞽叟和象开始在上面填土，可是他们不知道的是，舜早就发现他们居心叵测，于是提早在井壁的一侧挖了一条暗道，得以逃生。上面的几个人额手称庆，以为舜必死无疑，象开始和父母商量瓜分舜的财产，他把牛羊、谷仓给了父母，自己则要占有两个嫂子，就是尧的女儿，加上尧送给舜的一把琴。象还没来得及实施其他犯罪行为，只是住进了舜的家里，弹琴取乐之时，舜就回来了。象非常尴尬，说：“我正在想你想得非常伤心。”舜道：“是啊，你我兄弟情谊非常不错。”

即便这样，舜依然非常恭谨地侍奉父亲，对待弟弟也非常友爱。真是只有圣人才能有这样的胸襟。因此，二十四孝第一孝就是舜的“孝感动天”。

第九章　接班人千锤百炼　栋梁材济济一堂

（1）尧的继续考察。尧除了是一个圣人、帝王，还是一个天文爱好者。在他当政期间，组织天文学专家团队，确定了春分、夏至、秋分、冬至几大节气，确定一年为三百六十六天，又设置了闰月。作为一个能力超强的统治者，他对继承人素质的要求是非常高的。有一次，舜进入深山，遇暴风雨而不迷路，这起码能证明，舜有胆魄，有方向感。尧知道舜是个贤才，决定把天下交给他。“扶上马，送一程”一直是中国的传统，为了让舜能更好地进入角色，尧曾经一度让舜当代理天子，看他处理政务的能力。当一切都感觉没有问题的时候，尧才交出接力棒。尧在位七十年时得到舜，又过了二十年退位，让舜代行天子职权，尧离开帝位二十八年后去世。

（2）继承人风波。尧当时选择继承人，有三个主要人选，丹朱、舜和许由。丹朱的问题，前面讲过，尧的理由是：“授舜，则天下得其利而丹朱病；授丹朱，则天下病而丹朱得其利。”“终不以天下之病而利一人。”在后世，就只考虑一家一姓之天下，只考虑“利一人一家一姓”的问题，而不考虑天下人之天下的问题了。另一个候选人许由的事迹记载在《史记正义》和《庄子·逍遥游》里。许由是一位高尚清节之士，他无法接受世俗权力，甚至听到尧要禅位给他这个消息，都感觉耳朵受到了污染，于是给后人留下了“许由洗耳”的典故。更绝的是，巢父或樊坚认为，许由洗过耳朵的水都是污秽的，于是不让牛在下游饮水。也有人说，这是嘲讽许由过于沽名钓誉。不管怎样，舜都是最为理想的继承人。当时，还有两个候选人叫共工和鲧，此位共工与前文提到的神话人物共工，不是同一人物。相传此人为尧、舜时的大臣，名叫穷奇，共工为水官名。他行为邪僻，也就是后文定义的“四凶”之一，被舜流放于幽州。尧认为共工喜欢夸夸其谈，做事不循正道，貌似虔诚，实则傲慢，不是一个合格的候选人。对鲧，也就是大禹的父亲，尧倒是考察了一番，让他治水，可是他并没有成功。于是舜成为最终的继承人。

（3）舜起用“八恺”“八元”。关于这十六个人，个别的人名有差异，我只以一种说法为准。高阳氏有八个有才能的人，替世人做了很多好事，人们称其为“八恺”，名单是：苍舒、隤敳（ái）、梼戭（yǎn）、大

◎尧帝在三位候选人中的抉择

候选人	身份	作用	态度	结果
丹朱	✓ 尧的儿子	✕ 顽凶、不肖	✕ 想当继承人 没有群众基础	✕
许由	✓ 著名隐士	✓ 清高、爱名	✕ 洗耳 逃避富贵	✕
舜	✓ 尧的女婿	✓ 孝顺、能力强	✓ 一直拒绝 但得民心	✓

◎舜的团队豪华阵容曝光

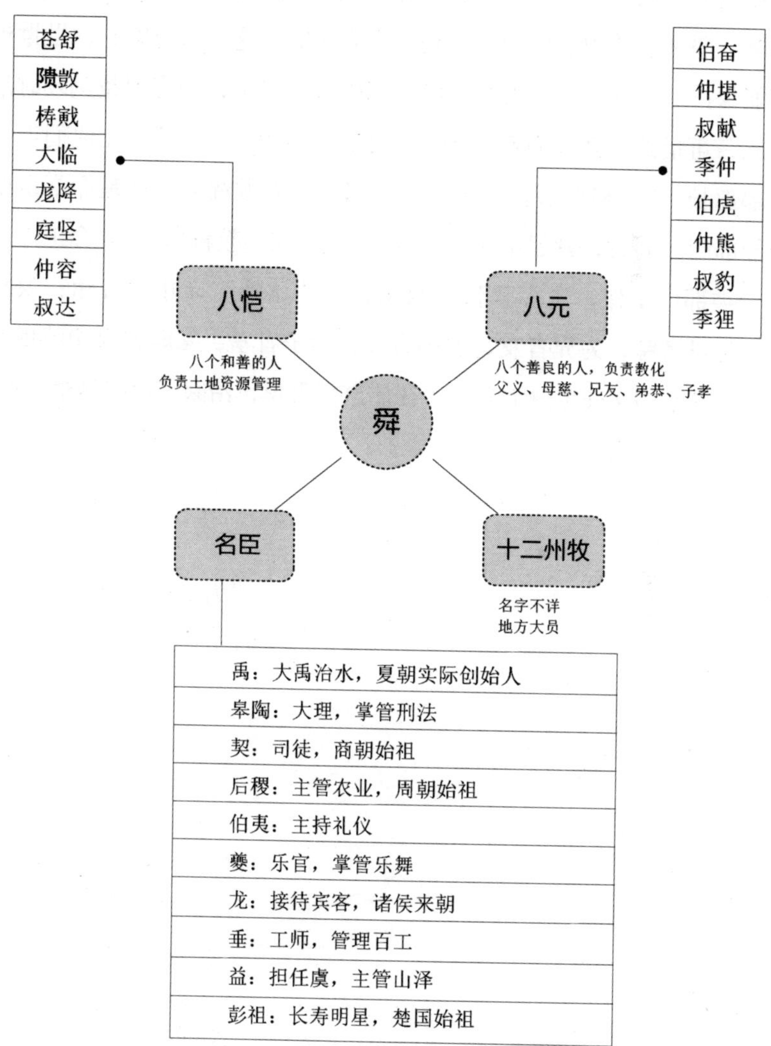

临、龙（máng）降、庭坚、仲容、叔达。高阳氏是“五帝之二”帝颛顼这一个支脉的，而高辛氏则是“五帝之三”帝喾这一个支脉的。高辛氏同样有八个有才能的人，世人称之为“八元”，名单是：伯奋、仲堪、叔献、季仲、伯虎、仲熊、叔豹、季狸（lí）。这十六个家族，世世代代都能保持他们的美德，没有辱没他们先人的名声，一直到尧执政时都是如此，可惜的是尧没有起用他们。于是舜起用“八恺”，让他们当“农业部部长”“水利部部长”一类的官职，在农业社会，这是非常重要的职能部门。同时，舜起用“八元”，让他们在“教育部”“社会工作部”这一类部门工作，主抓教育、教化，主要达到这样几大目标：为父者义，为母者慈，为兄者友，为弟者恭，为子者孝，家庭内部和睦相亲，与乡党众亲的交往也融洽有序。在儒家视野里，治家与治国是相通的。

第十章　惩四凶以邪制恶　扬善行不忘初心

（1）“四凶”是谁？所谓“四凶”，第一凶（排名不分先后，只是为了叙述方便）是驩（huān）兜或讙（huān）兜，在此选择讙兜。讙兜也被称为浑沌（混沌），这个人应该是心盲之人，难辨真假是非，因此叫浑沌。第二凶是共工，也叫穷奇，上文提到他曾被推荐为尧的继承人，因行为邪僻，被尧否决。第三凶是鲧，也叫梼杌（wù），他是大禹的父亲，其实不一定是什么恶人，而只是一个做事不讲究方法，急于要政绩，还不讲民主决策的职业官僚，治水时用堵截的办法，肯定不行。《山海经·海内经》记载，鲧死后从他的腹中生出了他的儿子禹，这可就奇怪了，男人生儿子，当然这都是传说。关于鲧，各个典籍记载时，其形象都不相同，有的说他凶神恶煞，有的说他是拯救人民于水火的英雄。他应该是水利工程建设史上的悲剧性人物，也正是因为他的失败，才有禹的正确，如果说他死之后生出了禹，正好印证了“失败是成功之母”的道理。第四凶叫三苗，也叫饕餮（tāo tiè），一看就是美食爱好者，不挑食，什么都吃。

在《神异经》里，这“四凶”的形象又变了，成了四大凶猛恶兽。讙兜（浑沌），形状像狗，四只脚，长毛，有眼睛没有视力，有耳朵没有听力，都是摆设；直肠子，吃完就拉；人有德行就攻击，如果是恶人则感觉臭味相投。共工（穷奇），形状像虎，有翅膀，能飞，能听懂人的言语，两人争斗，他帮理亏的一方；如果听闻是忠信之人，就吃人家的鼻子；听说谁代表黑恶势力，就去打猎，带着猎物去送礼。鲧（梼杌），形状像虎，但是比虎大，毛长二尺，人面虎足，嘴和牙像猪，尾巴长一丈八尺。三苗（饕餮），人身，多毛，生性凶恶，是个守财奴，聚敛钱财而不用；擅长抢夺人的谷物，欺软怕硬，抢夺老弱，攻击身单力孤之人。当然，这都是神话传说，不必当真。

（2）舜驱逐“四凶”。《史记·五帝本纪》中有一段关于“四凶”的描写，应该是比较可靠的。从前，帝鸿氏（黄帝的后裔）有一个不成才的子弟，他掩盖他人的善行，隐瞒自己的罪过，好做坏事，天下人称他为“浑沌”。少昊氏，即少皞（hào）氏，有一个不成才的子弟，嫉贤妒能，诋毁他人，粉饰错误，天下人称他为“穷奇”。颛顼氏有一个不成才的子弟，不知好坏，不懂善言，无法教育，天下人称他为“梼杌”。这三个家族成为世人的祸患，然而直到尧当政时，都没能驱逐他们。缙云氏（一说为炎帝的后裔）有一个不成才的子弟，贪图饮食，爱好货财，天下人称他为“饕餮”，大家都讨厌他，认为他与浑沌、穷奇、梼杌这三凶没有什么差别。舜为了营造安定、团结、和谐的政治局面，领导了一次大规模的扫黑除恶斗争，他把“四凶”流放到四境的边远地区，让他们“以邪制恶”，抵御人面兽身的妖魔鬼怪。从此，国都四门大开，再也没有为非作歹的坏人了。

这四人都被流放到哪里了呢？共工被流放到幽陵，《尚书》及《大戴礼》记载为幽州，这是北方。“请流共工于幽陵，以变北狄”，有人考证幽陵是现今北京密云东北，《史记地名考》认为“言其在北，未必确有其地”。“放谨兜于崇山，以变南蛮”，崇山的大致位置是衡山之南，现在的两广地区，记住是流放到南方就好。“迁三苗于三危，以变西戎”，三危的位置，主流说法是甘肃敦煌，是中国的西方。“殛（jí，杀死；发配）鲧于羽山，以变东夷”，羽山，考证是山东郯（tán）城东北。“变”的意思是改变、改造，就是说，这四个人不是凶恶吗，中国东南西北四个方位上还有一些不开化的人群，让“四凶”去改造他们，于是鲧去改造东夷，谨兜去改造南蛮，三苗去改造西戎，共工去改造北狄。

◎四凶的两种主流说法

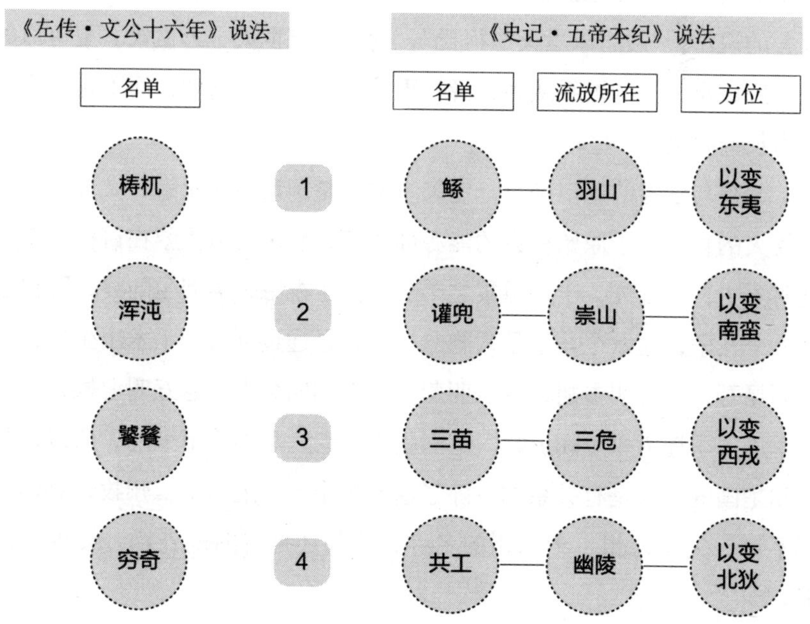

放到现在，鲧去了山东经济开发区，讙兜去了珠三角经济开发区，共工获得了北京密云的户口，这都属于获得了优待，只有三苗差点意思，不过开发大西部，也是一个机会。舜流放“四凶”之时，还是担任“代理董事长”期间，需要向尧汇报，不过报告获得了批准。如果这个记述准确，可以看到当时中原文化所能辐射的大致区域。

（3）舜手下的名臣。惩恶扬善，两手都要抓，两手都要硬。舜提拔了“八恺”“八元”，流放了“四凶”，还没有完，要想成为一个合格的领导人，必须组建一个强大的人才班底。《史记·五帝本纪》提到十二个人，禹、皋陶、契（Xiè，商朝始祖）、后稷（周朝始祖）、伯夷、夔（Kuí）、龙、倕（通“垂”）、益、彭祖是九个部门的一号人物，朱虎、熊罴（pí）做益的副手，彭祖的职位不详，不过，他在尧当政时就是领导班子的成员，据说他活了八百岁，历经夏朝、商朝。按照《史记·楚世家》的说法，“殷之末世灭彭祖氏”，商朝的末世灭了彭祖氏。更可靠的说法应该是彭祖的世系从尧、舜、禹传到了夏朝、商朝，而不是一个人成为长寿明星。

彭祖与楚国的远祖是有一定关系的，楚国远祖为祝融，做火正，是掌管火的官，属于原始社会的能源部主管，后来祝融重黎在讨伐共工作乱时不力，被处死，于是重黎之弟吴回做了祝融，吴回生陆终，陆终生了六个儿子，这六个儿子是六胞胎，而且是通过剖宫产手术出生的，老大叫昆吾，老二叫参胡，老三叫彭祖，老四叫会人，老五叫曹姓，老六叫季连。季连为芈（Mǐ）姓，楚国就是从老六季连传下来的，所以，彭祖和楚国的先人是有关系的。除了这十二个人，还有十二州牧，具体名字不详。关于九州、十二州的名称，我们还是用图来表示，会更加清晰。

◎“九州说”的四种主流说法

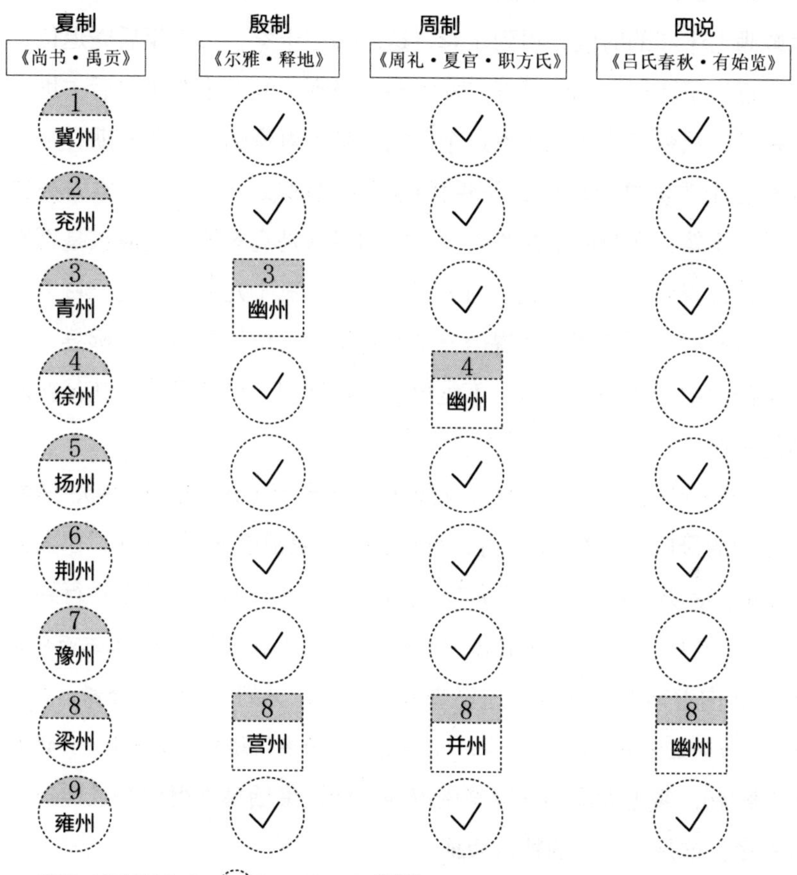

说明：以夏制为标准，✓指与夏制相同，[ ]为不同说法
西汉前，人都说禹治水后划分九州，实际上“九州说”成于春秋战国，州名也有异

（4）舜的人生轨迹。舜在二十岁的时候，因为孝顺而闻名天下，三十岁时被尧选拔任用，五十岁时代行天子职权，五十八岁时尧驾崩，六十一岁时代替尧登上天子位，在帝位三十九年后，巡视南方，死在苍梧郡（今湖南南部、广西东北部和广东西北部一带）的郊野，葬在长江以南的

九嶷（疑）山，也就是后来的零陵郡（今湖南宁远南）。前文提到，尧是在执政满七十年的时候，得到了舜，这时舜三十岁，二十年后尧退位，让舜代行天子职权，此时舜五十岁，尧在退到二线二十八年之后去世，也就是说，从舜三十至五十岁这个区间，是尧对舜的重点考察期，从舜五十至五十八岁这个区间，是舜代理天子之时段，舜五十八岁时尧去世。这样比较，在时间上是吻合的。可如果这是真实的，尧应该是百岁以上老人，舜六十一岁正式成为天子，又执政三十九年，也是一百岁。就在一百岁时，舜病逝。九嶷山，又叫苍梧山，位于湖南省宁远县，这也只是传说中舜的长眠之所，不能提供考古证明。但这是一个获得普遍认同的所在。

《史记·秦始皇本纪》记载，秦始皇三十七年（公元前 210 年），是秦始皇在世的最后一年，“十一月，行至云梦，望祀虞舜于九疑山”“上会稽（kuài jī），祭大禹，望于南海”，也就是说，十一月，秦始皇巡行到云梦（泛指春秋战国时楚王的游猎区，大致包括江汉平原及东、西、北三面部分丘陵区），向着南方的九嶷山遥祭虞舜，后来，又到了会稽（会稽山在浙江境内，为仙霞岭向北延伸支脉之一。另有注解为浙江绍兴南或东南。传说大禹死于会稽），祭祀大禹，又遥祭南海神。能让秦始皇瞧得起并且拜祭的人可不多，这是舜和禹的特殊荣耀。

据说，舜的去世，让娥皇、女英非常伤心，她们的泪水掉在竹子上，形成了湘妃竹。

另外需要说明的是，舜成为天子之后，乘着插着天子旗帜的车子，去拜见他的父亲瞽叟，态度依然恭敬虔诚，仍然和一个普通的儿子对待父亲的礼节一样。舜封弟弟象为诸侯，如果这个记载是真实的，舜就应该被批评，这是任人唯亲了。如果象改过了，尚可，否则，以象的品性，他就是祸害一方的恶霸。但是，舜对自己的儿子却没有过分溺爱，儿子商均不成才，于是舜选择禹作为继承人。舜去世后，禹也像舜把帝位让给尧的儿子一样让帝位于舜的儿子，可是诸侯已经完全归附禹，而后禹才登天子位。尧的儿子丹朱和舜的儿子商均都享有封地，以祭祀他们的先祖，朝见天子时以宾客之礼相待。不把他们当成臣民来对待，表示不敢专有天下，不敢把权威凌驾于他们之上，以示对老领导的尊重。这就是舜的主要事迹和政绩。对于他早期受到家人迫害的情况，具体原因我们不得而知，但是恐怕与现代人一样，都是因为父亲瞽叟的移情别恋、继母的残忍自私、父亲和继母对他们的亲生儿子的溺爱，以及对于房产的争夺等，说到底，还是道德问题、情感问题、教育问题和经济问题造成的，恐怕有了人之后，就没有逃脱这些问题的困扰。而舜之所以被称为圣人，就是因为他能做到以德报怨，并没有变得消沉、嫉妒、憎恨、敏感，依然是个阳光少年。以上关于五帝的记载，司马迁是经过大量的采访、阅读、比较、分析之后，认为比较可信的，才记录下来。

三皇五帝的事就讲述完了，虽然这些内容离我们久远了一点，但作为中国人，这些也是要掌握的基本历史常识。无源之水不能流得久远，无根之木不能茁壮成长，我们到中华民族历史长河的源头先领略一下或奇伟或沧桑的景致，应该还是比较好的吧。还有一点需要说明的就是秦始皇“皇帝”称号的由来。秦始皇认为自己功过三皇，德兼五帝，唯取二尊号于一身方可显示自己唯我独尊的气概。三皇五帝之后，我国的历史进入了有史可查的奴隶社会。我这么说不是指三皇五帝的故事是无稽之谈，而是说暂时没有最为有力的考古证明，因为那时的历史都是故老相传的，没有文献记载。如果单从考古的角度来说，中国人可以追溯到一百七十万年前的元谋人。有些事情既然出现，肯定是有迹可查的，比如后人知道某种草药有某种药效，如果是古人留下的药方，就说明前人对药性做了探索，不会是天生知道的，在这种情况下，可能产生了“神农尝百草”的传说。其实很多神话传说都是这么来的，或者出于对自然的敬畏，或者出于对祖先的敬仰，大家不必纠缠于事情的真假，只要知道神话是民族形成过程中民族心理的积淀就可以了。

关于三皇五帝之前的历史，我们可以用《礼记·礼运篇》来结束，这是原始共产主义的社会形态：“大道之行也，天下为公。选贤与能（贤德之人），讲信（诚信）修睦（和睦），故人不独亲其亲，不独子其子。使老有所终，壮有所用，幼有所长，矜（guān，同“鳏”，无妻或丧妻的）寡（老而无夫）孤（幼而无父）独（老而无子）废疾（残疾）者，皆有所养。男有分（职业），女有归（女嫁曰归）。货恶其弃于地也，不必藏于己；力恶其不出于身也，不必为己。是故谋闭而不兴，盗窃乱贼而不作，故外户而不闭，是谓大同。”这种大同社会不知何时才能实现。

第十一章　国势兴启明汤善　社稷亡桀暴纣淫

“夏朝开头接商周，春秋战国乱悠悠。秦汉三国传两晋，南朝北朝是对头。隋唐五代又十国，宋元明清帝王休。”一首中国历史年代的顺口溜让我们知道了中国历史的脉络，但要领略中国历史的奇特魅力，还是让我们对中国进入文明时代的进程做个简要的了解吧。

诚如大家所知，夏朝是文明社会的开端，其开国之人叫启，启的父亲是治水的大禹，禹的父亲是治水方法太笨的那个鲧，禹是黄帝的第五代玄孙，是颛顼的孙子，这样说来，禹是血统正宗。禹是被舜提拔起来的（按《史记·五帝本纪》记载，舜是黄帝的七世孙，禹是黄帝的五世孙，为何五世孙能接七世孙的班，让人费解，但这段历史基本上是故老相传，大家不用较真）。鲧因治水不成功而被流放，他死后，舜大胆起用他的儿子禹，这体现了任人唯贤的用人策略（三国时期有个“大意失街亭”的马谡，他就用了这个典故，希望诸葛亮能体现高风亮节，任用自己的儿子，他说：“愿丞相考虑舜帝杀鲧用禹之义，某虽死亦无恨于九泉。”诸葛亮说：“我和你义同兄

◎五帝与夏商周的世系传承

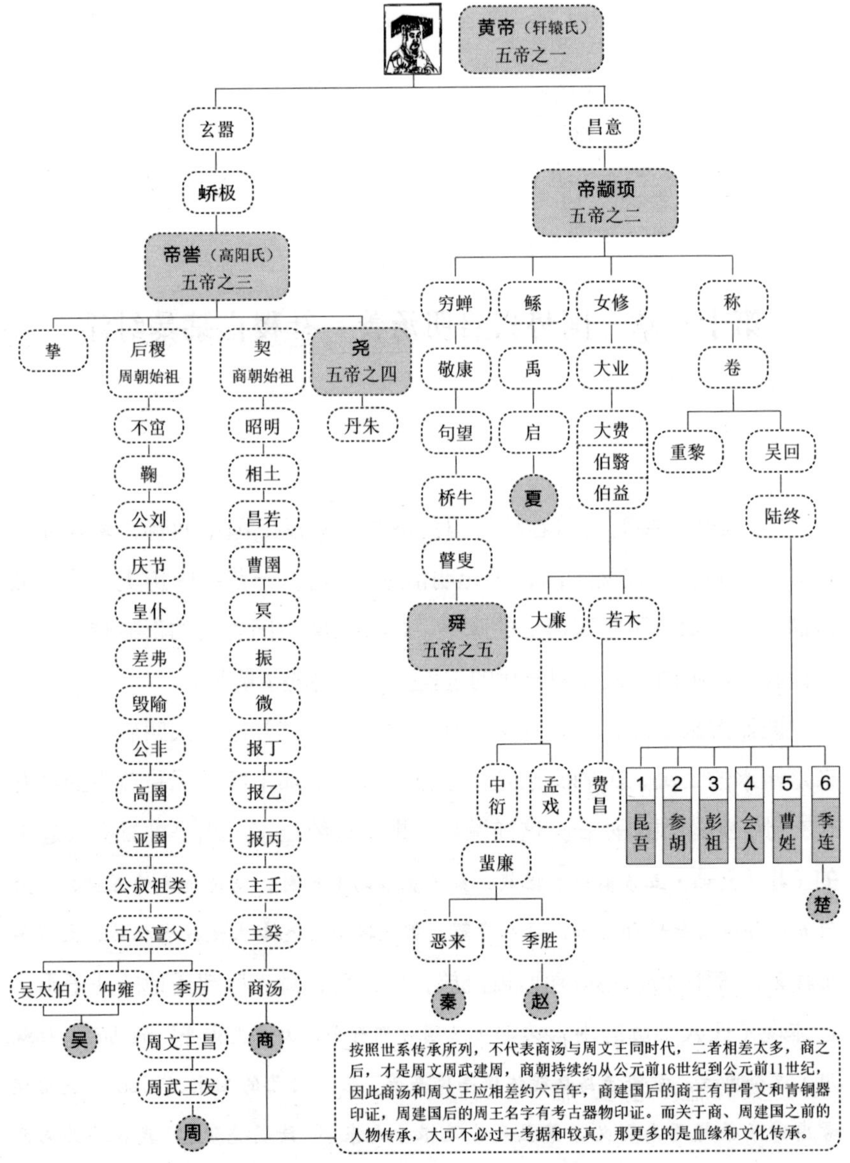

弟，你的儿子就是我的儿子，不必多嘱咐。”如果不知道这段历史，就很难理解二人的对话）。大禹最为后人称道的就是“大禹治水，三过家门而不入”。禹立志洗刷先人的耻辱，他任劳任怨，居外十三年，开九州，设置基本的行政区划，修建国家级公路，修整名山大川。我只提一下九州，因为这与我们现在仍有很大的关系，这九州是：冀州、兖州、青州、徐州、扬州、荆州、豫州、梁州、雍州。

本来禹并非直接把帝位传给儿子启的，他也培养了一个接班人叫益，但是益从政时间短，个人的权威并没有树立起来，人心未附。于是，禹死后，人们没有去朝拜益，而是拥护启做了领袖。这也许是因为人们爱屋及乌，思念大禹王的功绩。战国苏秦曾质疑禹，认为他有私心，虽以益为接班人，却又扶植启参与政务，结果架空了益。不可全信，暂且存疑。这时益也只好就坡下驴，拱手让出权力，于是禹王的儿子启就顺理成章、堂而皇之地即了天子位，成为夏朝的开国之君。

在夏朝统治期间，少不了东征西讨，打打杀杀，在此就不做太多的评论了，我们的目的是吸取历史教训，更多的是要考察兴衰成败的原因，也就是“学有所用方为善之善者也”。对于夏朝的历史，我们再了解一下最后一个帝王夏桀的失败就可以了。

夏朝最后一个帝王夏桀，《史记》上说他“不务德而武伤百姓，百姓弗堪”，意思应该是“不修德政而统治残暴，百姓忍无可忍”。而凡事都有对立面。夏末之世，就有一个叫商汤的诸侯成为夏桀的对立面。商汤实行仁政，甚得民心，夏桀嫉妒，就把汤囚禁起来，后来迫于舆论压力又释放了他。最后“反夏桀势力”在汤的领导下闹革命，推翻了夏桀，夏桀被流放而死，临死前还说：“我之所以败，是因为当时没有杀商汤，以致遗留后患。”其实这个腐败君主不知民心所向的无情，即使杀了商汤，还会有一个叫“浪”、叫“沸”、叫“海”、叫“潮”的起来，终究是要推翻他的统治。这也就是说，即使“鸿门宴”上项羽杀了刘邦，如果项羽没有以民为本，他还是要失败。这些失败者都没有找到自己失败的根源，不知道人民群众是国家的真正基石，而且至死不悟，殊为可恨。

汤的祖先叫契，契的母亲叫简狄，她在洗澡时看见一只玄鸟下了一个蛋，一时肚饿就吞吃了蛋，因而怀孕生下了契。这个事情不知属实与否。契辅佐大禹治水有功被封在商，就是今河南商洛附近。汤建立商朝后，重用一个宰相叫伊尹，这个人物在历史上比较重要，所以我们还是做一番叙述较好。关于伊尹的被发掘有两种说法：一是说伊尹主动去见商汤，因为没有门路进见，他就先伪装成厨师，找机会见到了汤，从做菜怎样调和五味，说到了王道和治国之术，被汤看重提拔。二是说商汤主动去拜请伊尹。伊尹是隐士，商汤主动求贤，去了五次，伊尹才在强大的心理攻势面前屈服了，出山辅佐商汤成就大业。相比之下，刘备还是比商汤少锻炼了两次身体，他才“三顾茅庐”。后代的人特别是怀才不遇的知识分子都宁愿相信“五请伊尹”这种提法，因为他们一方面比较矜持，一方面希望得到贤明君主的重用，施展鲲鹏之志。千里马总是希望遇到伯乐的。伊尹给汤最好的建议是“言能听，道乃进。君国子民，为善者皆在王官”，要想有所成就，前提条件就是能够听进别人的话。一般来说，“忠言逆耳”，好话听起来往往不十分好听，只有修身齐家，战胜自己，方可平定天下。商汤虚心采纳了这个建议。

有一个成语叫“网开一面”（现代汉语这么说，原始版本叫“网开三面”，意义相同），也是发生在商汤身上的。他看到有人捕捉鸟兽时四面张网，于心不忍，就让人去掉三面，以示做事不能赶尽杀绝，别的诸侯知道后大为感动，认为商汤恩德至于鸟兽，真为明主矣。

在商朝的中期左右，出现了一个“盘庚迁都”的大事，恢复了商汤的旧业德政，政治和社会意义重大，但是现在我们不是在讨论纯历史问题，所以此段一笔带过，不做赘述。时光荏苒，日月如梭。帝位传给了商朝的最后一个统治者——商纣王，这时就产生了对现在仍然有极大现实意义的失败教训。

第十二章　杀比干饰非拒谏　纣王事换位思考

商纣王并非毫无能力，仅是酒色之徒。《史记·殷本纪》记载他是“资辨捷疾，闻见甚敏；材力过人，手格猛兽”，可谓能文能武。但大家再往下看，《史记》上又说他“知足以距谏，言足以饰非；矜人臣以能，高天下以声，以为皆出己之下”，这是说商纣王太聪明了，聪明过度了，就骄傲得了不得，以为谁也比不上他。既然谁的智力都比不过他，那他又怎能听进别人的建议呢？即使自己错了，也要找出大量的理由来为自己开脱，也就是“文过饰非”，不愿、不敢，也不能承认自己的些许错误。他其实最需要上这样一课，题目叫“批评与自我批评”。我们没有资格评论他在历史上的地位，但我们可以评论他做人失败的原因。历史的车轮滚滚向前，但这样的错误仍然可能会发生在我、你、他身上，为什么？难道这就是人性？难道生活万象在变而人性未有实质性改变？难道我们真不用从这些所谓“古董人物”身上吸取有益的教训？我认为很有必要，这是人心向善的呼唤。苏东坡作诗说，“人皆养子望聪明，我被聪明误一生”，曹雪芹评价王熙凤是“聪明反被聪明误”，后人对三国杨修有“身死因才误，非关欲退兵”的“鸡肋之叹”。聪明是好事，聪明本身并没错，错误的是“自以为聪明”，错误的是“因自认聪明而听不进逆耳之言”，错误的是“文过饰非，死不认错”。我想郑板桥发出“聪明难糊涂更难”的感叹未必不是有切肤之痛，看来聪明也要掌握类似小说的四要素，如时机、地点、人物和方法对头与否，否则，或是因此亡国，或是因此亡身，可不慎哉？

话扯远了，再回来。《史记》上又说纣王“好酒淫乐，嬖于妇人。爱妲己，唯妲己之言是从”，本性开始显露了，建造酒池肉林，为长夜之饮，于是百姓怨望而诸侯叛离，败国迹象显露矣。更要命的是，他重用贪污且好拍马屁的费中来执政，又用“善谗毁”的恶来（这个恶来是秦始皇祖先之一）干政，闹得鸡飞狗跳。即使这样，他若能及时悔悟，采取补救措施，亦可算亡羊补牢为时未晚，可惜他一错再错。

商朝就没有能人没有忠臣了吗？有，还有很多。皇亲贵族中就有三位，一个叫比干，另外两个叫微子和箕（jī）子。这个比干大家可能要熟悉一些，他忠心耿耿，而且“心眼多”，苦苦劝谏商纣王。刚愎自用的纣王不但不听，反而杀了他，更令人发指的是，竟然命人挖出比干的心，说什么“吾闻圣人心有七窍”，要看看。后世曹雪芹夸奖林妹妹“心较比干多一窍，病如西子胜三分”，就是指像比干一样聪慧明敏。

箕子是成语“见微知著”中的人物。他是商朝贵族，对商纣王生活腐化的问题十分担忧。商纣王开始使用象箸（zhù），“箸”指筷子，“象箸”是象牙筷子，箕子叹道：“看见一点苗头就要预测出事物的发展趋势。他使用象箸，必然要用玉杯来搭配；制作了玉杯，必然想搭配山珍海味，‘美器配美食’嘛；饮食上讲究了，车马宫室相应地也会变得豪华奢侈起来。腐化生活最容易消磨人的斗志，由俭入奢易，由奢返俭难，他恐怕很难振作了。”箕子极力劝谏，纣王不听。他披头散发，假装疯狂，为人做奴隶，最后隐居起来，寄悲思于古琴，后人把他流传下来的曲子叫作《箕子操》。这是笔者加的注解，事见《史记·宋微子世家》。

《史记》上记载，纣王淫乱不止，变本加厉，微子数次进谏，见纣王不听，便与太师箕子、少师比干谋划商量。箕子假装癫狂，也没逃过囚禁待杀的厄运。后来他逃亡东北，建立“箕子朝鲜”，直到汉武帝时代被“卫满朝鲜”取代。比干决定死谏。他说的一段话也有一定的道理：“主暴不谏，非忠也；畏死不言，非勇也。见过即谏，不用即死，忠之至也。”为了进谏，他三日不离纣王左右，忠则忠矣，可惜想法好效果不好。当然，我不是用现代人的观念和标准衡量他，我只是说，不管什么年代，恐怕说话的语气、方式和方法都十分重要吧。如果商纣王真是一个固执己见、一意孤行的人，那么这种人认定的事儿九头牛都拉不回来，而且是猪油蒙住了心肝，不开窍。当死不认错的人受到指责时，他不会反思自己的行为是否失当，而是把一切错误都归结到客观环境上，找出一百种理由为自己开脱，这样的人只能用鲜血和残酷的事实让其警醒。当一个人能实事求是地承认错误，当一个人能不找客观理由反而从自身找原因，当一个人不找借口开脱反而用实际行动改正错误时，他就超然了。这样，该杀的杀，该走的走，商纣王终于落得众叛亲离的下场，最后在鹿台自焚，结束了耻辱的一生。这里提醒一句，关于商纣王的记载，不一定是“历史的真实”，但有“性格的真实”。这里不作辨析。

通过商纣王的人生，我们不难得到以下几点教训：（1）纣王自恃才气，不听劝谏。（2）不修德政，失道寡助。（3）任用奸佞，朝政一日坏过一日；喜听顺耳之言，不知糖吃多了对身体没有好处。（4）设置“炮烙之刑”，诛杀功臣；不吃“苦口良药”，使百姓离心离德。以上应该算作内因吧。（5）穷兵黩武，不惜民力，导致后来奴隶造反。（6）设置酒池肉林，生活腐化。（7）有周文王“得道多助”的反衬。人就怕比较，通过比较我们一眼就能看出优劣，看到人心所向。大概这么几条，权作外因吧。其实，我们仔细回想，我们小百姓又何尝不会犯这样的错误？要么自我感觉良好，自以为聪明一世；要么好大喜功，得到点成绩就翘尾巴；要么听不进半点真话，稍微不合意就认为别人在给自己找毛病；要么自视清高，脱离群众，耳边听不到建设性的意见。这是自取灭亡呀！

关于商纣王有很多考据，他的灭亡绝不单纯是因为酒色，如果是，也只是一种表象。就像吴王夫差（chāi）的灭亡，绝对不是什么西施的作用。吴王夫差之败，涉及太多的战略失误，这个问题我们在本系列之《吴越争霸》中详谈。

此外，商纣王本来叫帝辛，“纣王”是周朝加的谥（shì）号，“残义损善曰纣”，很明显，这是一个贬义词。谥号是后代君主对前代君主的盖棺定论，一般以表扬型为主，还有批评型、同情型两款。秦始皇就是考虑到这个问题，说“子议父、臣议君”不是一个好行为，所以他要废除谥号制度，自己要称秦始皇，以后的帝王都进行数字化管理，称二世、三世以至千世、万世。可是他的想法太天真了，后来还是恢复了谥号制度。隋炀帝的“炀”是唐朝加的谥号，这也是一个批评型谥号。《逸周书·谥法解》说：“去礼远众曰炀，好内远礼曰炀，好内怠政曰炀。”好内，就是喜好女人。

如果从历史的角度考证，商纣王的败亡肯定有很多不为人知的“历史的真实”，而鉴于本书的定位，我们现在只能从“性格的真实”这个角度来分析商纣王，这是一种无奈。假如商纣王其实只是过于自负，在南征北讨的过程中，后方空虚，结果被周武王乘虚而入，并不是纯粹的腐败亡国，或者说，商纣王是因为政治上的失败而被人从私德上抹黑，如果是这样，那么，因为史料的匮乏，想要给商纣王复原“历史的真实”，已经变得不可能了，我们也只能在此表达歉意，希望他在天之灵可以原谅后人的无奈，可以原谅人的无知和思维的局限性。

如果我们从“性格的真实”这一角度来看待商纣王，就一点问题都没有，就是说，“商纣王这类人”不仅史不绝书，而且历来都是现实中的人物。我们用《管子・小称》上的一段话来比对一下“商纣王这类人”。管仲说：“善于责备自己的，人民就不会责备他。只有不肯责备自己的，人民才会去谴责。所以，承认自己的错误，恰恰是‘强’的表现；修养自身节操，恰恰是‘智’的表现；不把错误和不善之处推给别人，才是‘仁’的表现。因此，明君有过则归之于己，有善则归之于民。有过归之于己，则自身戒惧。有善归之于民，则人民喜悦。使人民喜悦，使自身戒惧，这就是明君治理百姓的方法。可是夏桀、商纣王则不然，有善则归之于己，有过则归之于民。君王把自己应该承担的过错推给人民，人民必定愤怒；君王把人民创造的功劳揽到自己身上，贪天之功以为己功，就会变得更加骄横。这便是他们失败的原因。”

这些话虽然出自《管子》，但是不是真是管仲说的，还不能确证，同样需要用“性格的真实”来理解。管仲是中国历史上少有的大政治家，是一个思想通透、有大智慧的人，他能这样想，是符合“性格的真实”的。敢于承认错误的，才是真正思想强大的人。有过自己揽，有功推之于人，确实是真正仁德之人才可以做到，也有一些大政治家比如曹操、诸葛亮可以做到，即便政治家有从谋略角度上的考量，依然是一种伟大的人格。细考古今成败得失，很少是因为推功揽过而亡国、而失败的，大多数都是推过揽功、贪天之功以为己功造成的。

所以，商纣王这类人并不是真正的强大，也不具备真正的智慧、真正的仁德。如果从“性格的真实”这一角度来分析，商纣王先生给了我们太多的思考，哪怕真是冤枉了他，这也是没有疑义的。

第十三章　煌煌哉文武之道　郁郁乎孔子从周

那么西周王朝是怎样兴起的呢？周朝的先祖叫弃，也就是后稷，弃的母亲叫姜原，是帝喾的妃子。帝喾是黄帝的第四代孙，黄帝姓姬，这样，周王朝的国姓就是姬姓。姜原有一次去野外郊游，看到巨人的脚印，她就把脚踩在这个脚印里。说来也奇怪，就这么踩一下，她就怀孕并生下了一个孩子，她“以为不祥”，便把婴儿丢弃在小巷，结果牛马避之。她又把婴儿放在河沟的冰面上，飞鸟以羽翼护卫婴儿，姜原认为婴儿是神，又开始抚养他。因为刚开始把他遗弃了，所以叫他“弃”。弃在儿童时代喜欢种植谷物，长大以后，爱好农耕，中国的农耕时代从此兴盛起来。尧举荐弃为“农业部部长”，天下得其利，周朝自此兴旺。传到古公亶（dǎn）父时，他有三个儿子，老大吴太伯，老二仲雍，少子季历。季历的儿子是周文王，古公亶父知道孙子周文王贤能，就想把位置传给季历，这样父死子继，保证三代都好。老大和老二知道父亲的心愿后，就逃到了现在长江中下游的苏州附近，来避让季历，这两个人后来建立的国家叫吴国（也就是孙子、伍子胥侍奉的吴王阖闾的吴国）。

周文王（正确的称呼是“西伯昌”，此处为的是便于理解）时，周朝大兴盛。据说昌出生时就有祥瑞，长大以后笃仁、敬老、慈少，礼贤下士，

◎周文王的直系亲属

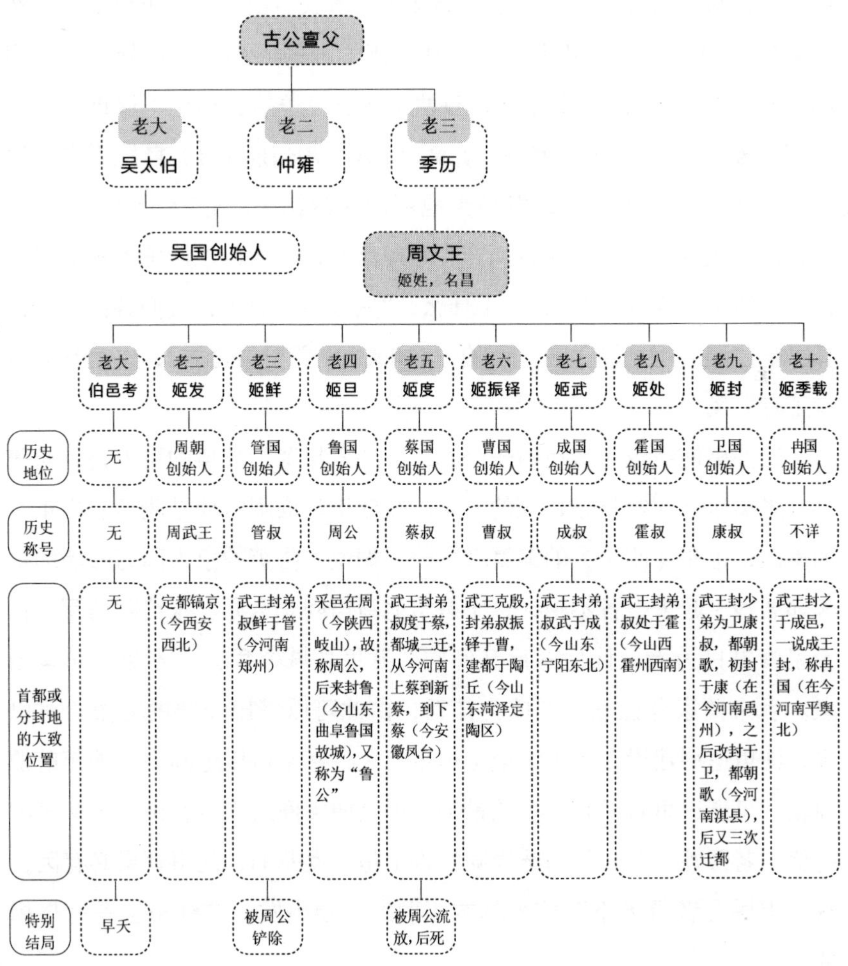

日不暇给以待士，“得人者兴”这一句话足够描述周文王的人才战略。周文王积累道德资本的时候，被一个叫崇侯虎的人在商纣王那里打了小报告，那时周还是商纣王统治下的属国，于是周文王被拘于羑（yǒu）里。据说被软禁期间他推演了《周易》六十四卦。后来，通过纣王的宠臣费中投纣王所好进献了礼物，周文王又重获自由。周文王出来后仍然加紧施行德政，而且处事公允，其他诸侯国的人都来找他处理繁杂问题。《史记·周本纪》上记载，有两个人发生争执，谁也不服谁，就到周朝（为了叙述方便才这样讲，其实这时还不能称为周朝）来找周文王评理。到了周朝地界之后，发现当地百姓谦恭礼让，尊老爱幼，民风淳朴，他们大受感动，因比较而产生心理落差，认为自己所争太不值了，说“吾所争，周人所耻”，去干什么，“只取辱”罢了，我们各让一步，算了吧，回去吧。别人说“西伯（指周文王）盖受命之君”，也就是夸他有王者之风。

这件事使我想起清代的一个人，即“六尺巷”故事的主人公，叫张英。张英是谁呢？是张廷玉的父亲。张廷玉是谁呢？他是康熙、雍正时的重臣，也是《明史》的编纂者之一。据说，张英的家人因为修墙的事和邻居吵了起来，各不相让，于是给他写信问怎么办。张英回信写道：千里修书只为墙，让他三尺又何妨。万里长城今犹在，不见当年秦始皇。后来两家各让三尺，成为佳话，由此可以看出道德的力量。可以说，注重道德建设在中国大地上由来已久，甚至可以追溯到三千年前的周朝。可能这里有周朝史官的粉饰，但是如果商纣王没有错，周文王没有德，老百姓又怎么作出选择呢？肯定是有反差的，凡事有果必有因，从“得民心者得天下”这个基本正确的命题出发，这件事也是有根据的。

周文王死后，君位传给二儿子发，就是周武王。周武王任用姜子牙和弟弟周公旦为左右手，共举大业。在文治武功齐备，时机成熟时，周武王发动了总攻，与商纣王进行“牧野大战”，一战功成，定都镐（hào）京，建立王朝，史称西周。在战役进行中产生了许多的传说，明朝许仲琳（这是主流说法，另一说为陆西星）以《武王伐纣平话》为蓝本，参考古籍和神话传说创作了不朽的、文采斐然的《封神演义》。作者认为，推翻商纣王乃是天意，其文臣武将都为星宿下凡。故事虽然荒诞不经，但寄托了人们讨厌暴政、替天行道的美好愿望。

周朝胜利后，周武王实行分封制，大赏有功之士，这也是为了巩固王朝的安全。“普天之下，莫非王土；率土之滨，莫非王臣”。王国的所有权归周王朝，经营权归诸侯，诸侯要承担一定的义务和责任，比如纳贡，或者发生战争时要派兵辅助中央。有一种说法是，当时分封了七十一个国家，后来在周王朝延续的过程中，又分封了许多诸侯国，“百家姓”中有很多姓氏就是由这些诸侯国国名转化来的，这是姓氏最重要的来源。其实很多姓氏都源于姬姓，姬姓又是黄帝的姓氏，而黄帝的祖先又是炎帝神农氏的同宗，这就是中国人自认“炎黄子孙”的原因。黄帝被称为“人文始祖”，是最被后人承认的祖先，现在海外华人到黄帝陵祭祖就说明这种说法深入人心。

在此别的人就不提了，只提三个对周王朝建立及巩固有杰出贡献的人。姜尚姜子牙因为劳苦功高被封在今天山东境内泰山以东的齐国，那时齐国姓姜，但并非一以贯之（后来被一个姓田的篡夺了。战国时代的“齐”姓田了，历史上非常有名的“田忌赛马”的故事便发生在战国时代的齐国，田忌是那时的贵族，所以我在这里先澄清一下，后文还有论述）。周武王的同胞兄弟周公旦被封在曲阜建立鲁国，也就是孔夫子的出生地。周王族同宗召（shào）公奭（shì）被封于燕（也就是今北京地区），以抵抗外族的入侵，也只有皇亲国戚才有可能成为封疆大吏。据历史学家考证，燕国都城的遗址在北京市房山区琉璃河附近，南墙已被冲毁，北墙保存完好，东墙、西墙也被冲掉了三分之一，在这里发现了大量手工业区、生活区和殡葬区的遗迹。后来燕国迁到了现在的北京市区，北墙在宣武门到和平门一带，南墙在广安门到法源寺一带，在这一带发现了大量生活用的陶井圈，这种东西是为了防止井壁坍塌、保持水质而建的（当然，这只是作为一点历史典故了解一下而已，真正权威的说法，大家还是翻阅一下历史考古文献吧）。

第十四章　成王幼周公辅政　三吐哺天下归心

周公这个人比较重要，也是后人歌颂的人臣之典范。周公有两大优点为人所称颂：一是忠贞不贰，二是任人唯贤。周武王死后，儿子周成王继位，但成王年幼，周公怕天下动荡，就总揽朝政，等到成王长大后再交回权力。当时有一些别有用心的兄弟如管叔等就散布谣言说周公要篡位，周公向姜子牙及燕国创始人姬奭说道："我之所以不避嫌疑代行天子之权，就是怕天下人看成王年幼起觊觎权力之心。如果国家毁在我们手里，我无法面对死去的先人，他们披荆斩棘，历尽艰辛，我哥哥武王死得早，周王年幼，为了继承先人遗志，巩固国家统治，我不得已而为之。"当时周公已被封在鲁国（就是山东省泰山以西的区域，与姜子牙的齐国以泰山为界，这也就是山东省被称为"齐鲁大地"的原因），但是周公决定留在朝中辅佐成王，就派自己的儿子伯禽顶替自己的位置，就任"鲁公"。

后来周公的同胞兄弟管叔、蔡叔伙同周初被分封的商纣王的儿子武庚叛乱，结果被周公镇压下去。原来，周武王在建国初期，对怎么处理商朝遗民颇费脑筋，最后决定还是要善待他们，收揽民心。他将商纣王之子武庚封为诸侯，派自己的弟弟管叔、蔡叔辅佐，实际上也是一种监控。可是二人应该是不满足于只当个秘密警察，既没有在中央任职，也没有成为封疆大吏，再看周公，二者兼而有之，名满天下。按照正常人的心理推断，这种巨大反差肯定要产生不满，而武庚作为落魄王子，其政治不得意的心境可想而知，三人这才抛开政治成见，联手行动，可惜道义和实力欠缺。周公镇压了叛乱后，管叔、武庚被处死，蔡叔被流放，然后殷朝遗民被一分为二，周公派自己的另外一个弟弟康叔建立卫国（就是产生典故“卫懿公好鹤”的那个国家），又让宋微子建立宋国保留商朝的血脉（这人是商纣王同父异母的庶兄，商纣王是嫡子，所以能继承王位。在有一种说法中被认为是“春秋五霸”之一的宋襄公就是他的子孙）。周公通过种种措施最终稳固了周朝的统治。

周公摄政时正是周朝的多事之秋，国家内忧外患，而周公的摄政行为也让外人颇多猜测，流言蜚语满天飞，都说他心怀叵测，但是他顶住了压力，因为自己堂堂正正，身正不怕影子歪，只要自己正大光明，别人一时不理解，不会一世不理解。时间有时是公正的法官，结论不能下得过早，当自己的行为接受时间和实践的检验之后，一切都会大白于天下。古人还是畏惧自然、相信天命的，有一次周成王生病，医生束手无策，周公就把自己的指甲剪下投入河里，向上苍祈祷说：“周王年幼无知，违反神命的是我姬旦，请上天降罪于我。”并把祈祷词保存在档案馆。成王的病果然慢慢好起来。后来成王亲政，有人谗毁周公，周公逃离京师。成王在整理档案时，发现了这篇祈祷词，他感动得泪流满面，赶忙把周公迎回都城。周公交回权力之后，兢兢业业，对周成王极其恭敬，一点也不居功自傲。

周公善于提拔和任用人才。当儿子伯禽代替自己到鲁国就任鲁公时，周公训诫他说："我是文王的儿子，武王的弟弟，成王的叔叔，我的地位身份也是足够尊贵的了，然而我一饭三吐哺（bǔ），一沐三握发，如此谦恭下士，我还怕失去天下的贤士呢。你到了鲁国，不要因为自己是国君就翘尾巴，不能以富贵骄人（我文王之子，武王之弟，成王之叔父，我于天下亦不贱矣。然我一沐三捉发，一饭三吐哺，起以待士，犹恐失天下之贤人。子之鲁，慎无以国骄人）。"这里指周公政务繁忙，应接不暇。洗一次头，三次握起头发，吃一餐饭，三次吐出口中的食物，以起身接待来宾。虽然这是夸张的说法，但也充分体现了周公礼贤下士的精神风貌，尤为有志之士所推崇。曹操在其《短歌行》中也有"周公吐哺，天下归心"的诗句，显现了自己要网罗天下英才的愿望，也体现了人才兴国、任人唯贤是个不老命题。那时周朝建立不久，统治还不稳定，通过周公的人才培养战略等措施巩固了统治，看来诸葛亮那句"亲贤臣，远小人，此先汉（指西汉）所以兴隆也"的古训接近真理的标准。

汉武帝在晚年时逼死了自己与卫子夫的儿子戾太子刘据后，决定立钩弋夫人的儿子为太子。他命人在宫殿里挂了一幅"周公背负成王图"，后来大臣知道了汉武帝的意图，汉武帝就是用这个典故打的哑谜。还有一个感人的辅佐幼主的故事叫"刘备白帝托孤"，诸葛亮之忠贞与正大光明可以与周公比肩，只是结果不同罢了。在中国文化中，"周公"成为智慧、忠贞与尊贤爱士的代名词，他为中华民族精神脊梁的形成贡献了一身耿耿忠骨。当然，后世也有些乱臣贼子抱着不可告人之目的，自比周公，行奸谋之事，只是没有经受住实践的考验，被扫进历史的垃圾堆。

上文提到，周公摄政期间并非一帆风顺，一些别有用心之辈散布流言，说周公要篡位，但是周公用事实回击了流言蜚语，维护了自己“千古忠臣”的历史地位。唐朝诗人白居易后来写了一首哲理诗就用此典故，诗云：“赠君一法决狐疑，不用钻龟与祝蓍（shī）。试玉要烧三日满，辨才须待七年期。周公恐惧流言日，王莽谦恭未篡时。向使当初身便死，一生真伪复谁知？”钻龟与祝蓍都是古时的占卜方式。这是白居易被贬之后写的一首自遣诗，作者匠心独运，巧用了历史上一反一正两个典型案例，来抒发个人情怀。周公与王莽，正反对举，周公忠而被疑为奸，王莽奸而被疑为忠，但历史事实终于使一切都大白于天下。诗写得十分巧妙，主旨在于辨别一个人的好坏非一朝一夕之功，要经过长时间的考验才能识别庐山真面目，千万不能根据一时一事遽下结论。而作为被冤枉的人，也要沉得住气，不能自乱阵脚。要坚信“清者自清”，事实会给我们一个公正的裁决，越急于辩解，越会令人产生错觉。须知生活中此类事情不在少数，我们或多或少地都经历过。

在时间的“火眼金睛”注视下，假、恶、丑这些妖魔鬼怪都将原形毕露，无处藏身。我们老百姓有“画龙画虎难画骨，知人知面不知心”“路遥知马力，日久见人心”这些话，也就是说，认清事物的本质不是轻而易举的，是需要时间和艰苦的考察与努力的。以革命者面目出现的汪精卫，因刺杀末代皇帝之父摄政王失败而被俘，写下“慷慨歌燕市（以荆轲自喻），从容作楚囚。引刀成一快，不负少年头”的诗句，一时风光无两，结果呢？世间有太多人、太多事，开头时总是搞得轰轰烈烈，声势浩大，而结尾时往往是销声匿迹，无影无踪。我们中国有个成语叫“虎头蛇尾”，以此来形容这种情态可谓精辟绝伦，是虎头蛇尾还是善始善终，何去何从？

姜子牙是“兴周八百年”的功臣，但实际上周朝又分为西周和东周两个时期。西周是强盛时期，是真正的“普天之下，莫非王土”，真正实现了分封制度的战略规划，而到了所谓的东周时期，中央政府则名存实亡，各路诸侯争斗不断。到了东周最后一个傀儡君主周赧（nǎn）王时，周朝被秦庄襄王（秦始皇之父）灭掉，彻底退出了历史舞台。而造成周朝国势衰弱的两位统治者——一个是让国人“道路以目”的周厉王，一个是“烽火戏诸侯”的周幽王，让周王朝的统治权威消失殆尽，从此中国进入第一个最大的分裂割据时期——春秋战国时代，通过大浪淘沙式的诸侯兼并，形成了“春秋五霸”“战国七雄”的纷争局面，而后统一于秦帝国，奠定了我国多民族统一的基础。

第十五章　周厉王道路以目　周幽王智商欠费

《史记》上说周厉王“暴虐侈傲，国人谤王”，他具备了亡国亡身的“基本素质”：残暴、放肆、傲慢、阻谏。国民讥讽他的不是，召公也说“民不堪命矣”，意思是改改吧，老百姓受不了了。他怎么来对付呢？他采取了这么几步：首先大怒，决定清洗；其次找了个巫师作为“舆论监察官”；最后抓到一个杀掉一个。效果：其一，别人不敢说了；其二，诸侯离心不来朝拜了；其三，产生了一个成语叫“道路以目”，老百姓被暴政吓着了，干脆闭口，熟人见面也只是互望几眼，眉目传情几下了事；其四，周厉王大喜，为自己的“英明决策”而沾沾自喜，还不忘找召公宣传一下自己“可以禁止诽谤”的高明手段；其五，召公也说了一句名言叫“防民之口，甚于防水”；其六，百姓忍无可忍，推翻了周厉王的统治，周厉王也很快死掉了。

周厉王的儿子周宣王继位后，周朝出现了短暂的“回光返照”。周宣王死后，儿子周幽王继位，他是西周的末代君王。周幽王任用虢

（Guó）石父为卿，其人善谀好利，国人皆怨，统治岌岌可危。公元前779年，周幽王派兵攻打褒国，褒国兵败，献出美女褒姒乞降。周幽王非常宠爱褒姒（Sì）。褒姒不爱笑，幽王想尽办法她都不笑，没办法，虢石父献计说就启用“军事烽火机制”吧，于是点起狼烟。诸侯以为京城有变，星夜兼程地赶来以后才知被耍了一个饱。褒姒看到诸侯的狼狈样，方才轻舒蛮腰，慢启皓齿，笑了一个痛快，“可怜列国奔驰苦，止博褒妃笑一场”。周幽王大喜，说：“爱妃一笑，百媚俱生，此虢石父之力也。”赏以千金，至今俗语相传“千金买笑”，盖本于此，引申开来，我们深深感受到，浪漫是要付出代价的。有人考证，烽火戏诸侯，以当时的经济、交通发展水平来说，在技术上不可行。姑且把它当成历史典故来看，不证伪。

能和周幽王有一拼的，是唐朝的一个皇帝叫唐玄宗，他有一个宠妃叫杨贵妃。杨贵妃爱吃鲜荔枝，可荔枝产于岭南，长安（今陕西西安）没有，怎么办？于是唐玄宗就利用传递紧急军情的驿站来传递荔枝。杜牧作诗曰：“长安回望绣成堆，山顶千门次第开。一骑红尘妃子笑，无人知是荔枝来。”这一笑，笑出了杨玉环的志得意满，笑出了唐明皇的柔情蜜意，笑出了贵族生活的荒淫无道，笑破了唐王朝的万里河山。这一笑，笑掉了大量的民脂民膏，笑得老百姓心惊胆战，笑来了“安史之乱”，笑去了民心民意，笑得唐政权支离破碎。

周幽王早生了几百年，唐明皇晚来了几百年，若时间契合，他们二人应该是一母同胞，这个母亲叫“腐败”。这时华佗（tuó）再世也难医病入膏肓之人（略解释一下“病入膏肓”这个成语，古代医学上把心尖脂肪叫“膏”，心脏和膈膜之间叫“肓”，认为这是药力达不到的地方，民间有“病者病入膏肓，顽者顽入骨髓”之语，是指顽固者不听劝谏，积重难返，就只能让他以身试法，用血的教训促使他真正警醒，别无他法。我们学过一篇文章叫《扁鹊见蔡桓公》，就是说蔡桓公的疾病在皮肤、在肉里时都好治疗，一旦进入膏肓之地，药力难以达到，神仙也没办法了），事情严重到不可挽回的地步了。

其实，凡事只要能在出现苗头时及时采取措施，施以重手，就没有不能解决的。但在我们中间往往就有这么一批人，当局者迷，自己看不清问题的严重性和根源所在，当有清醒的旁观者指出后，还是不往心里去，或者自欺欺人、掩耳盗铃，并未从根本上解决问题，只是自我安慰，自我欺骗，或者只是片面地看问题，不能从全局的观点上认清事情的严重性，最后可能是鸡飞蛋打，一切希望的肥皂泡都归于破灭。

周幽王宠幸褒姒，觉得让她只当妃子不足以显示自己的真心，就把正宫王后申后废掉，把太子驱逐，而立褒姒为正宫，他和褒姒生的伯服被立为太子。申后的父亲即“正牌岳父”被激怒了，带领犬戎起兵攻打幽王。幽王这时着急了，赶忙点燃烽火召集诸侯进京勤王。幽王小时候没有听说过“狼来了”的故事，一向戏弄诸侯，诸侯都不相信他了，就算知道是真的，也都伤心透顶，没有人挽救他于危难之际。信誉的崩溃终于使他尝到了自己种下、浇水、施肥、莳弄而结出的恶果，结果他悲惨地死去。被废掉的那个太子姬宜臼收拾残局，迁都洛阳，是为周平王。经过此番折腾，周王朝颜面扫地，各地诸侯心怀二志，全都忙着扩充地盘、争权夺利去了，只是在偶尔想起这个名义上的当家人时或是出于某种政治目的，周天子才又能领略一点天子的尊严，时过境迁，又被诸侯抛在了脑后。就这样，只剩不过百里之地的周王朝又苟延残喘了几百年，最后分裂成西周国和东周国两个小朝廷，公元前 255 年，秦昭王灭掉西周国，公元前 249 年，吕不韦灭掉东周国。周王朝终于退出了历史的舞台，没几年就迎来了秦始皇的大一统。

以上就是关于三皇五帝、夏商周的简略历史，笔法有现代气息，遇到严正饱学的历史大家，难保不贻笑大方，但这也是为了适应现代人的阅读习惯，也是出于传播中华历史文化的一点赤诚之心，不得已而为之，希望各位海涵。这段历史比较久远，也容易造成我们的迷茫，笔者只是依据正史，略陈史实，希望能给中华文化爱好者提供一点清晰的历史梗概。

魏徵在其《谏太宗十思疏》中说："求木之长者，必固其根本；欲流之远者，必浚（疏通）其泉源；思国之安者，必积其德义。源不深而望流之远，根不固而求木之长，德不厚而思国之安，臣虽下愚，知其不可。"这句话正应了成语"源远流长"，我想这个词用在文化上最合适不过了，"源远"才能"流长"。作为中国人，应该知道这段历史，哪怕只是浅显的了解，哪怕只是一知半解，但我们必须知道，因为这段历史是我们民族的精神之源，是我们的根哪！很多传说、很多典故也都是基于这段历史而产生的，现在仍然在我们的生活中发挥或多或少的劝诫作用。

第十六章　群婚制不知其父　上户口娃随母姓

还有一个问题，必须做一个说明、总结，这个问题不说不行，要说清还太复杂，因此只能做一个简单的说明，以便读者理解前文和后文。

这就是姓氏问题。

姓和氏开始是两个概念。如果不理解，就会认为笔者磨叽。姓氏谁不知道？谁没有姓氏？这有什么好讲的？英俊、漂亮、智慧、聪明的读者，请千万别轻易下结论。姓和氏究竟是怎么回事，可能您还真的不全知晓，姓氏在开始时还真的不是谁都有。如果想要讲透姓氏学，需要一本专著。不磨叽，言归正传。

先说姓的主要由来。姓=女+生，可见“姓”与“女”和“生”有关。明代学者郑晓提出了“上古八姓”，即：姬、姜、妫（Guī）、姒、嬴（Yíng）、姞（Jí）、姚、妘（Yún）。这八个姓都含有“女”字。古代的大姓多数是女字旁，这是怎么回事呢？一般有两派，一派认为姓是母系本位制的产物，姑且称之为“从女派”；一派认为“生”是重

◎姓的主要来源

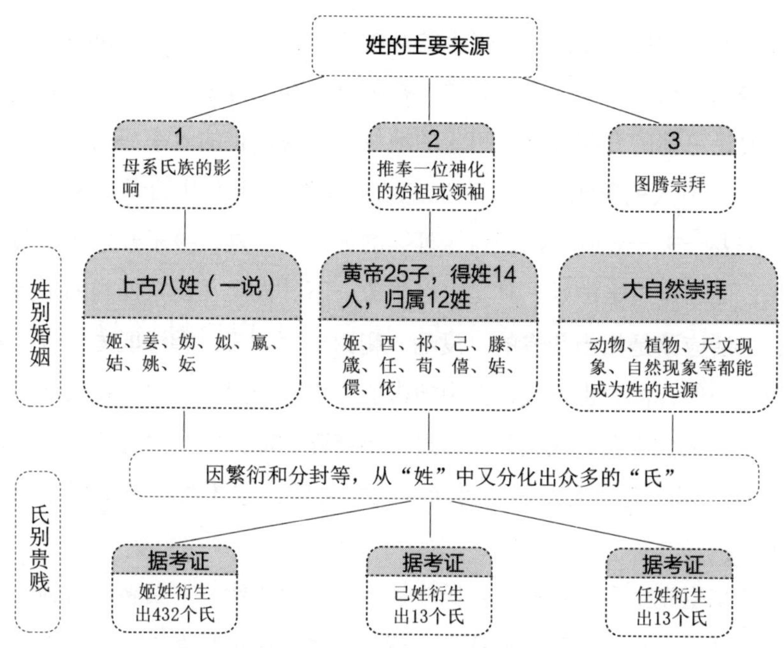

点，女字旁是附属作用，姑且称之为“从生派”。“从女派”认为，姓的产生直接说明了同姓的人都是同一位女性祖先的子孙，而这正是母系氏族社会中有相同血缘关系的标志。“从生派”认为，姓的产生和诞生的原因与条件密切相关。上文提到舜因为生在姚墟，所以以姚为姓，这是一个说法，这种得姓方式应该归入“从生派”。而“从女派”的证据似乎也比较多。商朝的始祖契（Xiè），母亲是简狄，也有父亲，即帝喾，简狄是帝喾的次妃。可是如何生的契？相传简狄与两个伙伴在露天浴场洗澡的时候，看见玄鸟（一说是燕子）下了一个蛋，简狄捡起来就吃了，结果怀孕生下了契。同样，周朝的始祖后稷，也叫弃，他的母亲姜原是帝喾的正妃，第一夫人，因为踩了巨人留下的脚印，所以怀孕生子。这些记载都留下了母系氏族社会中“只知其母，不知其父”的烙印。

可能当时生产力低下，男人的赚钱能力也有限，社会地位不高，生活要得以延续，必须依靠女人的精打细算、勤俭持家。有人提出一个观点，说是弓箭的发明提升了男人的地位，因为打猎的效率提高了，能赚到钱了，男人的腰板直了。有恒产者有恒心，男人开始无法接受群婚制，需要一夫一妻制，保证血缘延续的纯正。于是，孩子开始随着父系的氏，而不是母亲的姓。其实可以想象一下，人类在没有便利的工具之前，生活应该是相当悲惨的。没毛，爬树能力一般，游泳能力一般，撕咬能力一般，体力也一般，自由搏击能力更是一般，总之，在弱肉强食的动物界里求生存，人类并没有显示出超强的能力，当时可能被野兽打得满地找牙。直到人发明了弓箭、武器之后，这才对野兽实现了降维打击。

郑慧生先生在《我国母系氏族社会与传说时代—— 黄帝等人为女人辨》一文中，立论大胆。他认为，黄帝、尧、鲧都是女人，舜和禹是男人，这个时代正是母系氏族向父系氏族转换的特殊时期。他的论述非常有趣。历史上存在鲧生禹的传说，那就不能是父亲生儿子，只能是母亲生儿子。历史上还存在尧、舜、禹不是主动禅让，而是舜逼尧、禹逼舜的被动禅让的传说。尧确实把两个女儿嫁给了舜，但尧是舜的丈母娘。在打算把舜作为继承人时，鲧提出了反对意见，因为这样容易让女人失去权力，因此当舜取得权位之后，就处置了鲧。到了禹，就传给了儿子，此时父系氏族基本形成，父传子、家天下就成为主流价值观。

第十七章　认知低神话始祖　畏自然崇拜图腾

再说姓的另一个由来。

不同的家族、氏族、部落或部落联盟，往往会推奉一位被神化或半神化的始祖、酋长、领袖作为精神力量的象征，久而久之，这些始祖、酋长、领袖的名称便成了家族、氏族、部落的代号和品牌标识。比如，黄帝就是一位被神化了的部落联盟领袖，成了“箭垛式人物”，就是说谁都可以根据自己的需要把箭“射”到黄帝的身上，法家、道家、儒家、养生专家、中医等都认为黄帝是自己的先驱，而且还都能创造出一些符合各自需要的“黄帝理论”，并且把文字、历法、医药、算术、养蚕、舟车、音律、宫室等知识产权的“原创证书”，统统颁发给了黄帝。在神话传说中，黄帝活了三百岁，相貌非常奇特，长有四张脸，东南西北发生的一切事情都逃不过他的眼睛。《山海经》上说，黄帝出行时，乘坐的车子是超级豪华的，大象拉车，后面跟着六条蛟龙负责安保工作。关于黄帝是人是神，关于他的长寿，不语怪力乱神的孔子做出了重新解读："生而民得其利百年，死而民畏其神百年，亡而民用其教百年，故曰三百年。"大意是说，他活着的时候人们从他身上得到的好处有一百年，他死之后人们畏惧他的神威一百年，他死之后人们继续执行他的政策、使用他的方法一百年，因此说黄帝三百岁。黄帝本姓公孙，因为长期居住在姬水，因此改姓姬。周朝就自认是黄帝之后，姬姓。如果按照《史记》的世系详细推演，夏、商、周和春秋、战国时代各国的创始人都是黄帝子孙。炎帝、黄帝是最为知名的，还有大大小小的部落首领，他们都已经化为历史的尘埃，但是他们曾经的影响力，还是以姓的方式继续存在着。

姓还有一个由来，这就是图腾崇拜。图腾是英语单词"totem"的音译，意为"即我族类"。图腾说在 18 世纪传入中国，有人就开始用图腾说四处套用中国的姓氏起源。其实东西方情况差异很大，是不能四处套用的，而且中国当今常见的姓百分之九十九都是在周代以后形成的。但是在远古时代，图腾崇拜肯定是姓的重要来源之一。当时人的文化水平低，对于很多现象无法解释。迷信、盲目、无知容易产生崇拜，来自大自然的动物、植物、天文现象、自然现象，都可能成为崇拜的对象。《史记·五帝本纪》记载，黄帝与炎帝发动阪泉大战之前，"轩辕乃修德振兵""教熊罴貔貅（pí xiū）貙（chū）虎"。一说是黄帝有本事，能够驾驭野兽；一说是用野兽之名给军团命名，用来威吓敌人，比如熊罴军团、貔貅军团，听起来就非常威武；一说是每一个野兽名字都代表一个部落，这种野兽是该部落崇拜的对象，黄帝部落就叫有熊氏，在部落联盟中应该处于领导地位。这些都是有可能的。另外，马姓，就不一定是因为崇拜马，其最直接的起源证据是，战国时代赵括之父赵奢是实至名归的大将军，被封为"马服君"，后来赵括兵败被杀，赵氏深感耻辱，于是以赵奢的封号为姓氏，改姓马服，后来又简化为马姓。西方的图腾说，可以作为一个解读中国姓氏文化的途径，但是不能四处套用。

关于姓的总结。姓的起源是非常复杂的，前面列的三种情况可能是主要的来源，不是全部来源。关于姓的起源，凡此种种，姑且当作一种说法，因为后人对这个问题的考证与推论，都是考证和推论，不一定是"历史的真实"，或者只是"历史的部分真实"。

◎连线题：看看您与谁同姓?

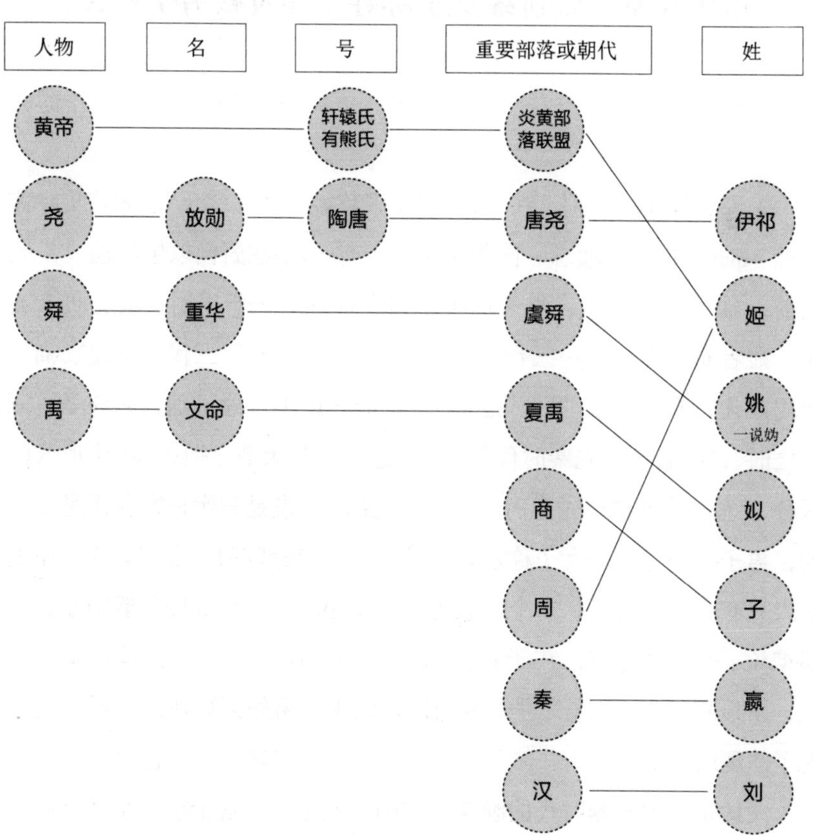

第十八章　查血缘女子称姓　别贵贱男子称氏

先说姓与氏的区别。在古代，“女子称姓，男子称氏”。宋代史学家郑樵（qiáo）在其《通志·氏族略序》中有一段比较经典的论述：“三代之前，姓氏分而为二，男子称氏，妇人称姓。氏所以别贵贱，贵者有氏，贱者有名无氏……三代之后，姓氏合而为一。”三代，指夏、商、西周三代，郑先生说“三代之前”，可能表述不十分正确，应该是“三代之时”，或者说“先秦时代”。一般是以秦始皇统一六国作为大时代的区分，统一前可称“先秦时代”。郑先生说，先秦时代，姓和氏是分开的，男子对外称氏，女子称姓。氏是用来区分贵贱的，贵族有氏，卑贱之人只有名，没有氏，一个贵族可以叫王小二，一个贱民只能叫小二。郑樵说：“生民之本，在于姓氏……男子称氏，所以别贵贱；女子称姓，所以别婚姻。”这又进一步确认，姓主要用来区分血缘，氏主要是为了体现政治地位。

大约是在旧石器时代的晚期，中国先人中一些善于观察生活、做数据对比分析的智者，发现近亲结婚的害处大，便开始研究生物学原理。《国语·晋语四》中指出“同姓不婚，恶不殖也”，大意是说，同姓不通婚，是害怕不能生殖，不能优生优育。《左传》也指出，“男女同姓，其生不蕃”，如果同姓男女结婚，后代不繁盛。由此可见，人们渐渐认识到近亲结婚的危害，开始学会分辨血缘、设计婚姻制度了。传说女娲制定婚姻法，大概与此相关。

姓，刚开始主要是用来“明世系、别婚姻”的。随着社会的发展，交往范围的扩大，职业身份、经济活动和政治活动的复杂化，原先的大的氏族会不断分化成若干小的氏族，单靠少数的姓已经无法满足需求了，而且只用姓已经分辨不出相互的差别了，于是一个大姓会分化出若干的氏。就像一棵树，树根和树干是姓，而树枝和树叶就是若干的氏。就像母文件夹是姓，母文件夹包含若干一级文件夹，一级文件夹又包含若干二级文件夹，这些一级文件夹、二级文件夹就是氏，如果只用姓，用树根，用母文件夹，就体现不出这些分支的差异性。

再看姓与氏的分化。《史记·五帝本纪》上有这样一句话：“黄帝二十五子，其得姓者十四人。”黄帝二十五个儿子，得到姓的有十四人，十四人归属为十二姓：姬、酉、祁、己、滕、箴、任、荀、僖、姞、儇（Xuān）、依。在这十二个姓中，只有两个是女字旁，由此可见，说姓是母系氏族的产物，只能是一种说法而已。即便探索这十二个姓的前世今生，都是一个重大的学术问题，何况中国有那么多姓？这十二个姓散居到各地之后，又会不断地衍生，分化出若干的氏。按照《姓氏·名号·别称——中国人物命名习俗》上的说法，姬姓衍生出四百三十二个氏，己姓衍生出十三个氏，任姓衍生出十三个氏。尤其姬姓，在周初分封时，据查有五十三个姬姓诸侯国，这些诸侯国再继续分封卿大夫，卿大夫级别又有了新的氏，周姓、吴姓、郑姓、鲁姓、曹姓、魏姓等，都是姬姓的衍生，称姬姓为“万姓之祖”是有道理的。

比如,《史记·秦本纪》记载，嬴姓衍生出的氏有十四个，即徐、郯（Tán）、莒（Jǔ）、钟离（终黎）、运奄、菟（Tú）裘、将梁、黄、江、修鱼、白冥、蜚廉、秦、赵。战国七雄中的秦、赵是共同的始祖，传到蜚廉时，开始分化。《史记·秦本纪》记载，蜚廉是商纣王的臣子，还算是对商纣王尽忠的人。他的大儿子叫恶来，被周武王铲除。第二个儿子叫季胜，传四代后到了造父，是周穆王的专职司机，因为有功被封到了赵城，造父一族从此开始姓赵。大儿子恶来传四代后到了非子，因为造父受到周穆王的宠幸，于是非子一族也套近乎，自称姓赵。后来非子替周孝王养马，表现较好，于是周孝王把秦地赐给他，让他接续嬴姓的祭祀，号称秦嬴。

嬴姓是谁赐给的呢？是舜。前文提到，舜手下有十二个名臣，其中有一个叫益，也叫伯益、伯翳（yì）、柏翳、大费。因为他辅佐大禹治水有功，舜便把姚姓女儿嫁给了他。后来，因为他辅佐舜驯养鸟兽，成绩也非常显著，于是“舜赐姓嬴氏”。益是造父和非子的共同祖先，是嬴姓的始祖，是舜时的名臣。到了周朝，周穆王封造父，为赵姓之源，周孝王封非子，继承嬴姓。

说清了这个问题，对于《史记·秦始皇本纪》中“及生，名为政，姓赵氏”这句话，就会有比较深刻的理解。严格按照姓氏传统来说，秦始皇，“姓”为嬴，“氏”为赵，“名”为政，叫“嬴政”是对的；按照“女子称姓，男子称氏”的习惯来说，叫“赵政”也对。不过，现在已经约定俗成，“嬴政”的知名度太高，说“赵政”反而不知是谁了。

《史记·夏本纪》中，司马迁在最后评论时说，禹姓姒，他的后代分封，就以所分封的国为姓，所以有夏后氏、有扈氏、有男氏、斟寻氏、彤城氏、褒氏、费氏、杞氏、缯（Zēng）氏、辛氏、冥氏、斟戈氏等不同的姓氏。

现在说说姓与氏的联系与区别。姓为本源，氏为支流。随着父系氏族社会的到来、阶级国家的形成，氏随之产生，它成为代表一定的经济利益和政治特权的父系血缘符号。通过氏，可以看到近祖血缘，区别贵贱。如果说姓只能代表矛盾的普遍性，那么通过氏可以看到矛盾的特殊性，看到差异化定位，而且氏也不是固定不变的，随着封地、官职、际遇的变化，氏也处在不断的变化中，会产生新的氏。或者同一个人，可以有几个氏。比如，在春秋时代，晋国晋献公当政时，有一个重臣叫荀息，他的食邑在荀（今山西绛县），因此，以荀为氏。荀息的儿子叫荀逝敖，荀逝敖还有三个儿子荀林父、荀骓（zhuī）、荀首。荀林父在晋献公儿子晋文公打城濮（pú）之战时，担任御戎，驾驶国君戎车。担任统帅的战车司机，这是一种殊荣。后来，荀林父受到重用，晋国组建步军时，设置中行、右行、左行三支部队，荀林父担任中行之将，因此又以中行（háng）为氏。好了，现在看荀林父先生的各类称呼：荀伯、荀桓子、中行伯、中行桓子、中行林父。意不意外？惊不惊喜？

荀林父的弟弟荀首采邑于智（今山西永济），以邑为氏，史称智庄子。在战国时代，晋国由范氏、中行氏、智氏、韩氏、赵氏、魏氏“六卿”专政，后来范氏、中行氏被打败，变成智氏、韩氏、赵氏、魏氏主宰晋国政局，智氏独大。在智宣子想要选择智伯瑶为继承人时，同族的智果认为智伯瑶不够格，会给智氏带来灭顶之灾，于是劝智宣子慎重选择，可智宣子不听，于是智果从智氏家族中分出，另立门户。当时有一个职位叫太史，掌定氏姓，智果取得了政府的法律文件，申请成立辅氏，获得了正式认可。由此可见，荀姓，又衍生出中行氏、智氏和辅氏。如果不用氏来区别，就很难理清这复杂的关系。比如，荀姓大家族有三个人，如果只叫荀小甲、荀小乙、荀小丙，就很难分清他们之间的关系，但是，如果身份证上这样写：中行小甲、智小乙、辅小丙，依然是荀姓这个大宗族下的人，但是以氏来区分，就非常清楚，人们就会知道中行小甲是荀林父（中行氏）这一支的，智小乙是荀林父弟弟荀首（智氏）这一支的，辅小丙是智果（辅氏）这一支的。

与荀林父大概同时代，晋国有一个正卿叫随会，范姓得姓始祖，因为他食邑于随、范，所以叫随会，也叫范会，字季。统计一下他的称呼，至少有六种，即随会、范会、士会、士季、随武子、范武子。眼不眼花？头不头疼？《史记索隐》中有人考证，刘邦的远祖就是士会留在秦国的后裔，改为刘氏。通过氏来区分人物，不仅能够分清血缘和分支，而且可以知道其大致的经济地位和政治地位，这就叫“氏分贵贱”。

第十九章　同根生殊途同归　姓氏学源远流长

周朝与秦朝在中国历史上是两个非常重要的朝代，它们在中国历史上具有开创性、划时代的意义。周朝承前启后，在政治、经济、文化、社会心理的塑造上，是无可替代的，秦朝在管理制度标准化上的成绩，也是有目共睹的，可以说周朝与秦朝是两块重要的奠基石，后世的一切制度和建设，都是在二者的基础之上进行的。周朝使赐姓、命氏制度变得更加完善、系统、规范，姓氏文化与分封制、宗法制、礼乐制相辅相成。在姓氏制度的发展中，有很多赐姓、命氏的途径，如以国名为氏、以采邑为氏、以地为氏、以官为氏、以爵为氏、以吉德为氏、以凶德为氏、以祖父的字或名为氏、以技艺为氏、以名为氏（帝王名、古人名等）、以族为氏、以谥为氏等等，这些基本上就是最主要的方式了。

（1）以国、邑为氏。前文举了很多例子，再举几个例子。屈原，芈姓，屈氏，名平，字原，又字灵均。楚国宗族。这是屈氏的先人芈瑕从芈姓族团分封到屈地时获得的氏族称号，因此，按照男子称氏的习惯，我们称其为屈原，不称芈原。称芈原看不出屈原的真实身份。

提到了楚国的宗族，就再拓展一下。上文在提到彭祖时，曾经提到一个季连，这是六胞胎中的老六，彭祖是老三。季连的苗裔在周文王时是鬻（yù）熊，非常优秀，按照《史记·楚世家》中鬻熊的后代楚武王熊通的说法，“吾先鬻熊，文王之师也”。如果这个记载是真实的，那么鬻熊也是文王的老师，是姜子牙的同事。但还有一个记载说“鬻熊子事文王”，这句话翻译过来就是说鬻熊以弟子之礼侍奉周文王，这与前一句话就矛盾了。也有可能是楚武王为了抬高身价才这么说的，夸张了一些。鬻熊生熊丽，熊丽生熊狂，熊狂生熊绎。熊绎在位时正是周文王孙子周成王在位时，周成王开始提拔周文王、周武王时代的功臣的后代，“而封熊绎于楚蛮，封以子男之田，姓芈氏，居丹阳（故城在今湖北秭归东南）”。熊绎和周公的儿子鲁公伯禽、齐太公姜尚的儿子吕伋等都是周成王的臣子，这些人都是根正苗红的“功N代”。重点要说的是，大约从鬻熊开始，楚国的王族以熊为氏，从熊绎开始，受到周王赐姓，芈姓

◎氏的主要来源

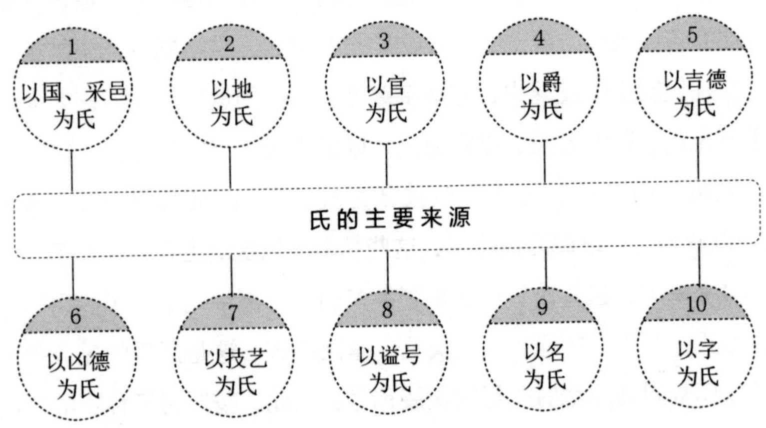

显得更加尊贵了。到屈原时，屈原是楚国宗族，芈姓，屈氏，而楚国的王族是芈姓、熊氏。楚国在春秋时代知名的若敖氏、蔿（Wěi）氏，战国时代知名的屈氏、昭氏、景氏，加上楚国王族的熊氏，都是芈姓，由此可见姓与氏的区别与联系。

（2）以地为氏。比如郑国大夫子产居住在东里，其子孙就以“东里”为氏，与此类似的有南宫、东郭、百里、城、池、关等。《史记·项羽本纪》中说“项氏世世为楚将，封于项（今河南沈丘），故姓项氏”，这也是以地为氏。

（3）以官为氏。上文提到的荀林父，做中行将，因此有中行氏。司马氏、司空氏、史氏、士氏、帅氏、褚氏、籍氏等都属于此类，不一一做解释了。

（4）以爵为氏，马服君就是赵奢的爵位，后人以马服、马为氏。皇氏、霸氏、侯氏、公士氏、公乘氏等，都属于此类。

（5）以吉德为氏。比如赵国的奠基人，晋文公手下“五贤之一”赵衰（cuī），性格宽厚，他的儿子赵盾则性格刚猛，于是当时人说“冬日可爱，夏日可畏”，“冬日可爱”就是说赵衰，“冬日氏”由此得名。

（6）以凶德为氏。比如秦末大乱，有一路诸侯叫英布，受过黥（qíng）刑，在脸上刻了符号并涂上墨，《水浒》中的宋江、林冲被刺配时也曾遭受此刑，其后代并不忌讳，以黥为氏。

（7）以技艺为氏。巫氏、卜氏、匠氏、陶氏、屠氏、干将氏、屠羊氏、御龙氏等，都属于此类，巫术、占卜、制陶、屠宰，都属于专业技能，干将氏是因为善于铸剑。

（8）以谥号为氏。谥号，《说文解字》的解释是：“谥，行之迹也。”意思是指人生言行的踪迹。“身虽死，名常存，故谓谥也”。在周代，国君死后都要根据其生前的行事议定一个称号，以示褒贬。这算是带有盖棺定论式的评价，商纣王的“纣”就是周朝人给的谥号，并没有取得商纣王的签字授权。当然啦，他也确实没有办法从棺木中起来签字认可了。另外，除了盖棺定论，使用谥号还有两个原因：一是为了避讳，用谥号代替死者姓名，避免直呼其名，以示尊重；二是便于区别，活人称名，死者称谥。最初，谥号只有第一等级周王和第二等级诸侯才能享有，第三等级卿大夫享受不到这个政治待遇，东周以后，大致从春秋时代开始，第三等级卿大夫才渐渐有了谥号。有人考察晋国的情况，认为晋文公之前，只有栾共叔（姬姓，栾氏，名成，谥“共”，又被称为栾共子）有谥号，晋文公之后，开始多一些了，比如赵衰，谥“成子”；栾枝，谥“贞子”。

谥号不仅有褒贬，而且有等级。以明清时代的谥号“文”为例，第一等是“文正”，第二等是“文贞”，其他排序是文成、文忠、文端、文定、文简、文懿等。据说张之洞听说曾国藩的谥号为第一等“文正”，愤愤不平：“如涤生（曾国藩的号）者也能得谥文正，那我又该得谥如何？”张先生想不到的是，他的谥号是排行第二十二“文襄”，比排在第四的李鸿章的谥号“文忠”都差了一大截。扯远了。谥号是中国帝王将相去世前最牵挂的一件事，周文王的“文”就是谥号，后世有以文为氏。宋武公之后，有以武为氏。宋穆公之后，有以穆为氏。此类情况，也比较多，不一一列举了。

（9）以名为氏。以名为氏，是氏的一个重要来源，《通志》卷二十七、二十八中，举了帝王名、古人名、周人名、晋人名、郑人名、吴人名、卫人名、齐人名等很多例子，比如尧氏、舜氏就是以帝王名来命氏。这些情况就不一一叙述了，文化发烧友可直接看原著。

（10）以字为氏。现在中国人已经没有取“字”“号”的传统了，因此对这个姓氏文化习俗已经陌生了。孔子，姓孔，名丘，字仲尼。项羽，姬姓，项氏，名籍，字羽。司马迁，姓司马，名迁，字子长。曹操，姓曹，名操，字孟德。诸葛亮，姓诸葛，名亮，字孔明，号卧龙。李白，姓李，名白，字太白，号青莲居士。古人，称名，称字，非常讲究。本人可以称名，表示谦卑，比如，“我司马迁”如何如何，长辈可以称名，但是平辈一般就不能直呼其名，而要称字了，比如，“子长”如何如何，这才能表达敬意。字，类似于身份证上的名字，社交用的名字，正规的名字。因此，祖辈的字也成为后代人命氏的一个渠道。比如，郑国公子发，字子国，他的儿子公孙侨，字子产（法家代表人物，公元前 522 年去世，生于公元前 551 年的孔子此时约三十岁），子产的儿子以下便以公子发的字——“国”为氏。再比如，《左传·僖公九年》记载，宋襄公之兄公子目夷，字子鱼，故其后人以鱼为氏。

《左传·隐公八年》上有一段记述，可以作为赐姓、命氏制度的一个注解。在春秋时代初期，鲁国是鲁孝公在位，继承他君位的是鲁惠公，孙子为鲁隐公。鲁孝公还有一个儿子叫公子展，公子展的儿子叫公孙夷伯，公孙夷伯的儿子叫无骇。就在鲁隐公八年的时候，无骇去世了。羽父为他请求谥号和氏族标识，鲁隐公就问大夫众仲这事怎么办。众仲说：“天子立有德之人为诸侯，依照他的生地而赐姓，分封土地而赐给他氏。诸侯以字作为谥号，后人以此作为氏族标识。如果累世做官而有功绩，后人就以官名为氏族标识，也有以封邑为氏族标识的。”因为无骇的祖父公子展的字为展，于是赐无骇为展氏。公子展成为展氏的始祖。

因分封诸侯、赐予封邑而赐姓、命氏的情况最为主流，也是许多大姓的来源。如何理解这个问题？要是从学术角度解释，非常复杂。这里就用一点现代容易理解的观念进行解释。比如，周天子就是国家元首，当时，全国的土地和人民在法理上、名义上都隶属于国家元首，但是他管不过来，他所能管辖的范围只是首都及近郊区县，管理的有效范围相当有限，于是，他需要分封一些叔伯兄弟子侄、功臣、前代的贵族等，去外面做诸侯，作为他的一级代理商拓展到全国各地，以期实现对全国的有效管理。

以周天子分封儿子为例。周天子第一夫人即正妻所生的大儿子，作为嫡长子，在周天子去世后成为新的周天子，是法定继承人，是大宗。第一夫人生的二儿子、三儿子等等，第二夫人、第三夫人、第N夫人生的儿子，可能出去做“省长（诸侯）”，这些“省长（诸侯）”相对于周天子的世系来说，就是小宗。但是“省长（诸侯）”也只能管好省会及周边，“省长（诸侯）”也需要分封自己的叔伯兄弟子侄出去做“市长（大夫）”。“省长（诸侯）”这一支相对于周天子，属于小宗；相对于“市长（大夫）”，他又属于大宗。继承制度依然和周天子的继承一样，“省长（诸侯）”的第一夫人生的大儿子，作为嫡长子，以后是新的“省长（诸侯）”，其他儿子可能做“市长（大夫）”。“市长（大夫）”同样需要向下分封“县长（士）”，市长（大夫）相对于省长（诸侯）是小宗，相对于县长（士）又是大宗。省长（诸侯）要向周天子效忠，服从领导，贡献赋税，派兵打仗，但是诸侯是独立王国，有自己的税收系统、军队建制和行政体系。当然，周朝分封时，诸侯国不可能像现在的省级区域这么大，有的可能只有一个县、一个市的大小。后来出现的超级大国，都是经过战争兼并的结果。

还有一种情况，就是赏赐封邑。可能划出一个村、一个乡的范围，或者划出多少户给某人，这个主人没有诸侯那么大的权力，可能没有自己的军队和行政管理权，但他至少是个“地税局局长”，封邑范围内的税收，不进入各级税务系统，而是进入自己的腰包。就在这个分封的过程中，产生了大量的姓氏。

经过上千年的发展，尤其在周朝获得极大完善的情况下，到了秦汉之时，中国的姓氏文化已经建立了庞大的根系。后世的赐姓，更多的是一种荣誉或者侮辱，还有就是民族融合的需要。比如，汉朝时，项羽的叔父项伯因为在楚汉战争期间多次帮助刘邦，被赐姓刘。有一人叫娄敬，劝谏刘邦定都长安，刘邦采纳了他的意见，并认可这一建议在战略上的重要性，赐他姓刘，因此他就叫刘敬。汉武帝宠信一个大臣叫金日磾（mì dī），此人本是匈奴休屠部太子，兵败投降汉朝，汉武帝赐他姓金。唐朝开国名将徐世勣（jì），就是民间说的徐茂公，因为有功被赐姓李，成了李世勣。李世民登基后，为了避讳，李世勣定名为李勣。对赐名比较有兴趣的还有武则天，她给自己的政敌赐过蝮虺（huǐ）蟒枭四大姓，不过这具有侮辱和诅咒的性质。明朝的郑和，原来姓马，被明成祖赐姓郑。郑成功，原名郑森，被赐姓朱，因此他被称为“国姓爷”。可能当时朱姓已经贬值了，后人还是记住了郑成功，而不是朱成功。后世的赐姓与先秦的赐姓意义已经不同了，如果研究源流，一定要研究先秦时代的赐姓、命氏制度。

这里给大家梳理、总结了一些知名姓氏的起源，有关姓氏的说法太多，这里只选择比较知名的说法。通过这样的梳理，可以为后文的阅读排除一些理解上的障碍。

第廿章　秦一统姓氏合流　为普及称谓简化

姓与氏并存、男女分用的情况，对于我们今人来说，理解起来确实有一定的难度，因为今人姓氏一体。很难想象中国古人在文化和文明的探索期中所需要付出的辛苦。正像郑樵所说的："三代之前，姓氏分而为二……三代之后，姓氏合而为一。"中国姓氏文化，从女子言姓、男子称氏、姓别婚姻、氏别贵贱，最后走向了姓氏合一、以氏代姓的一体化进程，这既是时代发展的需要，是姓氏文化发展成熟的标志，是西周分封制度解体的必然，也是贵族政治走向没落的证明。尤其是秦始皇统一六国，基本完成了姓氏合流的工作。"秦灭六国，周的宗法制度瓦解，姓氏统一。"秦朝强力推行郡县制，避免分封制度的负面作用。汉朝初年一度分封同姓诸侯王，随着汉景帝、汉武帝削藩政策的推行，中国此后一直推行的是中央集权体制，像先秦时代因为封地、封邑的存在而随之产生的赐姓、命氏制度，基本上就不存在了，失去了"氏别贵贱"的土壤。

其实，从战国时代开始，利益的问题是第一考虑的问题，血缘关系退后了，而且因为大量的分封、衍化，同姓异氏的血缘关系越来越淡，像姬姓已经分成了几十、几百个氏，再谈祖上血缘的亲疏，已经没有意义了。加上相互之间的兼并战争激烈，很多公卿贵族不得不接受灭国亡家的命运，氏已经与身份的贵贱、官职的高低脱钩了。它既带不来实质性的意义，有时也带不来象征的荣誉，而且姓、氏并存，还给生产和生活带来很大的不便，姓、氏合一变得更加迫切了。通常姓氏文化学家把姓氏合一之后称为“今姓”，以区别于“古姓”。

说不完的姓氏文化：

（1）最起码到了司马迁所处的汉武帝时代，姓氏一体早已经完成了。但是理解先秦文化部分时，必须对先秦的赐姓、命氏文化有一个基本的了解，尤其在阅读《史记》或先秦古籍原文时。

（2）伍子胥的例子。伍子胥，名员（yún，古音人名如此，具体出处未知），字子胥，也称为“伍胥”，楚国大夫伍奢的次子。伍奢遭到费无忌的谗害，楚平王杀死伍奢及其长子伍尚，伍子胥辗转宋、郑、晋诸国，最后进入吴国，策划刺杀吴王僚，辅佐吴王阖闾夺权成功，共谋国事。楚昭王十年（公元前 506 年），他辅佐吴王阖闾攻入楚国首都郢，因功被封在申，因此又称“申胥”。伍子胥看到吴国在吴王夫差的带领下难逃覆亡命运，一次，他到齐国出差，把儿子委托给齐国的鲍氏照顾，这一支后来称为“王孙氏”。伍氏有一个先人伍参，食邑于椒，其后代又以“椒”为氏。同样，因为伍子胥名员，其后代也以员（郧）为氏。梳理一下，伍氏、申氏、王孙氏、椒氏、员氏、郧氏，都是从同一个世系衍生出来的。

（3）姜太公的例子。姜子牙，姓姜，名尚，字子牙。其祖先辅佐大

◎从《史记》中几个知名人物看姓氏文化

	姓	氏	名	字	谥	后人不规范叫法	规范叫法	历史上知名称呼
1	姜	吕（其先人被封于吕）	尚	子牙	×	×	吕尚 姜尚	姜子牙 太公望 吕望 师尚父
2	姜	×	小白	×	桓	姜小白	公子小白	齐桓公
3	姬	×	重耳	×	文	姬重耳	公子重耳	晋文公
4	嬴	赵	衰	子余	成	×	赵衰	赵成子
5	姬	栾	枝	×	贞	×	栾枝	栾贞子
6	子	孔	丘	仲尼	×	×	孔丘	孔子
7	姬	公孙	侨	子产	成	×	公孙侨	子产 公孙成子
8	芈	屈	平	原 灵均	×	×	屈原 屈平	屈原
9	嬴	赵	政	×	×	嬴政	公子政 秦王政 赵政	秦始皇 嬴政
10	姬	项	籍	羽	×	×	项羽 项籍	项羽 西楚霸王

禹治水有功，因此被分封在吕和申，吕、申都在今河南南阳附近。《史记索隐》考证，这人是舜身边的贤臣伯夷（不是西周初年不食周粟饿死在首阳山的伯夷、叔齐中的伯夷，两者时间上相差甚远）。以封地为姓氏，姜子牙也叫吕尚。在周文王时代，姜子牙被称为太公望、吕望，立为太师。周武王继位，尊他为“师尚父”。周朝分封，他被封在营丘（今山东临淄），为姜姓齐国始祖，因此有齐太公之称，俗称姜太公。梳理一下他的各种称呼：姜尚、吕尚、姜子牙、太公望、师尚父、齐太公、姜太公，都是指一个人。而姜姓与吕氏、申氏属于同一个世系。姜子牙死后，儿子齐丁公继位，叫吕伋。

（4）姓与氏未曾合一时。如果是一个先秦时代的贵族，正确描述他时，可能是这样的：某姓、某氏、名某、字某、谥某。比如，晋文公的大臣栾枝，城濮之战时担任下军将，姬姓，栾氏，名枝，谥贞，因此又称栾贞子。同样为晋文公班底的赵衰，嬴姓，赵氏，名衰，字子余，谥成，因此又称赵成子。子产，姬姓，公孙氏，名侨，字子产，谥成，因此又称公孙侨、公孙成子、国侨。

（5）姓与氏合一之后。姓氏统一，一般还是以西周分封制度彻底瓦解，秦始皇完成统一大业作为标志比较合理，此后，基本就是姓氏统一。正确描述一个人，可能是这样的：姓某、名某、字某、号某、谥某。选一个大家都熟悉的人，诸葛亮，姓诸葛，名亮，字孔明，号卧龙，谥忠武侯。

（6）现代人的姓氏。完整的姓氏表达大致是：某姓、某氏、名某、字某、号某、谥某。但是对于现代人来说，姓与氏统一为姓，名、字、号统一为名，谥号取消，除了个别艺术家给自己取“字”“号”外，现代中国人的姓氏，统一为“姓+名”。有个小建议，现在重名这么多，如果恢复“字”“号”传统，是否可以缓解一下这个问题？姓同、名同，字不同，号不同，可以做更好的分辨，而且有个性。

（7）《史记》中先秦时代人物的标准叫法。周代的男子也有所属的姓，最有名的姓就是姬姓，然而按照“女子称姓，男子称氏”的习惯，“姓表血缘，氏别贵贱”，男子并不把姓加在名字上。

① 比如称周文王为姬昌，是不符合史实的。准确的叫法应该是：姬姓，名昌，或者称之为西伯、伯昌，不该称姬昌。

② 同样，周武王应该称为：姬姓，名发，不该称姬发。

③ 周公应该称为：姬姓，名旦，或周公旦，不该称姬旦。

④ 晋文公的准确叫法是：姬姓，名重耳，或者公子重耳，不能称为姬重耳。

⑤ 齐桓公的准确叫法是：姜姓，名小白，或者公子小白、桓公小白，如果非得延续吕尚的氏，可以称为吕小白，不该称为姜小白。

⑥ 楚庄王的准确叫法是：芈姓，熊氏，名旅，可以称为熊旅，称芈旅就不太合适。

⑦ 屈原，前文提到过，芈姓，屈氏，名平，字原，因此称屈平、屈原，不可称芈原。

⑧ 秦始皇，嬴姓，赵氏，名政，按照当时习惯，其实不该叫嬴政，而应该叫赵政、秦王政、秦王赵政、始皇帝。可是秦王嬴政已经妇孺皆知，如果提赵政人们都不知道是谁，按照约定俗成的叫法，还是叫嬴政。

⑨ 秦昭王的母亲称为芈八子，所谓芈月，是文学创作。芈八子来自楚国，芈姓，“女子称姓”，叫芈氏没有问题，她的名字不详，八子是她当时在秦国后宫的职衔，也不是名字。春秋战国时期秦国后宫封号依

次为王后、夫人、美人、良人、八子、七子、长使、少使等。

《史记》所囊括的历史，是中国文化的根源，传说时代、夏商西周、春秋战国、秦汉，已经奠定了中国文化的根基，经历过德治、礼治、法（刑）治各个阶段，在学术和思想上做过多种研究和探索，有的好东西留下来了，有的好东西在某些特殊时期反而被连根斩断了，还有“劣币驱逐良币”的规律在起作用，反而把糟粕（pò）沉淀到了现代。但总体来说，姓氏文化是中国文化的一个重要组成部分，非常复杂，在此只能做一个简单的介绍，抛砖引玉，如果读者仔细研究，就会发现前所未有的乐趣。

（8）关于本书在姓氏使用上的说明。笔者虽然已经认识到了这个问题，但是，因为本书着眼于普及，只能是“知其不‘对’而为之”，并没有严格按照上文的学术考证来记录姓氏，没有别的原因，就是为了让人更容易明白精神实质。有些时候，我们并没有完全按照“女子称姓，男子称氏”的原则来处理。比如对公子重耳，有时就说姬重耳；比如对公子小白，有时就说姜小白；比如称“姜氏齐国（春秋时代的齐国）”“田氏齐国（战国时代的齐国）”；等等。这些说法都是为了让人能尽快明白。通过上文可以知道，古人的姓、氏、名、字、号是非常复杂的，为了便于读者理解，一般只选择一个耳熟能详的名字或称号。比如，写商鞅时，开始就称商鞅，这是错误的，应该称卫鞅，直到他被封在商地，才可以称商鞅。

《史记》中的人际关系本来就很复杂，如果同一个人再频繁变更称呼，更会增加理解上的困难。因此，后文中会有很多类似的情况，笔者不是没有意识到这个问题，而是“明知故犯”。此类情况，在此统一说明，后文不一一点出。

先理解《史记》的精神实质、战略内涵，做到基本继承，然后让《史记》文化真正成为显学，让更多的人来研究、传播和欣赏，不断挖掘其精神内涵。别着急，最终我们一定能对《史记》做出“信、达、雅”标准的解读、继承和发展。在此，请读者理解、海涵，并且能明白我们的着眼点和立足点。

姜齐豪士

太公从龙起，得封东海边，回想渭水岸边独钓寒江雪，六韬署他名，军谋推第一，老了英雄。秦皇曾踪迹，寻瀛洲、方丈和蓬莱，射海鱼，徐福在何方？
管仲辅桓公，尊王讨群凶，不顾射钩深恨大略驾群才，死囚变国相，葵丘跃龙门，笑了君臣。小白一失足，用竖刀、开方与易牙，出尸虫，霸业皆成灰。

嗣敏试对《姜齐豪士》

第一章　潦倒汉静观时变　大丈夫自当雄飞

“太公望”吕尚——民间说法是姜子牙——是东海一带的人，也就应该是现在山东省沿海一带的人，他在人们心目中的形象基本就是《封神演义》中那个运筹帷幄、呼风唤雨的得道高人。他和诸葛亮一样，随着小说的风靡，被神化了，那种飘飘欲仙、超然世外的理想形象可谓妇孺皆知，但历史上真正的吕尚究竟是什么样的呢？这是本篇的一个要点。

齐国当时是一个大的诸侯国，但从吕尚建立齐国到秦始皇最终统一六国这几百年间，时间跨度包括西周和东周两个时期，这其中包含了两个家族的命运。若是笼统地划分，西周和春秋时代的齐国是姜氏齐国，战国时代姜氏政权被田氏家族篡夺了，用不专业的说法是：“春秋五霸”之一齐桓公和晏子在世时的齐国是姜氏齐国，而孙膑策划“田忌赛马”时的齐国以及“滥竽充数”的南郭先生生活的齐宣王时代的齐国都是田氏齐国。还有就是，出现“齐某公”字样的是西周和春秋时代的姜氏齐国，而出现“齐某王”字样的是战国时代的田氏齐国。这是因为，在西周和春秋时代，诸侯还是给周王室面子的，他们的气焰还是收敛的，到了战国时代，诸侯可就不管三七二十一了，纷纷称王，与周王平起平坐，直到秦始皇统一六国（当然也有例外，当时长江以南的楚国因为山高皇帝远一直称“王”）。大家只要稍微细心一点也就能分辨清楚了。本篇是《史记》之《齐太公世家》《管晏列传》的合传。

◎西周及春秋时代齐国的世系传承简图

序号	史称	“姓氏+名”或“名”	备注
1	齐太公	吕尚或姜尚	开国始祖，定都营丘
2	齐丁公	吕伋	
3	齐乙公	得	
4	齐癸公	慈母	
5	齐哀公	不臣（或“不辰”）	
6	齐胡公	静	迁都薄姑
7	齐献公	山	都城迁回临淄
8	齐武公	寿	周厉王下台
9	齐厉公	无忌	
10	齐文公	赤	
11	齐成公	脱	
12	齐庄公	购	周幽王被杀，西周灭亡 周平王东迁，定都洛阳 东周时代开始 齐庄公二十四年，秦国成为诸侯
13	齐僖公	禄甫（一说禄父）	齐桓公的爸爸
14	齐襄公	诸儿	

续表

<table>
<tr><th>序号</th><th>史称</th><th>“姓氏+名”或“名”</th><th>备注</th></tr>
<tr><td>15</td><td>齐桓公</td><td>小白</td><td>春秋五霸之首。前685—前643年在位</td></tr>
<tr><td>16</td><td></td><td>无诡（在位三月，无谥号）</td><td>齐桓公的堂兄弟</td></tr>
<tr><td>17</td><td>齐孝公</td><td>昭</td><td rowspan="4">都为齐桓公之子</td></tr>
<tr><td>18</td><td>齐昭公</td><td>潘</td></tr>
<tr><td>19</td><td>齐懿公</td><td>商人</td></tr>
<tr><td>20</td><td>齐惠公</td><td>元</td></tr>
<tr><td>21</td><td>齐顷公</td><td>无野</td><td>惠公之子。前598—前582年在位</td></tr>
<tr><td>22</td><td>齐灵公</td><td>环</td><td></td></tr>
<tr><td>23</td><td>齐庄公</td><td>光</td><td></td></tr>
<tr><td>24</td><td>齐景公</td><td>杵臼</td><td>晏婴为相</td></tr>
<tr><td>25</td><td>晏孺子</td><td>荼</td><td>孺子牛的主人公</td></tr>
<tr><td>26</td><td>齐悼公</td><td>阳生</td><td>吴王夫差、越王勾践与此同时</td></tr>
<tr><td>27</td><td>齐简公</td><td>壬</td><td></td></tr>
<tr><td rowspan="2">28</td><td rowspan="2">齐平公</td><td rowspan="2">骜</td><td>田常弑齐简公，田氏专权</td></tr>
<tr><td>齐平公八年，越王勾践灭吴</td></tr>
<tr><td>29</td><td>齐宣公</td><td>积</td><td>前455—前405年在位</td></tr>
<tr><td rowspan="4">30</td><td rowspan="4">齐康公</td><td rowspan="4">贷</td><td>前404—前379年在位</td></tr>
<tr><td>齐康公二年，韩、赵、魏为诸侯，进入战国时期</td></tr>
<tr><td>齐康公十九年，田和成为诸侯</td></tr>
<tr><td>齐康公二十六年，康公去世，田氏取代吕氏</td></tr>
</table>

为了能更好地讲清楚这段历史，笔者姑且采用“姜子牙”这一民间说法，避免名称的频繁变更给读者造成误解。姜子牙的祖先曾经帮助大禹治水，立有大功，所以有的被封在吕，有的被封在申，都在今河南南阳附近，其祖被赐姓姜（百家姓中姜姓、吕姓、申姓是有渊源的）。在夏朝和商朝，申、吕两地的后代子孙有的得到小块封地，有的成为平民，姜子牙就是他们的子孙，根据祖先封地名号，他被称作姜尚或者吕尚。实际上，如果严谨地称呼姜太公，应是“姜姓，吕氏，名尚”，而其国也应称为吕氏齐国。出于普及的需要，一切从简，按“姓+名”的方式，称国君为“姜某”，实际上这么称呼不规范。

姜子牙生活在商朝衰落、周朝兴起的时代，他曾经穷困潦倒，郁郁不得志。在他七十多岁时，因为钓鱼而认识了周文王。传说他在陕西渭水边钓鱼时，方式非常特殊，是直钩钓鱼，所以有谚语说：“姜太公钓鱼——愿者上钩。”若是真有此事，说明他是醉翁之意不在酒，也说明他运用了广告的轰动效应，想以此引出慧眼识英才的君主。据说当时姜子牙可真是郁闷死了，在当时商朝的首都朝歌杀牛卖肉，也卖过酒，但干什么都不成功，把老婆都气走了，因为她认为姜子牙百无一用，纯粹是个废人。有一场戏叫“马前泼水”，一说是指姜子牙，一说是指汉武帝时代的朱买臣，反正是嫌贫爱富的老婆先是不顾一日夫妻百日恩，坚决要求离婚，后来看到前夫大红大紫，又想再续前缘，结果前夫把水泼在马前，让这位女士把水收起来，她知道这是对自己的极大讽刺，就在悔恨中上吊死去。生活的辩证法是不允许人占尽天下便宜的，这也是成语“覆水难收”的来源吧。

反正姜子牙一直没遇到伯乐，穷困不堪，于是他来到渭水流域钓鱼。据说姜子牙垂钓的地方叫兹泉，在今陕西省宝鸡附近，属于渭水的一个支流，泉水清冽，石壁林立，草木丛生，人迹罕至，是一个典型的绿色生态园。据说他刚开始垂钓时，三天三夜都没有收获，他非常愤怒。有一个隐士对姜子牙说："你的方法可能不对头。方法错，再着急也没用。若想钓到鱼，要尽量用细的钓线，若有若无。要让诱饵更加香甜，投放香饵的时候要轻轻用力，别吓到了鱼。最后你要屏气静心，耐得住寂寞，直到鱼儿上钩，抓住机会起竿，才能万无一失。"姜子牙按照这种方法操作，果然先钓到鲋鱼，又钓到鲤鱼，划开鱼腹后得到天书，上写"姜子牙封于齐"，他才知道这是高人点化自己。钓鱼和把握时机的道理如出一辙，要想钓到鱼，事先的准备相当重要。自己的眼力和心态也是关键因素，但"有准备"绝对是根本，机会只留给有准备的人。从此姜子牙触类旁通，一边把生平所学重新整理，做到精益求精，一边密切注视社会动态，寻找出山的最佳时机。

说起他和周文王相识相知的缘由，共流传三个版本。其中第一个版本是普及版——文王访贤说，是说周文王姬昌（严格来说，这时的姬昌还不能称为周文王，周文王的称号是他儿子周武王姬发推翻商朝取得全国政权以后给他

◎ 周文王与姜子牙相遇的三个版本

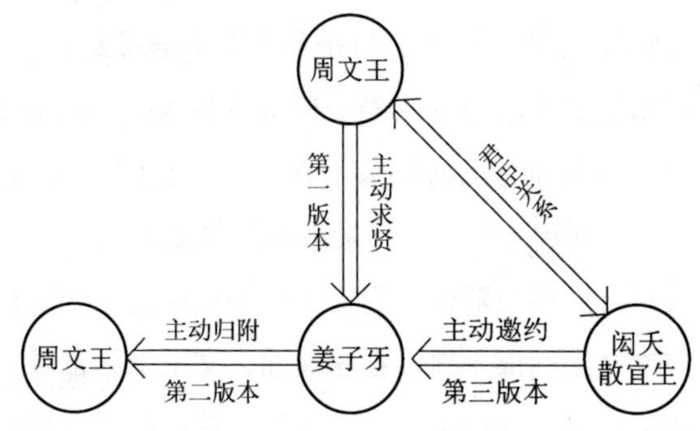

加封的。很多权臣想让儿子篡位时，都说若是自己家族有天命的话，自己愿做周文王，这时的“周文王”就是一种隐语，是让后代给自己加封的意思。比如曹操就说过这样的话。这时的周文王应叫周西伯，还属于商朝末代君王商纣王的臣子，只是一方诸侯，但为了让人听起来方便，我们姑且称其为周文王吧）在一次打猎时遇到了他。周文王在打猎之前占卜，卦辞是：这次收获的非龙非螭，非虎非罴，而是霸王的辅佐。就这样他在渭水北面遇到了姜子牙，两人畅谈之后相见恨晚，周文王兴奋地说：“我的爷爷太公［说到这里，我再梳理一下周朝的关系。周文王的爷爷叫古公亶父，他有三个儿子，吴太伯、仲雍、季历（周文王父亲）。吴太伯是老大，应该是继承人，但古公亶父看好季历的儿子姬昌（周文王）宽厚仁慈、聪明非凡，他就想让季历当继承人，然后再传给周文王，吴太伯和仲雍知道父亲的心意后，就跑到了南方，吴太伯、仲雍就是吴越争霸中吴王阖闾的祖先，其子孙的另外一支是“假道伐虢”典故中让晋献公借道的虞国的祖先，而虞国与虢国的关系就是“唇亡齿寒”］说：‘若是有圣人来到周国，我们周国必定兴旺昌盛。’难道这个人真是你吗？”周文王说自己的爷爷太公盼望姜子牙这样的贤人很久了，所以称他为“太公望”，当时就把他带了回去，封为统帅军队的长官，所以姜子牙也叫“姜太公”“姜尚”“吕尚”“太公望”，都指一个人，只是名字来源不同罢了。

第二个版本是主动归附说。姜子牙博学多闻、文武全才，曾经侍奉过商纣王，可是不满商纣王的残暴无道，就离开了商朝，转而周游列国游说诸侯，一直没遇到知己，直到最后归附周文王。

第三个版本是患难相随说。周文王曾经被商纣王囚禁在羑里，因为有人进献谗言说文王图谋不轨。在这期间，文王受尽苦难。据说商纣王把文王的大儿子伯邑考剁成肉酱，文王为了迷惑纣王，忍痛吃下，然后他又把据说是伏羲氏创立的八卦推演成八八六十四卦（后来司马迁在《报任安书》中说“文王拘而演《周易》”，引用这个典故是说真正有理想的人，在困境当中绝不会屈服，困难反而是脱胎换骨实现破茧成蝶的良机。他这样类比也是为了抒发个人抱负，后文有叙）。文王的大臣散宜生、闳夭（后来司马迁把汉高祖刘邦的丞相萧何比作散宜生、闳夭这两人，认为韩信若是知道功成身退的道理，应该能与姜子牙相媲美）早就知道姜子牙贤能，就请他出山帮忙想办法。姜子牙说：“西伯贤能，关心民间疾苦，而且能‘老吾老以及人之老，幼吾幼以及人之幼（借用孟子的话）’，他正是我要投靠的仁慈君主。”三人合谋，寻找美女和奇珍异宝献给纣王，把周文王赎了回来。这些美女当中最出众的就是妲己。

三个版本中，第一个是说文王主动求贤，第二个是说姜子牙登门拜访，第三个是说被人引见，虽然说法各不相同，但都说姜子牙得到周文王、周武王的重用，最后创建了周朝八百年基业，结果则是一致的。一些不遇伯乐又怀有远大抱负的人宁愿相信“三顾茅庐”式的第一个版本，因为伯乐太少了。士为知己者用，哪个千里马不希望得到伯乐的赏识呢?

第二章　太公望运筹帷幄　大齐国屹立东方

周文王脱身回来，对商朝政府彻底失望，他和姜子牙暗中积极推行德政，为推翻商纣王做准备。姜子牙文能安邦武能定国，使用的政策大多是军事学中的权谋奇计，所以后人谈论兵书战策以及周代的秘计权术时都推崇姜太公为第一，后人流传的《六韬》也是假托姜太公的名义发表的。据说张良也得到一本《太公兵法》，之后他才成为帝王师的。周文王处事公允、以德服人，当时商朝有三分之二的诸侯归顺了他，而这一切大多出自姜子牙的谋略。

文王去世以后，武王姬发继位，他想完成父亲未竟的事业。这时姜子牙被尊为“师尚父”，表达了武王对他的高度肯定和崇敬之情（后来齐桓公尊管仲、秦始皇尊吕不韦为“仲父”，项羽尊范增为“亚父”，刘禅尊诸葛亮为“相父”，这些称谓都是为了表达对自己事业领路人的敬意）。为了试探诸侯的反应，武王讨伐商纣王，到达盟津的时候，不期而会的诸侯有八百个，于是武王知道人心可用，但他认为时机还不够成熟，就退兵了，把这次行动当成了一次重要的军事演习。两年之后，商纣王处死了比干，囚禁了箕子，他的倒行逆施让人深恶痛绝，武王决定伐纣，姜太公运筹帷幄、屡建奇功，在牧野决战之前占卜，卦象显示这次出兵不吉利，要遭遇暴风雨。当时人们非常畏惧天命，公卿大臣十分恐惧，想要暂缓出兵，可姜子牙态度果决，力劝武王当机立断，不要给对方喘息的机会。武王于是大举进攻，杀入朝歌，商朝的军士已无战心，临阵倒戈，都投降了周军，商纣王自焚于鹿台。武王当众宣布商纣王的罪行，把钱粮拿出赈济平民百姓，扩建比干的坟墓，放出被陷害的忠良，修明政治，万象更新，开创了新纪元。这些举措大多出自姜子牙的谋划。

王朝是建立了，但是社会动荡，百废待兴，周武王必须处理战争遗留的问题。当时商朝遗民成千上万，数量上要大于周朝原子民，而且还有很多少数民族不听从周朝的管辖。周朝定都于现在陕西西安附近的镐京，其身后就是鬼方和犬戎，他们虎视眈眈地注视着周王朝，东北、南方同样江湖未静。这些内忧外患成为最令人头疼的问题，怎么办呢？于是周武王决定实行分封制，就是把自己的宗族及功臣分封到王国各地，对中央政府形成拱卫作用。这就好比太阳系的八大行星，太阳就是周王朝，其他行星有各自的运行轨迹，但是受到太阳的牵引。

山东半岛和淮河流域有强大的夷人部落，于是周武王就把姜子牙封在营丘（今山东淄博东北），建立齐国，弟弟周公姬旦后来被分封在曲阜（也是孔子的故乡），建立鲁国，两国以泰山为天然分界线，所以山东省也被称为“齐鲁大地”。姜子牙就任时，在路上且停且走，行动迟缓。旅途中有人说：“我听说时机难得而易失，稍有疏忽就会前功尽弃，我看您安然寝居，优哉游哉，不像一个要到领地就职的人，您不怕耽搁时日，

◎姜子牙人生标签的花式表达

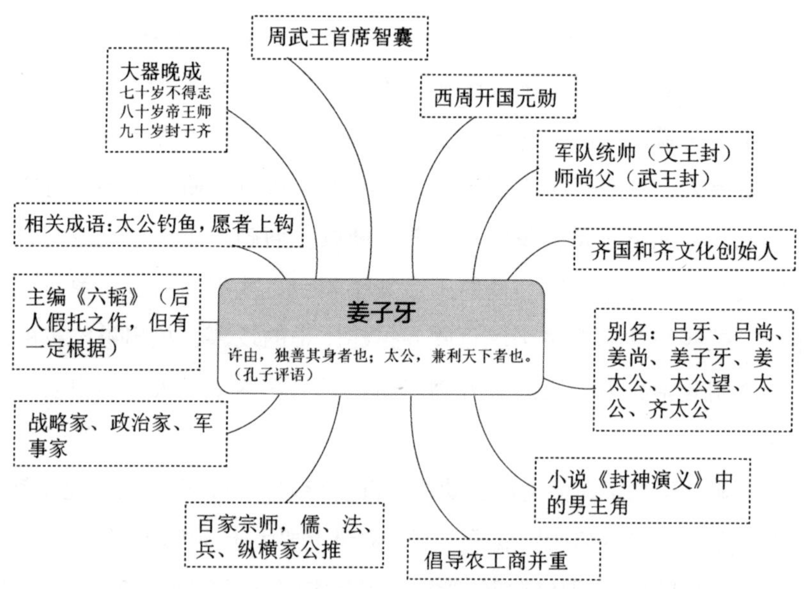

中途有变吗？”姜子牙听后恍然大悟，连夜穿衣启程，天亮时抵达营丘，正遇上莱侯带兵攻打，想要夺取营丘。原来莱国与营丘相隔不远，莱人是少数民族，趁着商纣王被灭，周朝无暇东顾，要和姜子牙争夺国土，但他怎会是姜子牙的对手？姜子牙建立了齐国，建立了完善的政治体系，入乡随俗，因势利导，简化礼仪，建立商业网络，促进鱼盐生产，所以百姓都来投奔，齐成了大国。周武王死后，儿子周成王年幼，周公旦（鲁国创始人、周武王的弟弟）摄政，一些别有用心的人趁机作乱，而周武王在世时给姜子牙下发了征讨令，在某某范围内有谁叛乱，由齐国征伐，可以先斩后奏，于是以营丘为中心，齐国成了东方的巨人。

第三章　齐襄公荒淫乱政　鲁桓公客死他乡

姜子牙去世时有一百多岁，儿子丁公吕伋继位。丁公去世，儿子乙公继位。乙公去世，儿子癸公慈母继位。癸公死后由儿子哀公不臣继位。齐哀公时代，有人在周夷王面前诽谤他，周夷王烹杀了他，立他的弟弟姜静为胡公，但是哀公的同母小弟姜山怨恨胡公，伙同党羽杀死胡公自立，这就是齐献公。他把胡公的儿子都赶跑了，定都临淄。九年后，献公去世，儿子寿为齐武公。九年以后，成语“道路以目”中的罪魁祸首周厉王被赶下了台，周朝王室大乱，大臣周公、召公代行国政，号称“共和”。武公二十六年，齐武公去世，儿子齐厉公无忌继位。无忌无忌无所顾忌，这齐厉公暴虐无道，被齐武公赶走的胡公的儿子又回到齐国，齐国人想拥立他，于是一起诛杀了齐厉公，但不幸的是胡公的儿子也死于乱军之中。齐人没办法，又拥立厉公的儿子赤为齐文公，文公上台就处死了参与谋杀他父亲的七十多人。齐文公在位十二年去世，儿子齐庄公脱继位。在庄公二十四年时，“烽火戏诸侯”的周幽王也被杀死，西周灭亡。周幽王的儿子周平王迁都洛阳，从此周王室衰落，以此为标志，中国进入春秋争霸时代，周王成了名义上的国家元首。这一年秦国成为诸侯。庄公六十四年时，齐庄公死去，儿子齐僖公继位，这个人是“春秋五霸”之首齐桓公的父亲，齐国历史进入了最绚烂多姿的时代。僖公三十二年时，齐僖公的弟弟夷仲年去世，夷仲年的儿子叫公孙无知，僖公喜欢这个侄子，让他享受和太子诸儿相同的待遇。僖公三十三年，齐僖公去世，太子诸儿上台，就是齐襄公（齐桓公的哥哥）。

齐僖公喜爱公孙无知，可齐襄公在当太子的时候与自己这个堂兄弟公孙无知争斗过，如今自己登基，就把无知的工资和补助降低了。人性就是这样，赏赐的时候一般皆大欢喜，若是由高往低降，事情就不好办。所以，在管理上并不是赏赐越多越好，若是被赏之人视为理所当然的话，事情就要起变化，稍微给少了都不满意，何况还降低标准，这心理落差肯定受不了。为什么功高震主的人常没有好下场？这是因为能赏

◎ 齐僖公的核心关系圈

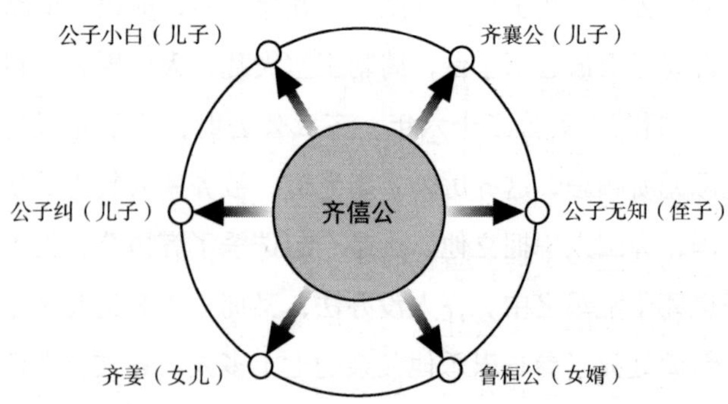

赐的都已经赏遍了，君主就想，我手里已经没有什么牌好出了，他还能不能满意？再进一步就只能把自己的位置赏给他了，于是就起了杀心。聪明的人总是推掉一部分赏赐，这样就能留出退路，而真正有经验的管理者也绝不会滥赏，诸葛亮就说“宠之以位，位极则残；顺之以恩，恩竭则慢”，看来赏罚真是一门学问。公孙无知被无故降低了待遇，就心中怨恨，寻机报复，形成一股反对齐襄公的势力。

齐襄公人品也不好。在襄公四年时，和齐国紧邻的鲁桓公（鲁桓公是周公的后人，就是《曹刿论战》中鲁庄公的父亲）偕夫人来齐国。对于鲁夫人来说，这是回娘家，她是襄公的妹妹，被父亲齐僖公嫁给鲁桓公为妻。问题是兄妹二人有奸情，这次鲁夫人回来，和齐襄公不知不觉又纠缠在一起，二人在密室中颠鸾倒凤。这事让鲁桓公察觉了，夫妇二人大吵一次。夫人虽然哭哭啼啼，含糊抵赖，可自己心知肚明，也很惭愧。鲁桓公身处齐国，无可奈何，敢怒不敢言，而齐襄公做这事也很心虚，当他得知鲁桓公发觉时，虽然感到羞耻，但他没想要停止或改正错误。一来想掩盖事实，二来也舍不得鲁夫人，三来怕鲁桓公怀恨报复，齐襄公就想一不做二不休，结果了鲁桓公，这恐怕是深陷偷情泥潭人的共同逻辑。

鲁桓公越想越气，决定趁早离开这是非之地，于是向齐襄公告辞，齐襄公百般要为他饯行，他推辞不过只好答应。虽然酒宴丰盛，笙箫齐奏，齐襄公也加倍殷勤，可鲁桓公味同嚼蜡，只是低头无语。齐襄公发动大臣展开车轮大战，争相敬酒，鲁桓公也是借酒消愁，杯杯见底，不觉喝个酩酊大醉。襄公让大力士彭生抱鲁桓公上车，趁机用力夹断他的肋骨，不久鲁恒公就死了。这齐襄公因奸情和乱伦杀死自己的妹夫，其恶甚于西门庆。齐襄公假惺惺地痛哭一场，把鲁桓公收殓起来，向鲁国报丧。鲁国人大怒，鲁桓公的大儿子姬同说："齐侯乱伦无礼，杀死我父亲，我愿向齐兴师问罪。"大臣申繻（xū）曾劝鲁桓公不要和夫人去齐国，说鲁夫人父母已死，只有其兄齐襄公在，没有必要回娘家，可鲁桓公宠爱妻子，非要去，结果出事了。如今太子说要伐齐，申繻也咽不下这口气，就问他的谋士施伯怎么办，施伯说："这种暧昧情事，不能弄得沸沸扬扬，只能自吞苦水，况且齐强鲁弱，一旦失败更增耻辱。不如忍耐下来，只追查直接凶手，这样能有一个合理的说法，以后再找机会讨回公道吧。"于是鲁国人给齐襄公写信，让他处置凶手，齐襄公就把彭生叫了进来，彭生还以为会赏赐他呢，昂然而入，谁知襄公当着鲁国使者的面骂道："我看鲁侯公酒喝多了，命你扶他上去，你怎么不小心服侍，让他暴死，害得我难向鲁国交代，你罪责难逃。"命左右斩杀他。彭生大叫道："淫其妹又杀其夫，这些都是你这无道之人的禽兽行为，如今无法掩盖，想找我当替罪羊，我若死而有知，变成厉鬼也不会饶过你。"齐襄公掩起耳朵，左右窃笑。

第四章　杀襄公里应外合　姜无知南柯一梦

齐襄公因私人恩怨得罪了自己的堂兄弟公孙无知，又因荒淫无耻诛杀了自己的妹夫鲁桓公，尤其后一件事招致国人的愤恨。杀死彭生，暂时平息一下鲁国的愤怒，纯粹是掩耳盗铃之举，却让齐国人看到了他令人作呕的灵魂。他的个人支持率直线下降，人们对这种无耻的君主不抱任何希望，但导致他死亡的事还有一件。

齐襄公派两员大将连称和管至父去戍守葵丘（今山东淄博境内。后齐桓公召开葵丘之会，此葵丘在今河南民权东北）。他之前纠合宋、鲁、陈、蔡攻打卫国，而卫国向周朝求救，双方大战，尽管他这一方胜了，但他还是怕周王报复，于是派二将守卫葵丘这个大门。连称的妹妹是他的姬妾，之所以派连称去，是因为有这层关系。

二将临行前，向襄公请示："戍守边境是份苦差，可我们不敢推辞，但总有个期限吧？"襄公正吃瓜，就说："现在是瓜熟时节，等明年这个季节，我派人替换你们（成语"瓜代之期"源于此，指任职期满，找人接替)。”二将领命前去。

乌飞兔走，不觉一年光景已过，但二将始终不见替换的人来，于是二人就派亲信回去打探。心腹回来说，齐襄公又和他妹妹鲁夫人搅在一起，在外游玩一个月都没回来办公。连称大怒道：“正室夫人去世后，按理应该升我妹妹为正室，可他不管不顾。这个无道之人，无视伦理，只知纵情享乐，完全不顾念我等风吹日晒，历尽艰苦。我必杀了他。”并对管至父说：“你可助我一臂之力。”管至父说：“以瓜熟为期，是他亲口所说，或许他忘了这码事，我们还是公开提醒他一下，把事情当面说清楚。如果他不同意，士兵怨恨，军心才可用。”连称同意，就派人向襄公献瓜并提及替换之事。襄公怒道：“替不替换，完全凭我的心意，他怎么能主动请示呢？让他等到来年瓜熟时再说吧。”连称听后恨恨不已，就准备动手，又想到公孙无知也对襄公怀恨在心，总想作乱，但一直没有帮手，如今正好里应外合，杀死齐襄公。于是他秘密接触公孙无知。

连称给公孙无知写信，大意如下：“您曾经受到叔父齐僖公的宠爱，享受和齐襄公(再次申明：当时人不会如此说话，只是为了今日之读者能看得明白)同样的待遇，如今无缘无故地被剥夺正当权益，就是路上的行人都想为您打抱不平，况且襄公色令智昏，政令无常，令天下无不抱怨，如今又失信于我等戍守边疆的战士，军心不稳，愤而思乱。如果您有机可图，我等愿献犬马之劳，竭尽全力拥戴您。我妹妹也会在宫中响应您，希望您不要错过千载良机。”公孙无知大喜，他正需要军方的支持，双方一拍即合，共同的目标让他们走到了一起。但选在什么时候呢？管至父说：“襄公喜欢用兵，又好游猎，外出时就好比猛虎离开洞穴，容易擒拿，只要预先知道他外出的行踪，肯定成功。”连称说：“我妹妹在宫中也失宠，她同样不满，嘱咐她和公孙无知在京城密切观察襄公的行踪，有恰当时机星夜送信，就不会误事了。”于是又联络他的妹妹，并许诺“事成以后，以你为公孙无知的夫人”，这三方面密切配合，准备下手。

齐襄公十二年冬天，齐襄公到沛丘打猎时，看到一头野猪，像牛但无角，像虎但无斑，他命手下快射，可手下说这不是野猪，而是被屈杀的那个彭生。襄公大怒，弯弓射箭，可三发不中。突然野猪直立起来，冲到车前，放声而啼，哀惨不已，把襄公吓得一头从车上摔了下来，扭伤了脚，鞋子也丢了。他心胆俱裂，神情恍惚，心情烦躁，低头一看，鞋子被野猪叼走了，就向管理鞋袜的茀（fú）要鞋，茀说鞋子被野猪叼走了，襄公讨厌他这么说，大怒道：“你跟随我，看管鞋子是你的职责，我脚上有没有鞋你还不知道？若果真被叼走，你怎么不早说？这肯定是你推脱责任。”就抽了他三百鞭，打得他皮开肉绽。

襄公游猎的消息早被连称他们探听明白，这天晚上，连称带领士兵摸到了襄公留宿的地方，当他去探听动静时，正好遇到茀。连称问他：“昏君在哪里？”茀说：“在寝室，还没有睡熟。”连称要杀他，茀说：“你别杀我，我可以当你耳目，先进去探听动静。”连称不信，茀就解开衣服，连称看他后背鲜血淋漓，这才相信他刚才确实受到襄公的暴打，就让他先进寝宫作为内应。但这个茀还挺愚忠，到了里面就把连称反叛的事告诉了襄公，襄公六神无主，惊慌失措。茀让一个叫孟阳的躺在床上假扮襄公，而把襄公藏匿在门后面。

连称在外等了很久不见茀的回报，怕有变故，就带兵闯了进去，茀反而带领襄公的卫士和亲信攻打连称和公孙无知，可双方实力悬殊，茀和保镖都被杀死了。连称进屋后发现床上躺的不是襄公，于是搜查全屋，忽然看到门后有只鞋露了出来，据说这只鞋就是被那只野猪叼走的，不知何时出现在那里，是冥冥中的天意吗？连称一把将襄公提起，摔到地上，大骂道："无道昏君！你连年用兵，祸国殃民，这是不仁；违背父命，疏远无知，这是不孝；兄妹宣淫，无所顾忌，这是无礼；不念将士，瓜期不代，这是无信。仁、孝、礼、信四德全失，你还是人吗？我今天要为鲁桓公报仇。"于是把他杀死。

齐襄公疏远大臣、亲昵群小，像茀、孟阳这些人虽然在关键时刻不离不弃、视死如归，那是因为他们受了襄公的私恩。他们没有引导襄公步入正轨，反而听任他胡作非为，这并非大节。齐襄公乱伦废政，草菅人命，简直恶贯满盈，而且不讲信义，结果上天假手连称、管至父两人，终结了他可耻的人生（笔者根据《东周列国志》对人物形象进行了塑造，但是人物命运及故事情节是明确记载在《史记》上的）。

◎ 齐襄公作死套餐

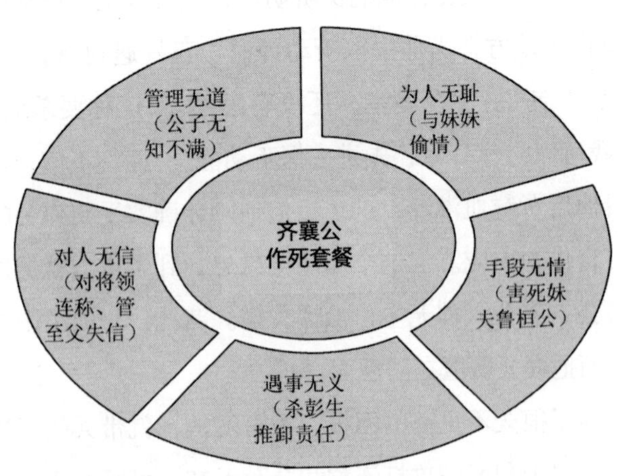

公孙无知成了齐君。这年春天，他到雍林去游玩，雍林人和无知有宿怨，趁他游玩的时候袭杀了他，并且通知齐国的大臣们说："无知杀害齐襄公自立为君，这是篡逆，我们思考再三，还是决定杀了他，请大臣们从各位公子中另立可以继位的人，我们一定唯命是从。"公孙无知仅当了很短时间的齐君。他刚登基时颁布了一道求贤令，后来辅佐秦穆公称霸的百里奚也恰恰游历到了齐国，他想应征，可是他的朋友蹇叔劝他三思而行，蹇（Jiǎn）叔认为无知统治不稳，齐国还会有变故，果然如此。

第五章　两公子政治避难　姜小白捷足先登

齐襄公好色残暴，自食其果；彭生为虎作伥，自吞恶果；鲁桓公受屈忍辱，枉死他乡；公孙无知孜孜以求，终是南柯一梦。这些人都因为具有某种弱点，结果成了牺牲品。谁是最大的赢家呢？就是“春秋五霸”之首齐桓公——公子小白。为了说清这一个问题，我们再理顺一下人物关系。齐僖公正妻之子是齐襄公，其他两个小妾之子分别是纠和小白，所以齐襄公、纠、小白是同父异母的兄弟，公孙无知是他们的堂兄弟。如今齐襄公、公孙无知都已作古，这样继承人就要在公子纠和公子小白之间选择，但现在二人都不在齐国，为什么呢？因为齐国政局不稳，二人各自到国外避祸去了。

要说这两位公子各自的谋臣，可都大名鼎鼎，一个叫管仲，字夷吾，辅佐纠，一个叫鲍叔牙，辅佐小白。管仲生得相貌魁梧、一表人才，他学贯古今，超逸绝伦，有经天纬地之才，济世匡时之略。他与鲍叔牙是生死之交，是知音，被称为“管鲍之交”（具体含义，随后再说）。

◎ **两位公子的谋臣**

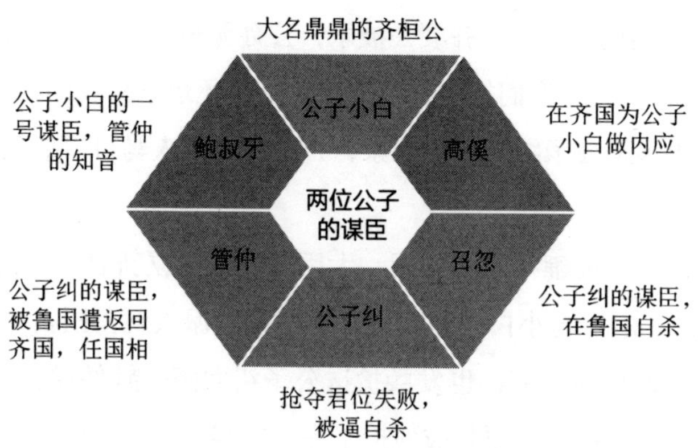

管仲对鲍叔牙说："我们各自辅佐公子纠和公子小白，若是二人当中有人成为国君，我们就互相推荐。"鲍叔牙认为这样考虑合理，于是管仲跟了公子纠，鲍叔牙跟了公子小白。

公子纠的母亲是鲁君之女，公子小白的母亲是卫君的女儿，受宠于齐僖公。当初，齐襄公和鲁夫人通奸，并因此杀死鲁桓公，以后更加沉湎酒色，不理朝政，经常无故诛杀臣民，能活下来的大臣也备受欺辱。鲍叔牙对公子小白说："襄公因为淫乱而被国人耻笑，若是现在幡然悔悟，及时改正，还能掩饰过去。如果继续放任，欲望将如决堤洪水，泛滥成灾，一发不可收拾。你应该劝谏他一下。"小白劝襄公道："如今鲁桓公死在我国，国人颇多猜疑，男女嫌疑，不可不避。"襄公怒道："小子，你何必多言，这是你能评论的吗？"他脱下鞋打小白，小白赶紧跑了回去。鲍叔牙说："我听闻：'有奇淫者，必有奇祸。'我们应当到外国躲避，再作良图。"小白问："到哪好呢？"鲍叔牙说："大国喜怒无常，不可信任，不如到莒国。由于齐大莒小，莒国人不敢怠慢我们，加上莒国离齐国近，如果齐国有事，我们可以在最短的时间里采取行动，况且那里人情熟络，应该是最佳目的地。”于是公子小白和鲍叔牙到莒国避祸。后来，齐襄公被杀，公孙无知篡位，召管仲做官，管仲不答应，心想：“你们如今都死到临头了，还想拖累我们。”管仲和召忽合计，鲁国是公子纠母亲的娘家，公子纠一班人马可以躲到鲁国，静观时局。

公孙无知被雍林人杀死后，大臣们商议再立新君。大臣高傒（也有的书写作“奚”）与小白关系较好，他就暗中派人到莒国召小白回国，而鲁国人听说无知已死，也发兵护送公子纠回国。管仲说：“公子小白从莒国出发要近得多，要是被他抢了先，主客一分，我们就被动了，我先带兵截击他。”管仲于是带领人马拦住公子小白的去路，他说：“公子别来无恙，您这是想去哪？”小白说：“回国奔丧，没什么事。”管仲道：“公子纠年长，主办丧礼的事一直都由兄长负责，您还是回去吧，不用如此劳苦。”鲍叔牙说：“管仲你且退下，你我各为其主，不用多说。”管仲一看对方剑拔弩张，担心寡不敌众，就假意后退，趁其不备，猛地弯弓搭箭，瞄准小白，“嗖”的一箭射去，一箭命中小白的腰部。小白大叫一声，口吐鲜血，倒在车上，鲍叔牙等人大哭，管仲则快马加鞭而去，他在路上叹道：“公子纠有福，真该为君主啊！”回去报上喜讯，公子纠放下了心，不急不慢地走了六天才到齐国，谁知到了齐国一看，蛤蟆的眼睛——长长了，怎么了？管仲高兴得太早了，公子小白是装死。原来管仲那一箭射在了腰带的钩子上，小白知道管仲箭法精妙，怕他再补射一箭，情急生智，咬破舌尖，喷血卧倒，连鲍叔牙都被瞒过去了。这就是历史典故“射钩之恨”的来历。

原来，小白被刺以后，鲍叔牙劝小白事不宜迟，微服简从，掩人耳目，坐着带帐幕的轻便车抄小路飞速向齐国驶去，加上有高傒等大臣做内应，所以他抢先登基，这就是齐桓公。齐桓公马上派兵阻截护送公子纠回国的鲁国军队，鲁军兵败，被切断了归路。他给鲁庄公（被齐襄公害死的鲁桓公的儿子）写信道："公子纠是我的兄弟，我不忍心亲自杀他，请鲁国动手吧。管仲和召忽是我的仇人，请把他们遣送回齐国让我剁成肉酱以泄心头之恨，否则，我要围攻鲁国。"鲁庄公害怕，就把公子纠杀死了，然后又把召忽和管仲囚禁起来。召忽仰天大哭道："为人子者要死于孝，为人臣者要死于忠，这是天经地义的，我要追随公子纠到地下，怎么能受囚禁的屈辱呢？"于是他自杀了，而管仲却甘愿做囚犯被送回齐国，因为他知道，只要到了齐国，他就不但不会死，反而能得到重用。他凭什么这样自信？

第六章　鼎力荐管仲拜相　君臣欢尽释前嫌

管仲的自信来自知音鲍叔牙。给鲁庄公送信的人叫隰（Xí）朋，这人是齐国的一个贤士，临行前鲍叔牙嘱咐他说："管仲是天下奇才，我和桓公（所有人都不会如此称呼，这里只是为了让读者明白。本书不做一一说明）说了，要召他回来授以重任。一定要把他活着带回来。"隰朋问："若是鲁国要杀他该怎么办？"鲍叔牙说："你只要提及桓公和他有射钩之恨，鲁国人肯定相信。"于是隰朋到了鲁国，呈上书信，就发生了前面说的那一幕，公子纠被杀，召忽自杀。而管仲说："君主周围要有能死节的臣子，也要有能忍辱负重的人，我要活着回到齐国，为公子纠申冤。"于是就跳入囚车。

施伯（鲁桓公死后他曾劝说不要意气用事征讨齐国）私下对鲁庄公说："我看管仲的表情，好像在齐国有内援，他肯定不会死。此人有雄才大略，倘若不死，肯定会被重用，齐国也会称霸，那时鲁国可就要唯命是从了。您不如向齐桓公请求别杀他，他若因此能被任用，肯定会感激您，这样齐国就不足虑了。”鲁庄公说：“我们收留齐国国君的仇敌，齐国国君一直怨恨我们，即便杀了公子纠，再为管仲求情，我怕还是不能弥补与齐国的感情裂痕。”施伯说：“您既然认为管仲不可用，不如杀了他，把他的尸首还给齐国。”隰朋听说后，大惊，急忙赶去对鲁庄公说：“若不是腰带钩儿挡着，我们国君可能早就成了管仲的箭下之鬼，国君恨之入骨，只想手刃仇人以泄胸中恶气，若是给国君一具死尸，这和你们保护管仲没有区别。”鲁庄公这才相信，就放他们走了。管仲在囚车中，早已明白鲍叔牙的心意，他对隰朋说：“施伯是智士，虽然释放了我，但他醒悟过来后，还会派兵来追，我命休矣。”于是他们披星戴月，车驰马奔，一日赶两日路，终于逃出鲁国。鲁庄公果然后悔，派兵追赶，然而为时已晚。管仲仰天叹道：“我重获新生了。”

鲍叔牙在堂阜迎接管仲，一见面就解掉管仲的枷锁，说：“上天保佑，你安然无恙就好，我将推荐你。”欣喜之情溢于言表。管仲说：“我和召忽共同辅佐公子纠，我既不能为他夺取君位，又不能为他死节，节操已有损伤，怎么能再侍奉仇人呢？召忽若地下有灵，肯定会嘲笑我。”鲍叔牙说：“成大事者，不顾小耻；立大功者，不拘小节。你有平治天下的才能，只是没有发挥才干的机会，如今国君志大识高，若能得你的辅佐，经营齐国，成就霸业，易如反掌。声震寰宇，名扬天下，这才是大丈夫的抱负，你怎么能被普通的节操束缚手脚呢？做这种无益之事才真会被人耻笑。”管仲默然不语，他心中早就千肯万肯了。

于是鲍叔牙让管仲留在堂阜等候消息，他返回临淄见齐桓公，先安慰后道贺。齐桓公问：“你为何安慰我？”鲍叔牙道：“公子纠是您的兄弟，如今您为了安定国家大义灭亲，情非得已，心中肯定悲痛，所以我劝您节哀顺变。”桓公说：“确实这样，那你怎么又向我道贺呢？”鲍叔牙道："管仲文韬武略，首屈一指，不是召忽等人所能比拟的，如今我已让他平安返回，您得一贤才，我怎能不道贺呢？"齐桓公说："他曾经用箭射我，若非我机警，早已魂归地府了，现在那支箭我还留在身边。我一直耿耿于怀，恨不得生食其肉，怎么还能任用他呢？"鲍叔牙说："那时各为其主，射钩之时，他只知有公子纠，这是做人臣的本分。换了我是他，也会毫不犹豫地采取这种极端的做法。您若任用他，他会让您拥有天下，区区射钩之恨何足挂齿。"

齐桓公思考良久，说："我可以赦免他的死罪，至于说委以国政的事，我们还要从长计议，我看你比较适合国相一职。"鲍叔牙赶紧摇头道："我非常荣幸地跟随了您，您也最终继承了君位，但以我的才力将无法辅佐您百尺竿头更进一步。如果说您只满足于在齐国为君，那么有我和高傒就绰绰有余了。但是，您若想称霸天下，则非管仲莫属，任何一个君主只要重用他，事业必然兴旺发达，您千万不要失去机会。"

齐桓公说："以我对你多年的观察，我认为你绝对可以胜任，我看你还是不要推辞了。"鲍叔牙说："您不要认为我这是故意推托、沽名钓誉，富贵名望对一个正常的人来说都是很有吸引力的，有的人使出浑身解数，甚至不择手段，投机钻营，妄图取得荣华富贵，如今我有这么好的机会，怎会白白错过呢？我若真能胜任的话，肯定当仁不让，但凡事都要量力而行，若真说我谦虚的话，那也是一种实事求是的谦虚。您若让我小心谨慎地循礼守法，这肯定没问题，但您若让我内安百姓，外抚四方，经营天下，使国家稳如泰山，使君王名播千秋，那就不是我能胜任的了。您有宏图大志，而我不能跟上您的思路，那时我们君臣恐怕就难有现在这种融洽的关系了，我有自知之明，而能成就您事业的，唯有管仲。"

齐桓公听到这话不觉欣然于色，知道鲍叔牙的眼光不会错，就问："那你先说说，你和管仲相比到底有什么差距呢？"鲍叔牙说："我有五个方面不如管仲：在施政刚柔并济，安抚百姓方面，我不如他；在治理国家时善抓主要矛盾，解决中心问题方面，我不如他；在民众中建立政府公信力方面，我不如他；在制定行之有效、公正合理的外交政策方面，我不如他；在主抓军队建设，提高战斗力方面，我还是不如他。"桓公说："那你把他召来，我当面试试他的才学。"鲍叔牙反对道："我听说：'卑贱的人不能拜见贵人，因为他自惭形秽；贫困的人不能役使富人，因为实力悬殊；外姓的人不能离间亲人，因为骨肉情深。'您若真想重用管仲，只能是拜他为国相，给他丰厚的俸禄，待他以父兄一样的礼节。国君是国家元首，而国相是政府首脑，二人唇齿相依，互相倚重。您若随随便便地把他召来，别人肯定会看轻他，受此影响，国君也会被人看轻的。况且管仲现在穷困潦倒，无以为生，即使来了，他又怎么能知无不言、言无不尽呢？对非常之人，要待以非常之礼。您若能占卜吉日，到郊外迎接，四方民众听说您尊贤礼士而不计私仇，那时谁不愿甘心为您效命呢？"齐桓公被彻底说服，当场拍板道："一切遵照你的方法来做。"

于是在一个黄道吉日，齐桓公亲自到郊外迎接管仲，礼仪隆重，当场拜他为大夫。当时临淄城万人空巷，观者如堵，百姓为齐桓公的非凡决定而惊骇，都想看看管仲这个"朝为阶下囚，暮为堂上客"的传奇人物。齐桓公与后来的刘邦有相同的素质，当时韩信是"胯下辱夫"，被人瞧不起，但是刘邦相信萧何，就大胆起用了韩信。如今齐桓公也是因为相信鲍叔牙，就果断起用和自己有仇的"阶下囚"——管仲，这种魄力和宽仁了不起。

第七章　抓内政强国有术　重实干不务虚名

管仲是中国历史上少有的既有“管夷吾理论”，又有实干精神的政治家，用现在的话说，兼具传道与办事于一身，是能够把理论与实践结合起来的少有的杰出人物。他的私德不好，但是这并没有影响他在政治上的公道。他努力为君主、为国家服务，但是也索取自己应得的报酬。《史记》上说，他甚至比齐桓公还富有，享受的待遇也远远超过常规限定，但是齐国上下并没有认为他过于奢侈，这应该就是人们对他的贡献所表现出的一种理解和宽容。

他虽然提出礼义廉耻的“四维理论”，但是并没有因此就限定人的正常欲求。他不相信空喊口号就能导致国家富强，他的名言是“仓廪实而知礼节，衣食足而知荣辱”，这与孟子所说的“有恒产者有恒心”有异曲同工之处。“仓廪实、衣食足”之后，礼义廉耻才能真正落到实处，而不是用空洞的理论去填补游荡在饥肠辘辘的肉体之中的空虚灵魂，他善于将道德的超凡脱俗与生活的烟火之气有机地结合起来。

管仲坚称改革创新的成功与否，一定是“与俗同好恶”，提出“政之所兴，在顺民心；政之所废，在逆民心”。管仲本人和他的政策具有非常鲜明的“管氏特色”，总体上就是不装，即不空喊“仁义道德”，暗行“男盗女娼”之事。

政治家不能只会坐而论道，要有解决实际问题的能力，这样才能建立政治家的权威。管仲就是一个有办法的人。有一次，桓公说：“我国缺少皮、骨、筋、角、竹箭、羽毛、象牙和皮革等项商品，有办法解决吗？”管仲回答：“只有多方收购的办法才可行。”桓公说：“具体如何做？”管仲回答：“请下令为各诸侯国的商人建立招待客栈，规定带一乘（shèng，一车四马为一乘，三乘、五乘依此类推）货物来齐国做生意的外商，提供免费饮食；带三乘货物的商人，外加供应牲口草料；带五乘者，额外配备五个服务人员。只要有利好政策，外商就会像流水一样汇聚到齐国。”不仅如此，他还认为“征于关者，勿征于市；征于市者，

◎ 管夷吾理论特色

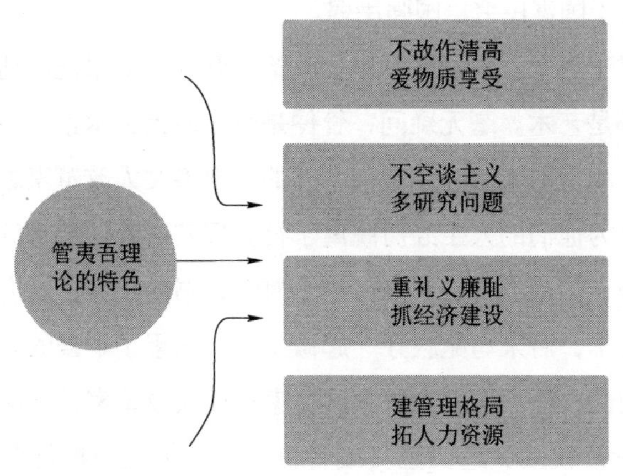

勿征于关”，如果关卡征税了，市场就不要征收，反之亦然。也就是说，不要重复征税，让商人无法存活，税率低至“五十而取一”“关赋百取一”，企业所得税只有 1%—2%，甚至在某些阶段实行免税。《管子·霸形》中记载，“关讥而不征，市书而不赋”，意思是关卡只稽查管理而不收税，市场只登记不收税。

改革者很难拿捏的就是办事的尺度和做事的节奏。有一种人，为了显示自己的正确，会做出很多拔苗助长型的决策。管仲是择其善者而从之，其不善者而改之，不是为了改变而改变，不是为了否定而否定。改革有节奏，就可以在某一阶段之内最大限度地减少反对派。他不仅在招商引资上实行柔性政策，在内务处理上也很有章法。他的理念是“取于民有度，用之有止，国虽小必安；取于民无度，用之不止，国虽大必危”，因此，他虽然实行盐铁专营的国家垄断措施，但是也能普惠于民。有一句话说，“设轻重鱼盐之利，以赡贫穷，禄贤能，齐人皆说”，国家有钱了，帮助困难群体，选拔重用贤能之人，齐国老百姓很高兴。如果这句话属实，他的政策就是国富民强同时并举，而不是杀鸡取卵、涸泽而渔，以至于国富民穷、国强民弱。

艺术不局限于艺术，不论是军事、政治、管理，如果能够达到一种完美的境地，都是艺术。毫无疑问，管仲是一个政治艺术家，他能够取得这样的成就，和他的人生经历是分不开的。很多文人改革家之所以改革失败，就是因为他们的人生经历脱离了社会现实。管仲却是商人改革家，而且他出身于落魄的贵族家庭，年少时有读书的机会，家道中落之后，遍尝生活艰辛，后来与鲍叔牙一起做生意，积累了丰富的人生阅历和社会经验。因此，他不像很多贵族改革家和文人改革家，不懂民间疾苦，只是靠着行政权威、道德正义或者良好愿望去强力推行自己的政策。但是，像管仲这样的人，集合众多偶然因素于一身，只可遇不可求：出身贵族，有助于了解上层社会的运行规则；有机会读书，就有了思维的深度；经历贫困，又能让他深刻认识到人性和人心；在经商的过程中，与三教九流打交道，可以看到一个立体的社会。这些元素同时作用在一个人身上，弃商从政之后，就让他有了异于一般历史名人的思维。

管仲的改革是全方位的，在政治、经济、军事、外交、财政、货币政策等方面都很有建树。他采取了很多创造性的举措，这些举措无法一一细述。大厦之成，非一木之材也；大海之润，非一流之归也。他能够取得如此成就，确实还有团队的功劳。

在管仲执政时代，究竟起用过多少人，每本著作的表述都不一样，但是如果综合《史记》《管子》《左传》《国语》《说苑》等记载，所涉及的可以青史留名的大致是这些人：管仲、鲍叔牙、隰朋、宾须无、东郭牙、宁戚、筦（Guǎn）子、王子城父、高傒、弦章等。史书中还称宾须无、管仲、隰朋、鲍叔牙、宁戚五人为齐国“桓管五贤人”，王子城父善于治军，宾须无刚正不阿，东郭牙很识大体，这些人都是一时之人杰，但是都能被管仲所用，并且发挥各自优势，各安其位，这才使管仲的改革成为历史上的一个杰作。但是，他在培育人上也犯了一个致命的错误，后文会有揭晓。

第八章　格局大人才济济　保初心勿忘在莒

这里要介绍一下宁戚的传奇人生。

宁戚，主流说法是今河南省卫辉市人，但山东省平度市称其为“平度第一位名人”，孰对孰错，且待查证。他得势之后，成为管仲团队中的黄金组员，并成为大司田，负责全国农业管理工作，在齐桓公的称霸之路上，是有杰出贡献者。他与齐桓公的相识，按照刘向所著《新序・杂事五》中所记，颇有传奇色彩。当时之宁戚，无权无势，贫困潦倒，也拿不出让人眼睛为之一亮的简历，并且无推荐之人，但是他知道，自己要想出人头地，就必须跟随齐桓公这样能够不拘一格用人的管理者。

于是，他以商贩之身，租借牛车来到齐国，夜晚只能在城门外住宿。这天，齐桓公到郊外迎接客人，夜晚大开城门。宁戚看到了他的车队，就一边敲打牛角，一边唱起了商歌。古代音律，分宫、商、角（jué）、徵（zhǐ）、羽五音，商声凄凉悲切，格外能够打动人心。其中一个版本的大致意思是说："南山上的石头啊，洁白无瑕。日光照在上面啊，灿烂夺目。我的人生非常悲催啊！遇不到尧舜禅让的盛世。我现在每天只能穿着过膝的裤子，喂牛喂到半夜。这漫长的长夜啊，何时才能迎来天明？何时才能遇到慧眼识才的明主？"

一曲悲歌，顿时让齐桓公激动不已，他握着车夫的手说："这就是我要找的好声音，这位歌者可不是一般人啊！"于是，他命令侍从把宁戚带上。回到宫中，手下问如何安排宁戚，齐桓公让手下帮宁戚脱掉乞丐服，换上一套干净的衣服鞋帽来见他。一连两天，齐桓公就国内外的问题与宁戚广泛交流了意见，深度认可他的远见卓识，并打算给出对他的任命。群臣一听，赶忙劝谏道："这位客人是卫国人，卫国离齐国只有五百里，不算远，我们可以派人前去摸底调查，如果他真是贤人，再宣布任命也不迟。"

桓公说："不是这样。如果调查得过于清楚，就会发现很多小缺点，以其小恶弃人之大美，这就是国君失去天下贤士的原因。人都很难完美，用人用其长。"不仅要用，还要快用；不仅快用，还要重用。因此，宁戚被授以重任，跻身卿大夫行列，后来成为齐国农业领域的掌舵人，并为齐国霸业提供经济助力。

这个故事有多少真实的成分，不好说，像齐桓公这样具有"丰富文学财产权"的人物，难免会被人贴金，因为只有这样，人们才会深信不疑。然而，"不因小恶而弃人之大美"，一般人确实很难做到，只有站在思想金字塔尖儿上的人才能有这种辨析力。直到现在，甚至在遥远的未来，能做到这一点都是人类的奢求。

《管子·小称》上记载，有一次，齐桓公、管仲、鲍叔牙、宁戚四人一起饮酒。饮到高兴时，齐桓公对鲍叔牙说："为什么不给我祝酒？”鲍叔牙捧杯而起说：“希望您别忘记流亡在莒国的时候，希望管仲别忘记待罪在鲁国的时候，希望宁戚别忘记车下喂牛的时候。”齐桓公离席再拜说：“我和两位大夫能够不忘记您的忠告，国家就一定不致危险了。”成语典故“毋忘在莒”或“勿忘在莒”，就是因此而产生，指不忘本，不忘家乡，不忘初心。这里也比较明确地提到了宁戚的出身。

第九章　翻手云大国政治　覆手雨衡山之谋

正是在齐桓公和管仲的努力之下，齐国名臣如云，人才济济。

此前说过，管仲曾经和鲍叔牙一起经商，但是他在利润分配的时候，经常要多分，鲍叔牙的仆人很不高兴，向鲍叔牙告状，鲍叔牙说，他不爱钱，只是家穷嘛。

管仲当了齐国国相后，用了很多具有实际效用的手段，让齐国成为一个大国。

齐国经济强大、政治开明、军队凶猛，也能做文化输出，大国的特征都具备。

管仲曾经做了一次灭国级的“衡山之谋”。

当然，这个记载在《管子·轻重戊》中的故事，可能是假的，因为这里面出现了赵国。在管仲当政之时，韩、赵、魏还没有“三家分晋”。历史太复杂，在此不做详细辨析了。

但是，这个故事还是能说明一些问题的，像他这样的商人政治家，很有可能会这样做策划案。

齐桓公想“修理”衡山国，让管仲提供办法。

管仲给出的方法是，第一轮：

（1）齐国派人高价收购衡山国的器械（应为军工产品），然后转卖；

（2）燕国、代国这样的国家会跟着齐国购买；

（3）秦国、赵国出于竞争的需求，同样会跟着购买；

（4）到了这个时候，衡山国的器械价格会翻1倍；

（5）当牛市气势如虹的时候，全天下人都会参与进来，这样衡山国的器械价格会翻10倍。

最后的结果不出管仲预料：

（1）衡山国国君对国相说：“现在天下各国争相抢购我们的器械，可提价20倍以上。”

（2）这个时候，衡山国的器械就呈现出泡沫经济的一切特点。

（3）衡山国的百姓放弃了农业，全都涌到器械产业中。

这时，管仲给出的第二轮方法是：

（1）派隰朋去赵国收购粮食，赵国粮食卖价 15 钱一石，齐国开价50钱；

（2）齐国大量购入赵国的粮食，其他国家主动把粮食送到齐国以期卖个好价钱；

（3）齐国用 17 个月收购衡山国的器械，用 5 个月收购粮食，此时，衡山国的产业链变得非常单一，资源也快枯竭了，且没有粮食储备；

（4）齐国单方面撕毁合同，不再收购衡山国的器械了，并且开始打贸易战，关闭双方谈判的通道；

（5）燕、代、秦、赵各国，一看市场疲软，纷纷撤回使者；

（6）此时衡山国的器械已被抢购一空，应该留作储备的器械在高价诱惑下，都销售了。于是鲁国和齐国趁势出兵。衡山国权衡利弊，它没有武器御敌，也没有粮食储备可供坚守，只好奉献国土，归附了齐国。

即便这只是一个政治寓言，但是和所有泡沫经济崩溃之前的状况多像啊！当全国百姓的投资热情或者所有热钱都集中于某一个行业的时候，往往就要重演“衡山之谋”的悲剧了。

◎ 衡山之谋

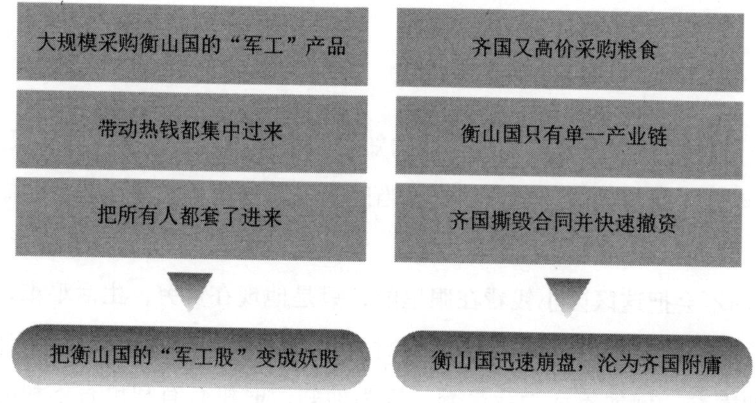

这就是大国政治，大国利用实力和先发优势，玩弄他国于股掌之间，他国还不敢翻脸。原因何在？形势使然。

像这样体现大国政治的运作策略，对于管仲来说，应该是手到擒来，轻松玩转。

第十章　管鲍交千古绝唱　布仁义转败为功

管仲能够有今天，多亏了他的知交鲍叔牙。后来，管仲曾感叹道："我年轻时就与鲍叔牙相识相交，当时我非常贫困，和他一起合伙做生意，分配钱财时自己总多拿一份，他的随从愤愤不平，可鲍叔牙说：'管仲不会把这区区小钱看在眼里的，只是他现在贫穷，生活艰难，是我故意让他拿的。'他不认为我贪财。我曾经替他谋划事情，结果让他更加困窘，但他不认为我愚蠢，因为他知道时机有有利也有不利的时候。我曾经在战斗中几次都败退下来，别人笑我胆小如鼠，鲍叔牙说：'管仲有老母亲无人照看，他爱惜生命是为了要尽孝道，你们以为他真怕死吗？'他不认为我胆怯。我曾经几次做官都遭罢免，他不认为我没有才能，因为他知道我还没有碰到恰当的时机。公子纠蒙难，召忽宁死不屈，而我被囚禁横遭侮辱，他不认为我行为无耻，因为他知道我不会对小节斤斤计较，而是以声名不能显扬于天下为可耻。生我者父母，知我者鲍叔牙也（吾始困时，尝与鲍叔贾，分财利多自与，鲍叔不以我为贪，知我贫也。……吾尝三仕三见逐于君，鲍叔不以我为不肖，知我不遭时也。吾尝三战三走，鲍叔不以我为怯，知我有老母也。公子纠败，召忽死之，吾幽囚受辱，鲍叔不以我为无耻，知我不羞小节而耻功名不显于天下也。生我者父母，知我者鲍子也)。”

这就是流传千古的典故“管鲍之交”，是伟大友情的象征，是宽容、理解的典范，是“海内存知己，天涯若比邻”的心心相印，是在危急困难时刻不离不弃的金石交，是知音，是真正的精神相通。管仲伟大，鲍叔牙更胜一筹。鲍叔牙推荐管仲以后，听从管仲的指挥，这是真正的慧眼识英雄，更是因公忘私的光辉典范。鲍叔牙的子孙世世代代在齐国享有俸禄，十几代人都有领地，常常有人成为著名的政治人物。天下人不称赞管仲贤能，而称道鲍叔牙知人善谏，他的光辉形象，高风亮节，万古长青。这也是现在常用语“生我者父母，知我者某某”的来源。管仲曾经差一点射死齐桓公，多亏了腰带钩儿才成就了这对千古君臣，而齐桓公能抛弃私人恩怨，大胆起用管仲，也难怪他要称霸了。这就是典故“射钩”或“射钩之恨”的来历，这个典故既指宿怨，也指宽仁大度，相逢一笑泯恩仇。

管仲那句“我不羞小节而耻功名不显于天下也”的话，与孔子那句“君子疾没世而名不称焉（没，mò，指去世。君子最怕默默无闻地死去）”，以及司马迁的“人固有一死，或重于泰山，或轻于鸿毛”的话，大同小异。这种思想境界、这种抱负，“此可为智者道，难为俗人言”。管仲的忍是“韩信式”的忍，是“勾践式”的忍，我可以死，但一定要死得有价值，要死得轰轰烈烈，一定要让人知道自己的实际价值，否则死不瞑目。天行健，君子以自强不息。伟哉，管仲！

管仲成为国相后不久，齐桓公问他：“不幸的是，我既喜欢打猎又喜欢女人，请问这会不会影响霸业？”管仲说：“妨碍不了。”又问：“那什么事会影响呢？”管仲道：“不知贤才，妨害霸业；知贤不用，妨害霸业；用贤而不能重用，妨害霸业；想重用却又处处掣肘，不能用人不疑，也妨害霸业。”管仲巧妙地把“用人不疑，疑人不用”的道理说明白了。桓公称善，于是让管仲全权负责政事，尊他为“仲父”，并且下令：国家大事，先报与仲父，然后再向我汇报；已经决定施行的事，一切都由仲父裁决（这恐怕是早期的政府问责制，国君作为国家元首，只抓战略性问题）。管仲原名叫管夷吾，桓公又下令国人不许叫“夷吾”，不论贵贱都称“仲”。“仲”为字，是对管仲的敬称。

齐桓公和鲁庄公因为公子纠的事一直不愉快，加上两国相邻，存在利益冲突，因此经常发生战争。我们学过一篇文章叫《曹刿论战》，其中的故事就发生在这个时候。当时齐鲁两国在长勺决战，曹刿巧妙地运用士气战胜了齐桓公，成语“一鼓作气”就是这么来的。

在《史记·刺客列传》中记载了一个叫曹沫的人，也有许多书记载为曹刿，在本文中统一为曹刿。齐桓公差点被曹刿刺杀，这是怎么回事？鲁国虽然在长勺之战中取得胜利，但毕竟实力较弱，在齐桓公五年时，鲁国军队战败，鲁庄公请求割地求和，齐桓公同意了，双方决定签订盟约，鲁庄公想要签字，可曹刿用匕首劫持了齐桓公，说：“归还侵占的鲁国土地！”桓公答应了他，随后曹刿丢掉匕首退了下去。桓公想反悔并杀死曹刿，管仲劝道：“虽然是在被劫持的条件下做的承诺，但大丈夫一言既出，驷马难追，如今背信杀他，只能得到微小的快意，却留下不讲信用的形象，这就是因小失大，再难取信于人。信誉的建立要历尽艰辛，而想毁了它则不费吹灰之力，我看不可以这样做。”于是齐国就退还了鲁国的土地。诸侯听说后，都很信服齐桓公，想归附他。到齐桓公七年诸侯会盟时，齐桓公就已经开始称霸了。管仲让他不要看重小利，要顾大局，这果然把这件事情的性质改变了。在被胁迫的状态下签订合同，古今都可无效，如果强者能在摆脱受弱者胁迫的困境后依然坚守承诺，就能收到意想不到的效果。这就叫“因祸为福，转败为功”。

齐桓公十四年，田完（原名叫陈完，字敬仲，是陈国国君陈厉公之子，他到了齐国后改为田姓，百家姓中陈、田有渊源，本系列丛书之《战国峰烟》中有详细的介绍）因躲避陈国内乱，来到齐国，进而扎根。当时陈国所处的位置是现在河南东部和安徽亳州一带，而齐国地处山东，笔者推测，一方面两国离得近，另一方面齐国强大，而且齐桓公为人大度，常常救济各国的落魄公子，他才投奔齐国。后来，田完的五世孙田乞专政，其九世孙田和则篡夺了姜氏政权，建立田氏齐国，这时离秦始皇统一六国也不远了。后文有详述。

第十一章　拼外交尊王攘夷　成霸主葵丘会盟

齐桓公二十三年，山戎袭击齐国北面的燕国，燕庄公向齐告急。那时齐桓公提出“尊王攘夷”的口号，“攘夷”的意思就是打击游牧民族对中原国家的侵扰，于是齐桓公带兵北上并大获全胜。回军时，燕庄公感念恩德，就送齐桓公出了燕国边境。到了齐国境内（燕国与齐国相连），齐桓公说：“我不是天子，您不应该送出国境，这与礼法相悖。我不能对燕国无礼。”于是他把燕庄公到达的齐国领土都割让给燕国，又劝燕庄公重修祖宗的德政（其祖召公与周公、姜子牙一样是重量级人物，这个燕国就是派荆轲刺杀秦始皇的燕国），看在燕国与周朝同祖同宗的分上，及时向周朝天子纳贡。诸侯听说后，都服从齐国。做这个决定应该也有管仲的参与。

齐桓公二十九年，桓公和夫人蔡姬在船上戏耍，蔡姬熟悉水性，故意晃荡船，桓公害怕，就制止蔡姬，可她不理，继续摇晃。桓公上了岸，越想越生气，就把她赶回蔡国，但并没有离婚。蔡君也很恼怒，就把蔡姬改嫁给他人。男女之间本无大事，可处理不好就麻烦不断。齐桓公大怒，发兵讨伐蔡国，第二年春天大败蔡军。齐桓公乘势讨伐楚国。楚成王派兵御敌，楚国使者对齐军说了一个现在常用的成语“风马牛不相及”[①]，意思是说，齐楚两国离得这么远，就是走失了的牛马也不会跑到对方境内，你们无缘无故到我的领土上干什么？这确实属于无理挑衅。但管仲反应快，他代替齐桓公说：“我们齐国的祖先姜太公受到召康公的授权，谁要是不遵从中央政府，齐国就可自行讨伐，你们楚国不向周王进贡包茅这种祭祀用的草，就应该被讨伐。再说了，周昭王南征时死于汉水，这也和你们楚国有关。”他强词夺理找了两条理由。

楚成王说：“不进贡包茅，是我的罪过，今后不敢不进献！但周昭王的死确实和我们无关，你们可以到汉水边去问问。”当时楚国独霸长江以南，实力不容小觑，齐桓公自认与楚开战无必胜把握，在炫耀武力无果的情况下，就决定退兵，但是向楚国要了几车茅草当战利品。管仲派人大张旗鼓地宣传说，齐桓公对中央政府忠心耿耿、鞠躬尽瘁，坚决为中央政府讨还公道，即使“责备楚国不进贡包茅”这样的小事，都亲自出马，责无旁贷。这种政治宣传真是太成功了。这也是“因祸为福，转败为功”。“责包茅之不入”隐含了没病找病、随机应变的意思。

齐桓公三十五年，桓公召集诸侯会盟，这一次周天子也亲自派人送来礼品。“葵丘会盟”是齐桓公的事业达到顶峰的标志。周襄王让他免除跪拜的礼节，齐桓公想答应，可是管仲说：“这种恩赐不能接受。”于

---

①“风马牛不相及”有三解：一指兽类雌雄相诱，指马和牛不会交配；二指走失、逃逸，指马、牛走失也不会进入对方境内，因相隔甚远；三指牛走顺风，马走逆风，两者行走方向不一，肯定无关。三种意思都指事物彼此毫不相干。因此楚国人说：“君处北海，寡人处南海，唯是风马牛不相及也。”

是桓公下拜接受了赏赐的物品。管仲的意思是不要得意忘形（在《古文观止》上这篇文章叫《齐桓公下拜受胙》。胙，zuò，祭肉），但齐桓公还是开始骄傲了。后来齐桓公又想到泰山祭天，通常祭天都是由周天子主持的，虽然现在周王朝名存实亡，但还是国家元首，如果齐桓公喧宾夺主，将为政治伦理所不容，从而损害自己的名誉。在管仲的极力劝阻下，齐桓公方才作罢。

成语“老马识途”也发生在齐桓公与管仲身上。它说的是二人去讨伐远方的孤竹国，回军时迷了路。齐桓公很着急，管仲灵机一动，认为老马的智慧可以让他们摆脱困境，于是他就让几匹老马在前面带路，果然老马识途，带领军队找到正确的路径。现在“老马识途”用来形容有经验的老手能够运用正确的经验，在关键时刻找到解决问题的方法。

第十二章　管夷吾病榻论相　看人性入木三分

齐桓公四十一年，管仲和隰朋先后去世。

根据《管子·戒第二十六·内言九》的记载，管仲生病在床，齐桓公去慰问，说："仲父的病很重了，似乎已经不可以隐讳不谈了，万一不幸，您此病不愈，我能将国家大事托付给谁呢？"管仲没有回答。

桓公问："鲍叔牙为人如何？"管仲回答说："鲍叔牙是个君子，把千乘之国送给他，如果不符合道义，他也不会接受的。尽管如此，他不能执掌国家大政，只因为他疾恶如仇，见人一恶，终身不忘。"这才是通透之言。鲍叔牙这样的君子，见人一恶终身不忘，疾恶如仇，不能容人小过，对人私德、公德的要求都极高，眼里容不得沙子，最后水至清则无鱼，人至察则无徒，反而无人可用。私德、公德俱佳的当然是第一等人选，可是这样选人过于理想主义，能够遇到公私分明、公德优先的，已经不容易了。此前，鲍叔牙极力推荐管仲，而现在管仲否决鲍叔牙作为国相人选。鲍子知人，名不虚传！

鲍叔牙不是人选。桓公问："那么谁可以？"管仲说："隰朋可以。他既能高瞻远瞩，又能不耻下问；既能以德示人，又能授人以财；既能用善行超越别人，又能靠行善救济别人。他曾救济过五十家贫困户，却隐藏姓名。另外，他对政事无所不知，对于家事也无所不知。侍奉君主，没有二心，同时，公私兼顾，还能大仁大义，除了隰朋还有谁呢？"

隰朋可以。桓公又问："假如我不幸而失去仲父，各位大夫还能保证国家安宁吗？"管仲回答道："请您自己衡量一下吧！鲍叔牙的为人，正直；宾须无的为人，好善；宁戚的为人，能干；曹孙宿的为人，能说。"桓公说："这四个人，都是上等人才，谁能轻易得到一个？现在我全部使用，还不能使国家安宁，这是什么原因呢？"管仲回道："鲍叔为人正直，但是当需要他为了国家利益有屈有伸时，他不能牺牲其直；宾须无为人好善，但是当需要他为了国家利益牺牲其善时，他做不到；宁戚为人能干，但是不知适可而止；曹孙宿为人能说，但不能保持适当的沉默。因此我认为，要想保持国家安定，还是综合能力比较强的隰朋更胜任。隰朋的为人，一举一动，量力而行，很有谋略。"管仲讲完，深叹一口气说："上天生下隰朋，本来是做我的舌头的，可如今身子要死了，舌头还能活着吗？"

如果以上不是"历史的真实"，作为"性格的真实"，也是不错的鉴赏案例。

桓公问："易牙如何？"管仲说："您即使不问，我也要跟您说，像易牙、竖刀（也写作竖刁或竖貂）和开方这三个人一定不能任用。"桓公说："我当年随口说自己山珍海味吃遍了，只是不知道人肉的味道，结果易牙二话不说就杀死了自己三岁的儿子，煮熟给我吃，让我换口味，他爱我胜过了爱自己的儿子，这种忠诚度，还有什么可怀疑的呢？"管仲说："人情当中最重要的就是父子情，虎毒不食子，他为了迎合您竟然对自己的儿子都下得了手，太不近人情了，若不是有不可告人的目的，这种阴狠歹毒的人怎么会对您如此卑躬屈膝呢？"

桓公说："竖刀自宫来侍奉我，他甘愿舍弃男人最宝贵的东西，说明他爱我胜过爱惜自己的身体，他可以吗？"管仲说："竖刀阉割自己来侍奉您，同样不合人情，这样做只是暴露了他心狠手辣、为达目的不择手段的本性，绝对不能让他当国相。"

小道消息：易牙对鲁菜的创建有独到之功

有的人不必利用政治达成理想，比如易牙，他只需要立足于自己的专业，用菜刀、炒勺和柴米油盐酱醋茶就能在中国饮食文化史上创立不朽的功勋，可他偏偏掺和到政治中，结果身败名裂，让人惋惜。想要成名，必须在某些方面超凡脱俗，易牙就是因为具有超强的味觉系统，才让历史记住他的人生亮点。山东境内的淄水和渑水，味不同，分开能辨别，合起来不好辨别，但是即便合在一起，易牙也能辨别出来，因此有"易牙淄渑""先辨淄渑"的成语。为他这个能力站台的，就有两大文化名人。孔子说"淄、渑之合，易牙尝而知之"；孟子说"至于味，天下期于易牙"。明代食疗家韩奕，因推崇名厨易牙而写了《易牙遗意》，意思是深得易牙饮食之道。有人说，易牙建立了第一家私人菜馆，对鲁菜的创建贡献最多。还有人说，他发明了食疗的方法，第一个试验者就是长卫姬，并治好了她的病，因此深受她的信任，他才一步步卷入政治漩涡。甚至有人说，他是"鱼腹藏羊肉"这道菜的发明人，并为中国汉字"鲜"的发明立过功劳。这些都无从查考，因此统称为：关于易牙的小道消息。

◎对管仲的360° 评价

鲍叔牙：管仲是天下奇才，他存在的意义是创造不世奇功。

鲍叔牙仆人：他的人品很差，和我们老板做生意，经常私吞公款。

管仲战友：冲锋号一响，他第一个冲出去，不过是向后跑。

前期同事：管仲的办事能力很一般，多次政绩考核不过关。

宁戚：管总用人大胆，气魄惊人，他提拔了一大批人。

召忽：他没有刚骨，我敢自杀殉主，他贪生怕死。

鲁国施伯：管仲不死，他应该不是怕死，我从他眼神中看出异样神采。

各路诸侯：他可是一个狠角色，让你又恨又怕，但说话算话，一言九鼎。

清流君子：他功满天下，但私德太差，是个功利主义者。

后世学者：重孔丘轻管仲，重《论语》轻《管子》，是中国文化的一大损失。

新团队同僚：管总举重若轻，不拘小节，管理成为一种艺术。

民意代表：管总生活比较奢侈，但他确实能办实事，大家心服。

孔子：管仲私德有问题，只辅佐齐桓公称霸，目标也定得太小了，但是如果没有他，我们都要变成蛮夷之人了，他保护文化有功。

商人：以垄断手段挤兑私营企业，他是始作俑者，但他在发展经济上确实有办法。

王先生：评价一个人，视角各有不同，但是如果一个人喝了二两烧酒后就能被看透，那么这个人肯定不会是历史伟人。

桓公又问："开方曾经是卫国的太子，他放弃了继承国君之位的机会来侍奉我，他父母去世也不回去奔丧，一心要留在我身边，把我看得比他的父母还重要，这可以了吧？"管仲说："开方背叛自己的亲人来侍奉国君，这也太荒谬了吧。试想一个连自己亲生父母都不孝顺的人，怎么会对您真心实意呢？他背叛自己的祖国，连国君的位置都不屑一顾，是因为他有更高的目标。这三个人都不能任用，若是亲近他们，肯定要有内乱。"桓公问："这三个人已经服侍我很久了，您以前怎么没有和我说这些话呢？"管仲道："我当时不说，不是没有看到，而是不想太违拗您的心意，因为他们好像水流，有我做堤坝，他们根本别想干扰大局。如今我已经油尽灯枯了，好比堤坝撤掉，恐怕要洪水泛滥了。您一定要离他们远些。"桓公默然离开。

这一出戏叫"管夷吾病榻论相"，简直是一篇精妙绝伦的人物品评论文。管仲在病中嘱咐齐桓公远离易牙、竖刀和开方这三个奸佞小人，因为这几个人为了某种目的，不惜杀子、自宫和背亲，这是严重违背人情道德的，他们对至亲和自己都下得了狠手，又怎能对别人动什么真感情呢？按照正常的思维，一个对父母不孝、不能与兄弟姐妹和睦相处的人，很难成为你真正的朋友，他也会有朋友，但极少。有人把管仲的话告诉了易牙，易牙怀恨在心，就去见鲍叔牙。他挑拨道："仲父能当上国相，全仗您的推荐，这次他有病，国君问政，他却说您不可以主持政事，反而推荐隰朋，真是忘恩负义，我私下为您抱不平。"鲍叔牙笑道："这就是我推荐管仲为相的原因，真正的政治家都是以天下为公的，他的这种高贵品质最让我折服。若让我主政，第一件事就是驱逐佞人，那样你们可就无处容身了，我看仲父还是太厚道了些。"说得易牙满脸羞愧地离去。

第十三章　大厦倾人才凋零　好内宠后宫起火

第二天，齐桓公、鲍叔牙、隰朋去看望管仲，他已不能说话了，三人都暗自垂泪，齐桓公哭得最伤心，他说：“哀哉！仲父！这是老天要砍掉我的臂膀啊！”管仲死后，隰朋接任相位一个多月后就去世了。桓公欲拜鲍叔牙为相。在桓公一再坚持下，鲍叔牙说：“您知道我的秉性，若是真要任用我，必须把那三个小人屏退。”桓公听从了他的意见，把三人罢黜。鲍叔牙主政，一切按照管仲的办法行事，齐国继续平稳地向前迈进。

但自那三个人离开以后，桓公食不甘味，夜不酣寝，干什么都没有兴致，平常有那三人千方百计地讨好他，他已习惯了。他的宠姬长卫姬和易牙关系好，就进言说：“您把易牙等人斥退，也未见得对国家有什么好处，反而让您容颜憔悴。现在左右使唤的人都不能体察您的心意，为何不把他们召回？”桓公说：“我也思念他们三个，但已经驱逐了，如果再召回来，我怕违逆鲍叔牙的心意。”长卫姬说：“难道鲍叔牙的周围就不放置得心应手的人了吗？您年事已高，何必自苦如此？您只是把易牙召来给您调调口味，有什么不可以的？”桓公听从了。鲍叔牙进谏道：“您难道忘了仲父的遗言吗？怎么又把他们找了回来？”桓公说：“这三人对我有益，对国无害，仲父的话有点危言耸听了。”于是开方、易牙、竖刀三人官复原职，又回到了他的身边。鲍叔牙愤恨加忧郁，没多久旧病复发也去世了。现在能真正影响齐桓公的人都死了，桓公也年老糊涂了，易牙、竖刀、开方三人变得肆无忌惮，开始专权用事，顺从他们的非富即贵，违逆他们的不死亦逐，把齐国的政局弄得乌烟瘴气，一日坏过一日。

齐桓公四十二年，当时晋国的逃亡公子、后来的“春秋五霸”之一晋文公重耳，来到了齐国，齐桓公把他姜家的一个女儿嫁与重耳为妻，这些在《大晋悲歌》中有叙述。

齐桓公四十三年，也就是管仲去世两年以后，桓公也临近了生命的尽头，这时齐国最大的问题是继承人的问题。为什么呢？原来齐桓公好色，老婆太多，刚开始他分封了三个夫人，叫王姬、徐姬、蔡姬（蔡姬就是在船上吓他因而被他赶回娘家的那个），这三位夫人都没有儿子。他还有许多宠姬，地位和夫人相当的有六个，这六个人生的六个儿子中有五个在随后几十年中相继成为国君。其中：长卫姬，生了无诡；郑姬生了齐孝公昭，当时是太子；葛嬴生了齐昭公潘；密姬生了齐懿公商人；少卫姬生了齐惠公元；宋华子生了公子雍。这一段时期是齐国政局动荡的时期，桓公有十多个儿子，后来成为国君的依次是：无诡，继位三个月后就被杀死，没有谥号；然后是齐孝公昭、齐昭公潘、齐懿公商人、齐惠公元，但是在齐桓公临死前，谁也没想到他会有这么多儿子走马灯似的成为国君。

◎齐桓公的姬妾和儿子

序号	姬妾	儿子	身份	谥号	结局
1	长卫姬	公子无诡		无	在位三个月，被杀
2	郑姬	公子昭	太子	齐孝公	宋襄公拥立其为君。在位十年去世
3	葛嬴	公子潘		齐昭公	在位十九年，去世。儿子舍被公子商人杀害
4	密姬	公子商人		齐懿公	在位四年，被部下杀害
5	少卫姬	公子元		齐惠公	在位十年，去世。其子齐顷公正常继承了齐国君位
6	宋华子	公子雍			逃到秦国，在秦穆公手下做事
7	王姬	无子			
8	徐姬	无子			
9	蔡姬	无子			因为齐桓公与蔡姬吵架，引起齐国伐蔡，进而伐楚
备注	公子排序是按照继位顺序				

第十四章　第一霸虎头蛇尾　齐桓公晚景凄凉

当初，齐桓公和管仲把后来的齐孝公昭托付给宋襄公，昭为太子，把太子托付给他的意思是，一旦齐国生乱，要借助他稳定齐国政局，先让太子和他培养感情。但长卫姬和易牙、竖刀关系密切，她通过这二人迷住了桓公，桓公又答应立她的儿子无诡为太子，而开方和后来的齐昭公潘要好，他也为潘谋求太子的位置。另外，后来的齐懿公商人表面大度，颇得民心，他的母亲密姬又受宠爱，所以也有觊觎之心。只有公子姜雍安分守己，没参与其中。无诡、太子昭、潘、商人和元这五个公子各树党羽，互相猜忌，好像五只老虎，各藏爪牙，虎视眈眈，专等着齐桓公去世好来搏杀。齐桓公虽然是个英主，却因剑老无芒，人老无刚，自恃做了多年的霸主，志足意满，沉湎酒色，所以年老以后锐气全消，昏聩任性，再加上易牙、竖刀、开方这些小人欺上瞒下，挑拨离间，蒙蔽了桓公的耳目，他只知乐境忘忧境，不听忠言信谗言，这几个公子通过他们的母亲图谋太子位，他也只是含糊答应，没有明确表态，真是

“人无远虑，必有近忧”。

齐桓公病重时，易牙、竖刀和长卫姬谋划要立无诡为国君，他们商量出一条计策，在宫门上假借齐桓公的名义写一个通告，大意是：我现在偶感风寒，心里慌乱，请勿打扰，不论是谁，一概不准入宫，让易牙与竖刀护卫宫廷，一切大小政务，等我痊愈之后处理。易牙、竖刀把宫里的人都驱逐出去，只留无诡和长卫姬，换上来的人也都是他们的心腹，在齐桓公寝室周围筑起三丈高的墙，内外隔绝，只在墙下留一个狗洞大小的门，早晚让小太监进去探听齐桓公的生死消息，一面整顿甲兵，防止其他公子哗变。

这时的齐桓公处境可是糟透了，他躺在床上，无法起身，叫天天不应，叫地地不灵，只能干瞪着双眼，傻呆呆地想心事。突然有一人推窗进来，他睁眼一看，是地位卑微的小妾晏蛾儿，桓公大喜，说：“我正饿得难受，你给我取点粥来。”晏蛾儿说：“没地方找粥。”桓公说：“有点热水解解渴也行。”晏蛾儿说：“热水也没有，如今易牙与竖刀作乱，把守宫门，不让人进来，是想饿死您。”桓公说：“那你怎么来的？”晏蛾儿说：“我曾经受过您的宠幸，所以不顾性命，趁他们一时疏忽，翻墙进来，想给您送终。”桓公问：“太子昭在哪？”对道：“被易牙、竖刀挡在门外，他们说这是您的命令。”桓公喟然长叹：“管仲真是个圣人，圣人能明见万里，名不虚传。我自己犯了糊涂，才酿此苦酒，真是早知今日，何必当初。啊！小白！谁曾料想你英雄一世却如此不得善终？”齐桓公连叫数声，吐血数口。他对晏蛾儿说：“我妻妾成群，儿子好多个，在我最需要他们的时候没有一人在身边，如今只有你为我送终，我真后悔当初没对你更好些。更可悲的是，我没面目到地下去见仲父啊！”他说完用衣襟遮住脸，连叹数声而死，晏蛾儿也自杀陪葬。

他死以后，易牙与竖刀拥立无诡为国君，把反对的大臣都杀死了。太子昭逃到了宋国，宋襄公派兵护卫他回国继承君位。齐国人害怕了，就杀死了公子无诡、竖刀和易牙。齐国人要立太子昭为国君，可另外几位公子的党羽攻打他，没办法，他又逃到了宋国。于是宋襄公发兵和齐国几位公子的党徒交锋，并击溃了他们，这样太子昭才正式即位，史称齐孝公。

大家可能要问：桓公的后事怎么了结的呢？原来他这一死，儿子们只想争权夺位，谁也没有时间为他收尸，那时虽然是冬天，但桓公的尸体在床上停放了六十七天，尸体的蛆虫都爬出了门外，这些亲儿子们才想起装殓之事。公子无诡当了三个多月的国君后被杀，然后才是齐孝公昭由宋襄公用武力保他继位。安葬齐桓公应是在无诡当政时期。他们到屋里一看，桓公皮肉皆腐，血肉狼藉，心里也有点不好受，这才哭了一会儿，草草地把齐桓公下葬了。一代霸主就落得这么个下场。

齐桓公和管仲是一对绝配，两人能密切合作四十年，也真是一个奇迹。齐桓公在位四十三年，他是一个当之无愧的霸主。在这些年中，管仲辅佐他三次主持军事会盟，六次主持和平盟会，九次召集诸侯，一次平定周室内乱，而且齐国自身政局稳定，国富民安，这确实是难能可贵的，而所有这些基本上都出自管仲的谋略，但齐桓公确实是一个英主，否则管仲也难成功。齐桓公的弱点是好色，最后又骄傲，听信谗言，其下场遭人耻笑，也就是没得好死，但谁也不能否认他的成绩。

对于管仲，司马迁这么评论说：管仲是被人称道的贤相，但孔子小瞧他。难道是因为周朝衰败，齐桓公既然志大识高，管仲不勉励他成就王道，辅佐周朝再建中央权威，而只助他成为霸主吗？古语说："顺应民心，纠正、挽救君王的过失，所以君臣百姓相敬相亲。"难道这是说管仲吗？司马迁在这里说了两层意思，首先引用孔子的观点，说管仲应该为周朝多尽力，不应该只顾着自己称霸，孔子这是从巩固王道的观点出发的；后一层意思是说管仲做事能够运用规律，掌握方法，确实是名副其实的贤相。管仲与齐桓公的君臣之义、管仲与鲍叔牙的朋友之情，也成为千古佳话。

第十五章　见识浅子不类父　道德乱祸起萧墙

齐孝公历尽艰辛终于坐上了宝座。齐孝公六年时，他的恩人宋襄公去世。齐孝公七年时，另一位霸主——齐国西面的晋国的晋文公继位。齐孝公在位十年后去世，齐孝公的弟弟、齐桓公与葛嬴生的潘在开方的帮助下杀死了孝公的儿子，夺取了君位，这就是齐昭公。

齐昭公元年，晋文公与楚国在城濮大战中获胜，成为霸主。齐昭公在位十九年后去世，儿子舍继位，舍的母亲不受昭公宠爱，齐国人也不尊敬他。舍的叔叔商人因为在齐桓公死时争夺君位失败，暗中交结贤士，安抚百姓，深得人心，等到他哥哥昭公去世，自己侄子舍登基，势单力孤，商人和党徒就趁舍祭祀时把他杀死，商人自立为君，这就是齐懿公。他与孝公昭、昭公潘都是齐桓公的儿子，他的母亲叫密姬，从齐桓公死时算起，孝公在位十年，昭公在位十九年，到现在已三十年左右，但他还是没忘记夺权。更让人心寒的是，昭公杀死孝公的儿子篡位，而懿公又杀死昭公的儿子舍自立为君，都是叔叔杀侄子，可见权力斗争历来都是血腥的。

齐懿公商人禀性贪婪蛮横，他在没有夺取君位的时候谦恭下士、抚爱百姓，但这一切都是装出来的，等到当上了国君就原形毕露了。齐懿公还是公子时，和丙戎的父亲打猎，想要强夺人家的猎物没有得逞，可一直怀恨在心，等到继位后，就想报仇，但这时丙戎的父亲已死，他就带人把墓掘了，砍下丙戎父亲的双脚，从中可以看出他的心胸多么狭窄，可他还糊涂，又让丙戎做自己的仆人。他这么做不是找死吗？

他还好色，在全国大肆搜寻美女，淫乐无度。有人向他夸赞大臣庸职的妻子美艳异常，他淫心躁动，在一次宫廷聚会的时候下令，所有大臣的妻子都进宫拜见他的夫人，庸职的妻子也在其中。他一见就流涎水，当晚就代替庸职尽了丈夫的职责，不放她走。他对庸职说："我夫人非常想和贵夫人相伴，你再娶一个夫人吧。"庸职敢怒不敢言。现在已经有两个人要杀齐懿公而后快了。

齐懿公四年五月，天气炎热。齐国都城西南有一申池，池水清澈见底，池旁竹林掩映，是一个休闲避暑的好地方，于是齐懿公命丙戎驾车，庸职陪伴，要去申池游玩。大臣华无私劝道："您砍掉丙戎父亲的双脚，夺走庸职的妻子，这都是不共戴天的大仇，他们能不怨恨您吗？而今您还和他们这么亲近，这不是自取其祸吗？再说有这么多仆人，怎么非得挑他俩呢？" 丙戎和庸职虽然对懿公恨入骨髓，但表面上都是一副听天由命、窝窝囊囊的样子，而且有机会还表示一下"忠心"，所以懿公说："他们二人从来也不敢怨恨我，你不要有疑虑。"于是一行人去了申池。

齐懿公冲了浪，上岸开始饮酒。环境如诗如画，鸟语花香，他十分自在舒适，不知不觉中喝醉了，于是让人把躺椅安置在竹林深处，他卧着纳凉。安顿好齐懿公，丙戎和庸职都到申池中游泳。原来丙戎对懿公恨之入骨，总想刺杀他，以报父仇，可惜势单力薄，没有同谋之人。他知道庸职也有夺妻之怨，就想和庸职商量，可又难以启齿，这时两人单独相处，他心里便有了算计。于是他故意用竹竿打庸职的头，庸职怒道："你怎么欺负我？"丙戎带笑说道："有人夺你妻子，你尚且不怒，轻轻打一下又打不坏，你反而忍受不了啦？"庸职说："对我来说，这确实是耻辱，但你父亲被砍下了脚，你不也照样得忍受吗？"两个人互相对视，一时心意相通，都感觉对方击中了自己的痛处，流泪眼对流泪眼，断肠人对断肠人，自然而然把矛头对向了懿公。丙戎说："如今我们俩的仇人醉卧在竹林里，而现在只有我们俩跟随，天赐良机，必须把握。"两个人商量好了，穿好衣服，进入竹林，懿公正在熟睡，鼾声如雷，丙戎对小太监们说："主公酒醒以后肯定会要温水擦身，你们先去准备。"支走内侍，庸职按住懿公的手，丙戎扼住他的咽喉，手起剑落，砍掉了他的脑袋。两人出了胸中恶气，撒腿逃走。齐懿公在位仅仅四年就被杀死，罪有应得。

齐懿公在这四年中早已失掉民心，百姓咬牙切齿，一恨他荒淫无耻，二恨他虚伪狡诈，所以把这股气撒到了他的儿子身上，不立他的儿子为国君，而是扶立齐桓公的另一个儿子元为君王。这时姜元在卫国（他的母亲是卫国人，叫少卫姬，元因为躲避齐国内乱，躲在外公家里），被请来当国君，这就是齐惠公。从齐桓公死后算起，经过无诡、孝公、昭公、懿公到惠公，已有三十四五年了，这样，齐桓公的五个儿子相继继位，只有公子雍逃到秦穆公那里为官，没有参与这些争斗。齐惠公在位十年后死去，他的儿子，也就是齐桓公的孙子无野继位，被称为齐顷公。

第十六章　齐顷公因小失大　逢丑父李代桃僵

齐顷公六年，他因为不尊重人惹了一场祸事，差点丧命。怎么回事呢？源自与晋国的恩怨。晋国当时是晋景公当政，他是晋文公的孙子。这时的形势是怎么样呢？大家知道，春秋无义战，就是说这春秋时代是霸权主义横行的时候，彼此开战都是因为利益的争夺，说到尊崇当时名义上的中央——周朝，也不过是挟天子以令诸侯的意思，谁也不会真心实意地拥护它。最先称霸的是齐顷公的爷爷齐桓公，然后是晋景公的爷爷晋文公。到了这个时候，两位霸主早已作古，南面楚国的楚庄王风头正盛，把其他人都盖住了。

说到这里，我们有必要把“春秋五霸”中两种有争议的说法讲一下，其一是齐桓公、晋文公、楚庄王、秦穆公、宋襄公，其二是齐桓公、晋文公、楚庄王、吴王阖闾、越王勾践，没有争议的有三位：齐桓公、晋文公、楚庄王，有争议的是另两位。对于“春秋五霸”的“职称”评定，笔者也略有看法，最后再做总结。齐桓公、晋文公、秦穆公、宋襄公出现在春秋时代中前期，如今都已死去，阖闾和勾践是在春秋时代末期才出现的，只有楚庄王现在最是气盛。若以晋（今山西）为中心，东面是齐（今山东），西面是秦（今陕、甘），南面是楚（今长江以南），楚国发展势力的最佳方位是向北。大家知道，“城濮之战”（发生在较早时期的晋文公时代，见《大晋悲歌》）就是北晋、南楚两个大国之间的争霸，这样楚国就与晋国针锋相对了，原先在晋国门下的小兄弟大多投靠到楚庄王门下。晋景公想恢复晋文公的事业，他认为齐、鲁两国是天下泰斗，应该和他们处理好关系。为了创造良好的环境，他派大夫郤克先到鲁国搞外交。当时鲁国是礼仪之邦，而且晋、鲁又是同族同宗（与周王朝都是姬姓国家），自然比较亲密。郤克在结束访问鲁国后，就转道向齐，鲁国也派季孙行父一起来，在路上又遇到卫国的孙良夫、曹国的公子首，他们也要到齐国公干，于是四人就结队一同到了齐国。

这四个人一起朝见齐顷公，各自说了出使的目的。齐顷公看这四个人的相貌，啧啧称奇，让他们先回宾馆歇息，他要考虑一下他们各自国君的意思，改日再做答复。他回到宫中见到他的母亲萧夫人，忍俊不禁，想给他的母亲讲点今天的见闻。原来萧夫人自齐惠公去世后，郁郁寡欢，齐顷公还比较孝顺，若是听到什么笑料总是讲给她听，以博她一笑，缓解忧愁。这次齐顷公回宫后一个劲儿地笑，她问：“外面有什么喜事，你如此高兴？”齐顷公说：“没有喜事，倒是有一怪事！今天晋、鲁、卫、曹四国的使者一同朝见，若是单个儿来还无所谓，但他们一起站到我面前，其奇异处，真让人忍俊不禁。晋国的郤克是个驼背，鲁国的季孙行父是个瘸子，卫国的孙良夫是独眼龙，而曹国的公子首是个秃头。我想人受疾病困扰，有了残疾也难怪，但谁想他们各有一种缺陷，而且又同时到了我国，你说可不可笑？”萧夫人不信，说：“我要眼见为实，能看到吗？”顷公说：“没问题，在办完公事后，我邀请他们到后宫宴饮，到时必然经过崇台，您到楼上，拉开帷幕偷偷地看就可以了。”

第二天，齐顷公为了让母亲开心，积极做了准备。古今惯例相同，外交人员到了出使国，由主人准备车马随从，顷公根据四人的特点，相对应地也找了有同样身体缺陷的人做他们的车夫。齐国大臣国佐劝谏道：“这种外交照会是国家大事，最怕礼数不周伤了和气，如今怎么能视同儿戏？”顷公不听。等到一行人进内宫赴宴时，萧夫人和侍女在楼上看到四人及其车夫经过，怎么也控制不住，哈哈大笑，笑声传出好远。郤克刚开始见到他的车夫是驼背，以为是偶然，也没有在意，后来听到楼上有妇女嬉笑之声，心里狐疑，草草吃了点饭就离开了，事后才知道怎么回事。郤克大怒，对其他几国使者说：“我等出使齐国，是为了让两国关系更紧密，谁知齐国故意派出这样的车夫来戏弄我们，以供妇人玩笑。我以黄河为誓，若不报此仇，非丈夫也。”其他几人也恨恨连声，第二天也不来辞行，都各自归国。国佐叹道：“为了让女人开心，竟拿国家大事开玩笑，齐国的祸患自此开始了。”

每个人在世上都可能遭遇意外，轻者残疾，重者丧命，这是每个人都要准备好的。有的人即使有健全的身体，也可能是“精神残疾”，这才是最可悲、最可笑的。拿别人的生理缺陷开玩笑是相当残忍的，这也恰恰见证了自己的“心理残缺”。不用提霍金、罗斯福、贝多芬这些人物，只是《史记》中就有两个大名鼎鼎的身残志坚创造奇迹的人物：司马迁和孙膑。“齐顷公”们，你们有什么要笑的，难道你们就敢保证不遭受意外吗？

郤克回国以后，请求晋景公伐齐，但晋景公认为，出于这种私人恩怨讨伐别国不合道义，就压了下来，可郤克却在寻机报仇。当年，齐国出使晋国的四个使者遭到郤克绑架，都被杀掉。四年以后，也就是齐顷公十年，齐国讨伐鲁、卫，鲁、卫向晋求救，晋国派郤克带兵救援并抗击齐军。这次齐顷公亲自带兵，逢丑父是他的护卫，站在车子右面，齐顷公下令："士兵们！奋勇杀敌，破了晋军我们再吃早饭（这个成语叫"灭此朝食"，现在多用来形容斗志坚决，要立即消灭敌人）。"齐顷公自恃勇力，目中无人，亲自冲锋陷阵。齐军万箭齐发，流矢射中了郤克，血都流到了脚上，郤克想退军回营，他的车夫说："我刚上阵，就两次受伤，不敢喊疼，怕的是影响士气。死生有命，我看您还是再忍耐一下吧。"于是继续战斗。

在战斗中，齐军危急，被围困住了，逢丑父对顷公说："如今情势不妙，您快把盔甲脱下，由我假扮您，您可穿我的衣服，在旁边驾车，迷惑对方，如果我就此死去，也是以身殉国。"于是二人交换位置，齐顷公站在右边假扮卫士。这时战车被树枝挂住不能前进，晋军中的小将韩厥（后来成为晋国的"六卿"之一，他的后代在韩、赵、魏"三家分晋"中建立了韩国，他是韩国真正意义上的奠基人）冲了过来，说："我们国君派我等来救鲁、卫，不知齐国是否答应？"以此来嘲笑齐顷公。韩厥看逢丑父战袍华丽，以为他就是齐顷公，要把他们掳回晋军。逢丑父假装口渴，对齐顷公说："我现在口渴得厉害，逢丑父你去给我取水。"齐顷公赶忙打来水，逢丑父假意嫌弃水浑，让他到远处打清水来，于是齐顷公趁机走脱。韩厥把逢丑父带到郤克面前，说抓到了齐顷公，可郤克一眼就看出这是冒牌货，韩厥不认识齐顷公，这才着了道儿，那个去取水的"逢丑父"才是真正的齐顷公。郤克想杀逢丑父，逢丑父说："忠心为主、敢于视死如归的人却遭杀害，我敢保证，以后再也没有忠于国君的臣子了。”郤克认为他是个汉子，让人放了他，说：“他对齐国国君尽忠，我杀之不祥。”于是逢丑父也回到了齐营。

晋军追击齐军到了马陵，齐军大败。齐顷公派国佐出使晋国，请求呈献珍石宝玉来谢罪。他若早听国佐的话，哪能有此惨败？国佐见到郤克说道：“我们国君派我来请和，我们愿意放弃侵占鲁、卫的土地，再献上奇珍异宝，您看行吗？”

郤克说：“你们齐国危在旦夕，还想施展缓兵之计吗？若是诚心求和，只需依我两件事：一是把齐顷公的母亲萧夫人（嘲笑郤克的那人）放在晋国做人质，二是把齐国境内的田间道路都改为东西走向（齐在山东、晋在山西，方位是东西走向）。万一他日齐国再背弃盟约，我们杀了人质，讨伐齐国，晋国的车马由西向东可长驱直入。只有满足这两条，我们才可签订停战协定。”

国佐大怒道：“你们打着正义的旗号，怎么行事却如此残暴呢？萧夫人不是普通女子，她是我们国君的母亲，以齐国与晋国互相匹敌、实力相当来论，齐君的母亲犹如晋君的母亲，哪有把国母当人质的道理？至于说田垄道路的走向，全都是根据地形地貌自然而然形成的，如果人为改成东西走向，那和亡国有什么区别？您提出这样刁钻的要求，那是不允许议和了吧？”

郤克现在掌握着主动权，有点骄傲，再加上萧夫人的嘲笑确实伤他太深，所以提出这两条苛刻的要求。他说：“即便我不允许你们请和，还能怎么样？”

国佐说：“您这是欺人太甚了！我齐国虽然国土狭小，实力薄弱，但这一次小败仗，还伤不了筋动不了骨，您若果真不允许请和，那么我们整合残兵，誓必与您决战到底！一战不胜，尚可再战；再战不胜，尚可三战；若三战皆败，整个齐国都沦亡了，只能任凭晋国处置，那时予取予夺悉听尊便，何必还要把我们的国母当人质，又让我国改变道路方向呢？我就此告辞。”说完把礼物扔在地上，昂然出门离去。

郤克没想到国佐的反应如此强烈，他和鲁、卫的使者商量怎么办，他们说：“冤仇宜解不宜结，谁也不会是常胜将军，得饶人处且饶人，还是放他们一马，双方和解算了。”郤克想想也是，自己心中这口恶气也算出了，从大局考虑，确实不应该把事情闹到无可挽回的地步，于是就把国佐追了回来，双方签订停战协定，齐国把侵占鲁、卫的土地退还了，并保证不会再去干涉别国内政。齐顷公回国以后，痛定思痛，再也不敢嘲笑别人了。他认识到，把自己的快乐凌驾在别人的痛苦之上是愚蠢的。这次的事件让他成熟了许多，他以此为辱，发奋图强，开放私家园林作为百姓的农田，减轻赋税，接济孤寡，慰问伤残，遇到自然灾害倾尽国库以救济百姓，还厚礼结交诸侯。直到他去世，百姓亲附，诸侯不敢侵犯齐国。在齐顷公十七年时，他去世了，儿子环继位，他就是齐灵公。

第十七章　立庄公前门拒虎　信庆封后门进狼

从齐灵公开始，到他的两个儿子齐庄公、齐景公时代，齐国国相是晏婴，也叫晏子。晏子之所以得到齐国人的推崇和尊重，主要是因为他德才兼备，关心民间疾苦。即使他当上丞相以后，他的节约俭朴和廉直清正都丝毫没变，在齐国政坛上可谓鹤立鸡群，况且他还是个实践家，努力做事，以身作则，所以他深受敬重。他当上国相以后，基本上是粗茶淡饭，吃菜不吃两道肉菜，侍妾们不穿丝织品（“食不重肉，妾不衣丝”后来成为清廉政治家的标志。汉武帝时代丞相公孙弘以晏子为楷模，可汲黯说他言行不一、沽名钓誉。《史记》有传，见后文）。在朝廷上，国君问起的事，他正言相告，而且丁是丁，卯是卯，不做虚言浮辞，态度谦虚得体，遇到国君考虑不周的，则按照自己的原则行事。如果国君对自己有误解，他就加强自身的修养，坚信身正不怕影子歪。国君的命令符合道义，他就照做执行，不会走样；国君无道时，他就斟酌再三，可行的就实行，不可行的就想办法改正。因此他能“三世为相”，声名远播。

齐顷公死后，儿子齐灵公环继位。灵公在位二十八年，在他人生最后几年中，因为继承人的问题，齐国又乱了套。齐灵公最初娶了鲁国公主为妻，生了一个儿子叫光。光在齐灵公十九年时就被立为太子，到齐灵公二十八年灵公去世，足有八九年的光景，在这期间，太子光经常代替他出使外国，所以别人早已把他当作储君来看待。可事情就出在感情的变化上，灵公宠爱的夫人还有仲姬和戎姬，仲姬生了个儿子叫牙，戎姬没有儿子，可是她靠着年轻貌美深受灵公的宠爱。牙被过继给戎姬抚养，戎姬请求立公子牙为太子，灵公答应了。可牙的生母仲姬反对道："光作为太子，参加诸侯盟会，早已得到外界承认，羽翼丰满，如今您无缘无故想废掉他，您一定会后悔的。"灵公说："这事由我说了算，自己的儿子我想立谁就立谁，谁敢干涉？"于是他把光流放到东部边疆，改立牙为太子，让高厚辅佐他。等到灵公快要病死的时候，大臣崔杼（zhù）把废太子光接了回来，拥立为国君，这就是齐庄公。庄公先把戎姬杀死，几天以后，他的父亲灵公去世，他把自己那个同父异母的弟弟牙抓住，也杀了，而崔杼杀死了辅佐牙的高厚，就这样光成了国君。

齐庄公光仅仅在位六年就被杀了。被谁杀了呢？崔杼。那崔杼不是曾经帮他取得了君位吗，怎么又动手杀他呢？原来光的人品极差，偷崔杼的老婆。崔杼的前妻给他留下崔成、崔强两个儿子以后去世，他续娶了东郭氏为妻。东郭氏在嫁给崔杼以前曾经是棠公的妻子，崔杼托她弟弟东郭偃说合，二人重新组成了一个家庭。东郭氏和前夫棠公生有一子叫棠无咎，在和崔杼结合后生有一子叫崔明，崔杼十分宠爱东郭氏。有可能是崔杼没有把齐庄公当外人，有一次庄公在他家饮酒时，他让东郭氏来敬酒，东郭氏就被庄公看上了。过后庄公给东郭偃很多钱，让他给东郭氏托个话，表达自己的爱慕之情。后来二人果然勾搭成奸，庄公多次到崔杼家与东郭氏偷情，崔杼渐渐知觉，就盘问妻子，东郭氏说："确实有这回事，他以国君的威势要挟我，我一个女人怎敢抗拒。"崔杼说："那你为何不早和我说？"东郭氏说："我自知有罪，只想忍辱瞒过，不敢声张。"崔杼思考良久，说道："好吧，此事与你无干。"自此便有弑杀庄公之意。

◎**崔杼的混乱家事**

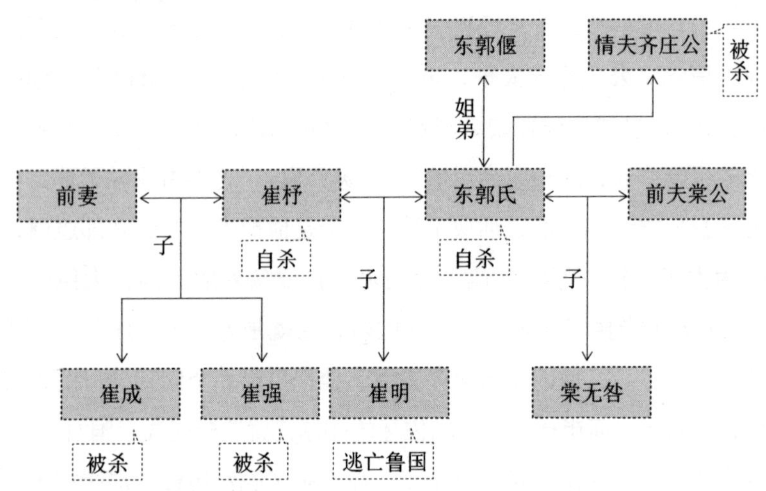

齐庄公后来更加肆无忌惮，多次与东郭氏通奸不说，还把崔杼的帽子拿出去送人，他身边的侍从都看不过眼，认为他太嚣张了，劝他不要这样，可他不听。人在死之前，总是丧心病狂，因为上帝要使人灭亡，必先使人疯狂。崔杼本来想结交晋国偷袭齐庄公，可一直没有机会，于是他又把目光锁定在国内。这时他知道庄公曾经因为鸡毛蒜皮大的事打了宦官贾举一百鞭子，可又让贾举留在身边侍奉自己（这和上文那个齐懿公犯了同样的错误），于是崔杼花重金结纳贾举，贾举就暗中替他窥探庄公的行踪，两人都想报仇。有一次，齐国来了客人，齐庄公让崔杼一起来陪客，可崔杼称病不去，这么一说，庄公乐了，为什么呢？原来他贪恋东郭氏的美色，心中一直惦念，寝食皆废，但后来崔杼防范周密，他没有机会，这次听说崔杼有病不来，正中他下怀，神魂早已落在了东郭氏的身上，他匆匆料理完公事，就亲自去崔家探病，其实就是想借机偷情。

崔杼早知道他要来了，布置好一切后准备请君入瓮。齐庄公到了崔家，家人告诉他崔杼病重，吃完药正在歇息呢。齐庄公大喜，直接到内室找东郭氏，东郭氏艳妆出迎，齐庄公看得心神荡漾。两人刚刚碰面，使女来说崔杼让东郭氏回去取点东西，于是东郭氏对齐庄公嫣然一笑，告诉他稍等片刻，但她走进崔杼的屋里后，关上门再不出来。其实这也是事先商量好的情节，先让庄公留下来，然后放他鸽子，再收拾他。庄公被那风情万种的一笑勾得心猿意马，他在下面等东郭氏，可时间过了很久她还没有回来。庄公急得抓心挠肝，对着崔杼和他妻子所在的屋子长吁短叹，真是望穿秋水，后来实在等不及了，就对着那个屋子唱情歌挑逗，大概是“关关雎鸠，在河之洲。窈窕淑女，君子好逑”之类的流行歌曲。

这时庄公手下那个宦官贾举已经从里面把崔府的大门关上了，把庄公的随从都拦在外面，里面崔杼的党徒手持兵器一拥而上。庄公大惊，他身手倒挺好，爬到了一个高台上躲避，请求和解，众人不许；请求签订盟约，永不相害，只要放过他这次就行，众人仍不允许；请求到祖庙里自杀，还是不许。他们都说：“你的臣子崔杼重病在身，不能亲自前来听从你的命令。这里和宫廷邻近，怕是有人冒名顶替国君，来行苟且之事，我们这些臣属们只收到要擒拿淫徒的命令，不知道还有别的什么命令。”庄公一看他们这是非要杀了自己不可，爬墙想逃，被一箭射中大腿，翻身掉了下来，众人蜂拥而上，把他砍死。

晏子闻听后赶过来说："国君若是为了国家的公事而死，那么臣子也应该随从他死；若是为了国家大义而流亡，那么臣子也应该义无反顾地随他流亡。如今国君是因个人私事自取其祸，特别是因为这种丑事，那么也只能由他平日里私下宠幸的那些人来为他殉节吧，除了这些亲信，谁愿意为他效忠呢！"大门打开后，晏子进去枕在庄公的尸体上痛哭，站起身后为表哀痛，三次顿脚而后离开。有人劝崔杼杀死晏子，崔杼说："晏子是众望所归的人，杀不得，放了他倒可以赢得民心。"

齐庄公结束了可耻的人生，崔杼拥立庄公同父异母的弟弟杵臼为国君，这就是齐景公（他在位五十八年，也不是一个脑袋特别灵光的人。鲁迅先生名句"横眉冷对千夫指，俯首甘为孺子牛"，其中这"孺子牛"的典故就出自齐景公，原意是指对孩子疼爱甚至溺爱，是说齐景公装扮成牛，让孩子骑在身上，结果不慎摔倒，把自己的牙都摔掉了，但他还很高兴）。齐景公继位以后，任命崔杼为右相，庆封为左相，这二人把庄公的党羽杀了个干净，又怕国人不服，起来反抗，就和大臣及人民代表盟誓说："不与崔杼、庆封合作的人处死。"轮到晏子时，他叹道："我只服从忠于君主和对国家有利的人，你们若能做到这些，难道还非得盟誓吗？"他不肯参与这个仪式。庆封想杀晏子，崔杼说："这是个忠臣，他处处以国家利益为重，放了他吧。"齐国史官写道："崔杼杀害国君齐庄公。"崔杼大怒道："那种荒淫无耻的国君人人得而诛之，我不是让你写他是得疟疾死的吗？"太史说："实事求是是史官的信条，要秉笔直书，还原事情真相，这才不愧对皓月青天。"崔杼把他杀了，可太史的大弟弟还是这么写，崔杼又杀之。小弟拿起笔，依然这样写。崔杼遇到这种硬骨头只能作罢，就释放了他。这是信念的力量。

大家还记得崔杼的家庭关系很复杂吧，他与前妻有两个儿子崔成和崔强，后来他娶了东郭氏，生了一个儿子叫崔明。东郭氏与前夫还有个儿子叫棠无咎，她的弟弟叫东郭偃。因为崔杼宠爱东郭氏，就想立崔明为继承人，并且让棠无咎和东郭偃辅佐崔家，掌管家族事务。崔成犯了罪，棠无咎和东郭偃惩治了他，立崔明为继承人。崔成本是长子，合法的继承人，如今位置丢了，就请求回到崔邑（崔氏封邑，今山东章丘西北）养老。崔杼答应了，可棠无咎和东郭偃不听从，说："崔邑是祖庙所在，只有家族的继承人崔明才能享有。"崔成、崔强大怒，他们向庆封讨主意。家里的事怎么非要向外人求救呢？这个庆封和崔杼已生嫌隙，巴不得崔家起内讧，好趁机除掉崔杼。原来庆封喜欢喝酒和打猎，整天游手好闲，可看到崔杼独秉朝政，又心怀妒忌，自己不想做事又想抢占别人的功劳，尸位素餐，心胸狭窄，一直在找机会报复。

这时庆封一看两只大白羊送到门口了，就唆使二人回去杀了棠无咎和东郭偃，他提供支持。崔成和崔强回去以后，杀死了二人，家里人都逃走了。这种窝里反让崔杼很愤怒，他心想，这种逆子真是可恶。这时崔家也没人了，崔杼就让一个宦官赶车去见庆封。他也是有眼无珠，不辨善恶，还不知道这出戏就是庆封导演的。庆封说："崔、庆两家虽是异姓，但和一家人一样，这两个小子竟敢如此犯上，您若想征讨他们，我可以帮助。"这种挑拨离间的人总是口蜜腹剑。崔杼说："倘若能除掉这两个逆子，崔氏得以安定，我让崔明来拜你为义父。"庆封大喜。他派崔杼的一个仇人带兵攻打崔家，杀死了崔成、崔强，并把崔氏族人斩杀殆尽，东郭氏自尽。崔杼以为庆封只是杀掉首恶，没想到把自己灭门了，他回去一看，整个府第空空如也，老婆的尸身悬在梁上，他惊得魂不附体，放声大哭道："我被庆封所卖，遭此灭门惨祸，我无家可归，活着还有什么意思呢？”他也自杀了。只有崔明在外逃过一劫，跑到了鲁国。崔杼也真够惨的。

庆封独揽大权，这下应该高兴了吧？他也没长久。他杀了崔杼，更加骄横，变本加厉地玩乐，不理政务，让他的儿子庆舍代理行使职权，时间一长，这对父子也发生了矛盾。齐国的几大家族田氏（这田氏后来取代了姜姓齐国，战国时代的齐国王族姓田）、高氏（高氏应该是当初谋划迎立齐桓公的高傒的后代）、鲍氏（鲍氏应该是鲍叔牙的后代）和栾氏相互合谋，假意拥护庆舍对付父亲庆封，其实是想把庆氏一网打尽。庆舍发兵攻占了庆封的官邸，父子相残，这是庆封挑拨崔杼家族骨肉相煎的报应，只不过他没被杀死，而是逃到了鲁国。齐国人谴责鲁国，庆封又逃到了吴国（这时吴王是馀祭，也就是吴王阖闾的二叔）。吴王给了他一块土地，让他聚集族人住在那里。可七年以后，吴、楚争斗，庆封被楚灵王杀死了，儿子庆舍又被齐国大臣杀死。崔杼、庆封的内乱发生在齐景公三年（公元前 545 年），这年秋天，景公把他哥哥齐庄公重新安葬，把崔杼的尸体陈列在街市以取悦百姓。尽管齐庄公欺人太甚，但弑君行为还是不被当时的伦理道德所接受，加上崔杼的统治手腕强硬了一些，因此当时他并不得人心。

第十八章　晏平仲大局为重　不辱命晏子使楚

晏子在这些动乱中不偏袒任何一方，他只是以国家利益为出发点进行调停。这时他已看出田氏家族要取代齐国了，因为田家利用公共资源来为自己争取民心，在国外争取名誉。他于是劝齐景公轻徭薄赋，整顿内政，不要使大权旁落。他的建议最初还有些效果，但历来新生力量总是有强大生命力的，在齐景公时代，姜氏齐国已走下坡路了，而田氏则是齐国政坛一颗璀璨的明星。

景公三十二年时，齐国上空出现了彗星。古人认为出现彗星是上天预示人间的灾害，齐景公有所感触，坐在柏寝台叹息说："唉！荣华富贵谁能长久拥有呢？我德行浅薄，恐怕也不能久享齐国了。"大臣们都哭泣落泪，只有晏子发笑。景公发怒，晏子说："我是笑群臣阿谀奉承得过分了。"景公说："彗星出现在东北方，正是齐国的地域，群臣和我都为此而忧虑，你笑什么？"晏子说："他们没有看到事情的本质。您住着富丽堂皇的宫殿，享受着锦衣玉食，赋税唯恐收得少，刑罚唯恐不严厉，长此以往，更大的灾难都会来到，彗星显现有什么大惊小怪的？”景公问：“能够通过祈祷消除灾祸吗？”晏子说：“如果神能祈祷来，依此类推，神也能被祈祷走。如今怨恨您的百姓数以万计，而您一个人祈祷，又怎么能胜过众人的诅咒呢？”

这个时候景公喜欢修建宫室，豢养狗、马等宠物，奢侈无度，赋税繁重，刑法苛刻，老百姓的忍耐力已快到极限了，所以晏子才用这些话来劝谏他。这也说明，当时一些社会精英已经认识到，人间的事自有其规律，不是靠鬼神保佑的。在夏、商、西周时代，人们对鬼神有着忠诚的信仰，做一切事都要遵从上天的意志，尽管这种遵从是盲目的、想当然的。最有力的证明就是甲骨文的发现，甲骨文的内容基本上都是关于占卜的。到了春秋时代，一些具有明辨是非能力的精英更加关注人事，认为统治者应该遵循“以民为本”的施政理念。晏子与孔子是同时代人，孔子是这种思潮的强有力的支持者和宣传者。因为连年征战，时代变迁，人们的思想发生了巨大的变化，孔子提出“仁者爱人”的理念，其弟子提出“四海之内皆兄弟”的主张。这时已经是春秋、战国相交之际，人们的思想更加开放，墨子提出“兼爱、非攻”，孟子更是提出“民为贵，社稷次之，君为轻”的理念。尽管春秋战国时代是中国历史上最为惨烈的纷争时代，精英文化对“民本思想”却有着执着的追求，晏子也是其中的代表人物。

至于说晏子做齐相时的成就笔者就不过多浪费笔墨了，只写几件最能体现晏子性格的逸事。先说“晏子使楚”。当时楚灵王在位，他是楚庄王的孙子，灭了几个小国，踌躇满志，也想对其他国家发号施令。从国家利益着想，谁也不想故意得罪他，于是齐景公就派晏子出使楚国，以示友好。楚灵王对群臣说：“晏子身材短小却天下闻名，如今海内只有我们楚国最强大，我想折辱晏子来张大楚国的威风，你们有什么妙计（靠贬低别人来抬高自己，很多时候是搬起石头砸自己的脚）？”于是他们君臣商议了几种方案，自以为得计。楚灵王命人在国都正门旁边开了一道小门，命令守门将士道：“如果晏子来到，让他走小门。”晏子一生俭朴，不修边幅，身穿旧皮衣，坐着一匹瘦马拉的车就来到楚国都城。见城门不开，他就让车夫去喊话，守军说：“您从那个小洞过去都绰绰有余，何必走正门呢？”晏子说：“那是狗门，不是人走的！若出使狗国，从狗门入；若出使人国，还要从人门入。你回去问一下，你们楚国属于什么？”楚灵王说：“本来想戏弄他，反而被他侮辱。”只好命令打开大门，恭迎晏子进来。

楚国的大臣招待晏子，有一人问他：“您自负是识时通变的人，然而在崔杼、庆封的变乱中，齐庄公被杀，追随他死的人不计其数，您既不能为国讨贼，也不能为君死节，还不能引咎辞职，您好像把自己的通权达变都用在贪恋名位上了吧？”晏子说：“成大事者，不拘小节；有远虑者，岂因近谋？我听说国君死于公事，臣子应当相随而死，可是我们庄公并不是为江山社稷而牺牲的，追随他去死的都是受到宠幸、得到小恩小惠的人，我不会为这样的国君去死以便沽名钓誉。作为臣子，遇到这种事，有能力就平定谋乱，没本事就趁早离开。我之所以没有离开，是想再立新君，保证国家政权的延续，不至于让政权的动荡影响百姓的生活。我并非贪图权位，假使人人都自杀或离去，那么国家大事依靠谁呢？而且国君被杀这种事，哪国没有呢？你们这些楚国的大臣难道人人都是舍生取义的烈士吗？”晏子为什么这么回击呢？原来这个楚灵王的君位也是篡夺来的，他的侄子楚王郏（jiá）敖病重的时候，他假装探问病情，趁机勒死了郏敖，并把郏敖的两个儿子也都杀了，而楚国群臣都拥立他为国君。晏子这么说是讽刺楚人只知责人，不知责己，这也是“以子之矛攻子之盾”的意思，一下子就把对手说得哑口无言了。

又有一人说：“大丈夫匡扶社稷，有大才略，必有大规模。但您却太过鄙吝，贵为国相应该锦衣玉食，仪容威风凛凛，而您穿的这件皮袍，三十年都没换过，祭祀的时候，连祭肉都盘算得很精细，这难道不是太吝啬了吗？没有大器量怎么有大作为呢？况且自古以来，贤人达士都是状貌魁梧，仪表堂堂，这样的人才能立功当时，垂名后世。如今您身材短小，手无缚鸡之力，只是靠着嘴皮子讨生活，还自以为贤能，难道不感觉耻辱吗？”晏子笑道：“您的见识太浅薄了。自我任国相以来，家族的人都衣食无忧，靠我的俸禄供养的有七十余家。我虽俭朴，但别人富足，难道这就叫吝啬吗？您见过真正吝啬的人会舍己为人吗？况且我这么做并非要追求虚名，有什么名声能比一人之下万人之上的国相更大的呢？作为百官之首，我只是要以身作则。我为了国家百姓甘愿放弃安逸的生活，难道能把这种行为和一毛不拔的吝啬鬼相提并论吗？所以说您只看表面，看不到本质。至于说相貌平平，更是不足挂齿。唯大英雄能本色，是真名士自风流。”这个情节《史记》上没有，笔者根据《晏子春秋》《东周列国志》的情节改编。这很有一点“诸葛亮舌战群儒”的味道。

后来，楚灵王接见他，见面就问：“齐国难道没人了吗？”晏子说：“齐国人呵气成云，挥汗如雨，摩肩接踵，怎么能说没人呢？”灵王又问：“那齐国为什么派了这么小的人出使我国呢？”晏子说：“我国的贤才举不胜举，像我这样不成器的更是车载斗量，不过，我国有个不成文的规定：贤者出使贤国，不肖者出使不肖国；大人出使大国，小人出使小国。仔细衡量，只有我适合出使贵国。”楚灵王又被击倒，心中暗暗诧异。不一会儿，几名武士押着一个人从殿前经过，楚灵王问："这个人什么罪？"对道："偷盗。"又问："他是哪国人？"回道："齐国人。"于是楚灵王转过头问晏子："你们齐国人都习惯盗窃吗？"晏子知道这是他们故意演的戏，想来嘲弄自己，他眼睛一转，说道："橘生淮南则为橘，橘生淮北则为枳（zhǐ，也叫枸橘，果实好似橘，圆形，可以药用。这句话成为哲学的一个案例，指外因对内因的巨大影响）。为什么呢？水土不同。同样，社会风气不同，对人的影响也不同。齐人在齐国安分守己，可是到了楚国就偷盗成性，这就是'近朱者赤，近墨者黑''白沙在涅（指黑土），与之俱黑'的道理。看来楚国水土和风气不好，这与齐国有什么相干呢？"楚灵王默然良久，说："我本来想折辱你一下，谁知倒被你奚落个够，你真是大才啊！"于是对晏子尊重万分，极尽恭敬之能事。这就是"不辱君命"。晏子有高超的外交手腕，能够维护国家的尊严。

第十九章　贤国相以身作则　用二桃巧杀三士

晏子回到齐国后，齐景公要赏他千金并且给他封邑，晏子都不接受；给他扩建宅院，他还是推辞。齐景公趁他出国时，盖了一个新宅子，可晏子还是搬回老宅。景公对晏子说："我看你老婆年老了，我有爱女，年轻漂亮，愿意嫁给你，怎么样？"晏子说："贫贱之交不可忘，糟糠之妻不下堂（此话原文是几百年之后的东汉初年辅佐刘秀建功的宋泓说的。刘秀之姐湖阳公主寡居，看上了宋泓，刘秀就想当红娘，先是引用俗语"贵易交，富易妻，乃是人之常情"来作试探，于是宋泓如此回答。笔者以为这句话最能体现晏子的风貌，所以引用，难免有张冠李戴之嫌，希望读者更注重言语的实质）。我们是患难夫妻，背叛她不吉祥。"景公说："你这样重感情，对我更是应该没有二心。"于是加倍重用他。这就是晏子的行事风格。

《晏子春秋》上记载了一个有趣的小故事，说齐景公嗜酒如命，有一次连续喝了七天七夜（原文如此，应该是夸张些了），弦章劝谏道："您一连喝了七天酒，太过分了，我弦章恳请您戒酒，如果您不答应，我就去死。”齐景公对晏子说：“弦章以死威胁，让我戒酒。我听从了，则是受制于臣下，不听，我又可怜他的忠心，怕他真死。”晏子说：“弦章能遇到像您这样的明君太幸运了！如果遇到像夏桀、商纣那样的暴君，他早就死了。”齐景公于是戒酒。这就是笔者一直强调的说话要讲究方式。有些忠臣忠肝义胆，这是对的，是值得表扬的，但是有的时候说话太直，即使死了也未必能达到目的。像晏子这样，想要劝谏人，先要肯定对方，或者让对方到达某种高度，自己下不来，这样才能达到效果。当然，保住生命又能达到劝谏效果才是最佳的。魏徵一直是“诤臣”的代表，但是成就他“千古诤臣”名声的是唐太宗，唐太宗是伟大的君主。不能把提倡高贵的精神和寻找最佳的说话办事方法割裂开来，不能说讲方法就是圆滑，粗鲁就叫直率，很多事情是有区别的。

“步出齐城门，遥望荡阴里。里中有三坟，累累正相似（在齐国都城营丘，也就是现在山东淄博东南的荡阴里，有“三壮士冢”）。问是谁家墓？田疆古冶子。力能排南山，又能绝地纪（“绝地纪”指能断裂大地的脉络，形容力大无穷）。一朝被谗言（指出他们死的原因是遭受谗言），二桃杀三士。谁能为此谋？国相齐晏子。”诸葛亮作的这首《梁甫吟》用到了“二桃杀三士”这一典故，据说这件事是晏子所为，记载在《晏子春秋》（这部书是“经、史、子、集”中“子部”的成员，一本智者之书，读后，对形成良好的思维方式及说话方式会有裨益）上，明代冯梦龙在其《喻世名言》中也有《晏平仲二桃杀三士》一章。从字面上来理解诸葛亮的这首诗，他是在为三壮士鸣不平，认为即使像晏子这样的“贤相”，玩弄起政治手腕来也是杀人不见血（《晏子春秋》上说这三人勇猛无比，可是恃才傲物，晏子怕他们危害国家，这才用计杀了他们，其计谋和《东周列国志》上的说法倒是基本相同，笔者在此采用《东周列国志》的说法，它的情节更丰满）。

当时齐景公身边有一个佞臣叫梁邱据，一套曲意逢迎、献媚邀宠的功夫很拿手，深得景公的欢心。这个人还在外结交了当时齐国所谓的“三杰”，即公孙接、田开疆和古冶子。这三人力大无穷，善于带兵，可是恃功而骄，而田开疆又是田氏家族的人，田氏篡权的迹象越来越明显。晏子担心他们狼狈为奸，成为国家祸患，想要劝谏景公又怕他不听，反而打草惊蛇，于是他想不动声色地除掉这三人。

有一次鲁昭公和鲁国国相来齐国访问，齐景公与晏子设宴相陪，齐国的其他大臣也来了，包括“三杰”，他们昂然而立，目中无人。二位国君饮至半酣，晏子说：“难得鲁国君臣光临敝国，园中的‘万寿金桃’已熟，何不摘几颗来助兴？这金桃贵重至极，我亲自去摘。”说完拿钥匙去了。

齐景公对鲁昭公说：“据老人讲，这棵桃树来自海外仙山，又叫‘蟠桃’，前三年枝叶茂密，可只开花不结果，今年才结有几颗，我十分爱惜，所以封锁园门。今日贵客来临，我们就尝个鲜。”

一会儿晏子回来，说只找到了六颗金桃。两位国君和两位国相各品尝一颗，还剩两颗，于是晏子说：“盘中还有两颗桃，主公可让群臣自报功劳，谁功劳大就让谁品尝，也好表彰他的贤能。”于是景公传令谁自信功劳大，可站出来。

公孙接站出来说：“当年主公打猎路遇猛虎，是我挺身而出打死猛虎，这份功劳怎样？”晏子说：“擎天保驾，功劳很大，可以吃颗金桃，再赐酒一杯。”古冶子又站出来说：“杀虎何足为奇，主公乘船时有一妖龙兴风作浪，是我深入水底斩杀的，使主公危而复安，这功劳怎样？”晏子说：“当时波涛汹涌，若不是将军奋不顾身，后果不堪设想，这是盖世奇功，理应饮酒吃桃。”这时田开疆大步流星上前，说道：“我曾经斩将杀敌，威震天下，使三国国君来齐，奉齐国为盟主，这份功绩又如何？”晏子说：“您的功劳有古冶子、公孙接两人的十倍大，但是您说晚了，没有金桃了，先赐酒一杯，等待来年吧。”田开疆按剑叹道：“斩龙打虎只是小事，我跋涉千里，血战成功，反而没资格吃桃，在两国君臣面前受辱，也将被后人耻笑，我有何面目再活在世上呢？”说完挥剑自刎。公孙接大惊道：“我有这么小的功劳就吃了金桃，田开疆功大反而吃不到，我不懂谦让，他又因我而死，我也愧对于他。”说完也自杀了。古冶子说：“我三人义同骨肉，相约同生共死，如今二人已死，我若苟且偷生，于心何安？”说完也命丧黄泉了。若这故事属实，晏子是巧妙制造矛盾，分化敌人，杀人于无形之中。

有一个叫越石父的人比较贤能，但因为犯了过错而被囚禁起来，晏子外出时，在路上遇到他，两人交谈之后晏子知道他是德才兼备的贤士，当即解开车子左边的马的缰绳把他赎了出来，并带回了家。谁知过了一段时间，越石父请求离去。晏子感到奇怪，整理好衣帽，庄重地向他道歉：“我晏婴虽然不才，但总算把你从困顿愁苦的境地中解救出来了，为什么你这么快就请求离开呢？”越石父说：“我听说君子在不理解自己的人那里受到误解和委屈纯属正常，但在知己面前应该能施展抱负。当初我被人囚禁时，没有人能理解我，先生既然已经被感动，不惜代价为我赎罪，就是说您理解我。既然理解我，却又做不到以礼相待，这样倒不如还是被囚禁起来好。”晏子马上改正，把他奉为贵宾，委以重任。晏子不但慧眼识才，而且知错必改，这是难能可贵的。

晏子做了齐相以后，一次，他乘车外出，他的车夫的妻子从门缝里偷看她的丈夫，发现自己的丈夫给晏子驾车时得意扬扬，满足自在，丈

◎ 管仲与晏婴的对比

	管仲	晏婴
生卒	？—前 645	？—前 500
名	夷吾	婴
字	仲或敬仲	仲
谥号		平
籍贯	颍上（今安徽颍上）人	夷维（今山东高密）人
侍奉的国君	齐桓公	齐灵公、齐庄公、齐景公
与国君的关系	君臣+亦师亦父	君臣+亦师亦友
执政时长	约四十一年	五十余年
信奉学说	偏于法家	偏于儒家
政治实践	偏于霸道	偏于王道
管理风格	举重若轻	举轻若重
私德	不拘小节	修身极其严格
生活方式	极其奢侈	俭朴力行
对待士人态度	用人不拘一格	恭谨下士
后人假托的著作	《管子》	《晏子春秋》
尊称	管子	晏子（晏平仲）
对中国历史的影响	法家和霸道之典范	一流外交官的口才
个人的遗憾	曾经显赫一时的齐国开始走向衰弱，坐视楚国、晋国、秦国甚至吴国的强大而无力相争	使出浑身解数，无法改变齐景公，无法改变田氏替代姜氏的历史大趋势

夫回家后，她就要和他离婚。丈夫想，过得好好的，怎么说离就要离呢？他赶忙问是什么原因，妻子说：“晏子虽然身高不到六尺，其貌不扬，可做了齐相，声名远播。但我见他外出时，思虑深沉，虚怀若谷，

总是谦卑礼让。而今你身高八尺，相貌堂堂，却给人做车夫，又显现出志得意满、不思进取的神态，我不想和你这种人生活了，所以要离开（晏子长不满六尺，身相齐国，名显诸侯。今者妾观其出，志念深矣，常有以自下者。今子长八尺，乃为人仆御，然子之意自以为足，妾是以求去也）。”从此以后，晏子的车夫行为收敛、谦恭得体。晏子问他为什么现在待人接物有这么大的变化，车夫就告诉他实情，因为被老婆教训了，自己细想以前真是不知天高地厚，所以要向晏子学习，在思想上、行为上严格要求自己，争取每天都有进步。晏子被他这种知错能改、见贤思齐的行为深深感动，便推荐他做了大夫（以上两个故事《史记·管晏列传》中有记载）。

第廿章　姜齐亡灰飞烟灭　田齐兴欣欣向荣

在齐景公四十八年的时候，晏子去世。他在齐灵公时出现，又经历了庄公六年，景公四十八年，那么他任职也有五十多年。在齐国历史上，人们总是把他和管仲并立，管仲做齐相有四十一年，两人都是政坛常青藤。在行事风格上两人也有相似的地方：在处理公事上总能坚持原则的坚定性和方法的灵活性，这样，错综复杂的问题也都好解决了。在推举贤能方面也都差不多，能够为国家利益考虑，这是相当可贵的。在识人方面，两人也在伯仲之间。管仲认为，易牙、竖刀、开方这种人，为了不可告人的目的，做出许多不合情理的事情，不择手段，就是为了讨主子欢心，这种人一旦达到目的，就会原形毕露。试想一个人连对自己、家人都下得了手，又怎么会真心爱别人呢？管仲当时预言，齐桓公若是亲近这类人就会天下大乱，最后果然如他所料。而晏子认定田氏肯定会夺姜氏的政权，后来历史的发展果然丝毫不差。两人对人、对事的洞察力都是独到的。

但在私人生活方面，两人风格相反。管仲是努力为社会奉献，同时也索取相应的报酬，他的富有程度比得上齐桓公，而晏子基本上摒弃物质享受，在道德上起到表率的作用。像管仲那样努力工作，忠心为国，同时享受生活的人，也无可厚非，这和那些贪恋权位、尸位素餐的官员相比，还是有天壤之别的，但是作为百官之首，还是不要太奢侈的好。作为公众人物，一言一行都可能引导社会风气。最好像晏子那样，洁身自好，做人表率。

这可能也是司马迁更为推崇晏子的原因之一，他评论晏子道："当初，齐庄公因为男女关系不谨慎而被崔杼杀死，晏子冒着被崔杼党徒攻击的危险，伏在庄公的尸体上痛哭，尽到了礼节后才离开。难道他不是那种为了正义事业敢作敢为的人吗？至于说晏子在进谏时敢于为了公事而触犯国君的威严，这就是那种'进则忧国忧民、鞠躬尽瘁，退则修身齐家、见贤思齐'的人啊！假如晏子还活着，我即使为他执鞭赶车（古时为人赶车是表示最大的敬意，也有为了做成某事甘愿屈身的意思。孔子说："富贵如可求，虽执鞭之士，吾亦为之。如不可求，从吾所好。"）也心甘情愿啊（方晏子伏庄公尸哭之，成礼然后去，岂所谓"见义不为无勇"者邪？至其谏说，犯君之颜，此所谓"进思尽忠，退思补过"者哉！假令晏子而在，余虽为之执鞭，所忻慕焉）！"这种评价应该多多少少和他的经历有关。当时李陵迫不得已投降匈奴，司马迁仗义执言，结果被汉武帝处以宫刑，但司马迁认为自己是公平公正地就事论事，只不过汉武帝太残暴罢了。

齐景公在位五十八年去世，在他之后经过了晏孺子（齐景公之子，"孺子牛"的主人公之一）、齐悼公、齐简公、齐平公、齐宣公和齐康公这几代。这段时期田氏专权，政治混乱，姜氏政权已名存实亡，等到姜氏齐国最后一个国君齐康公十九年时，田和就取代了姜氏，成为诸侯，而康公在齐康公二十六年时去世，姜氏齐国彻底灭亡。从齐景公到田和夺权，大约有百年的时间。景公的儿子晏孺子刚继位就被杀了，齐悼公在位四年，齐简公在位四年，齐平公在位二十五年，齐宣公在位五十一年，齐康公在位二十六年。齐康公十九年时，晋国被分成为韩、赵、魏三国，而且得到中央政府的承认，韩、赵、魏也成为诸侯。这样，韩、赵、魏、齐都实现了新老交替，秦、楚、燕三国政权延续，至此，中国历史进入了烽火遍地的“战国七雄”时代，所以，笔者把齐景公到姜氏政权被田氏篡夺的这段历史放到《战国烽烟》中讲述，因为这时姜氏政权已被操纵，成为政治傀儡了。

司马迁评论姜氏齐国道：我到齐国考察，沿着泰山山脚行至琅琊山，北到山东半岛的海边，看到了纵横千里的肥田沃土，而且齐国的老百姓胸襟豁达，深沉有谋，这是他们的本性。姜太公的深谋远虑，为齐国奠定了坚实的基础，到了齐桓公时，齐国推行德政，国力强盛，因此它主持盟会、称霸天下，这不是顺理成章、自然而然的吗？洋洋洒洒，胸怀博大，本来就是大国固有的风范啊！

大晋悲歌

惶惶如同丧家犬。遁狄、依齐、游宋、奔楚、仰秦，三山五岳，十九年长征，五贤辅佐，出谋划策保卫随行，贵公子志在四方老当益壮，不经八十一难平凡人难蜕变。

正是群星闪耀时。齐桓、宋襄、秦穆、楚成、晋文，共襄盛举，六十二岁时，重耳登位，敬贤揽才好文尊礼，城濮战退避三舍雄霸天下，若无三家分晋天下事未可知。

嗣敏试对《大晋悲歌》

第一章　周成王桐叶封弟　唐叔虞开国称孤

对于晋国，我们最熟悉的恐怕就是晋文公了，“春秋五霸”中的第二位种子选手，也就是创造成语“退避三舍”的主人公，但我们不十分了解的是，当时那么强大的晋国哪去了？原来，到了战国时代，韩、赵、魏三国把晋国瓜分了。这三国的祖先都是晋国的大夫，后来势力逐渐强大，直到灭亡了晋国。按照不十分严谨的划分，从韩、赵、魏“三家分晋”开始，中国历史就进入了战国时代，这时山东的齐国也由姜姓改为田姓，而秦、楚、燕三国延续下来，加起来叫作“战国七雄”。在这篇文章中晋文公称霸是重头戏，我们看看晋文公重（chóng）耳究竟有什么个人素质成就了这份功业。此篇是根据《史记·晋世家》创作的。

晋国的创始人名叫唐叔虞，他是谁呢？他是周成王的弟弟。他们的父亲是谁呢？就是周武王。为什么叫唐叔虞呢？原来，周武王和唐叔虞的母亲交合时，梦见天神对他说：“我让你生个儿子，名叫虞，我把唐地赐给他。”等到生下来以后，男婴手掌上赫然有一个“虞”字，因此就给他取名为虞，这时他还没有封地。周武王死后，虞的哥哥周成王诵继位，这时成王也年幼，由他们的叔叔鲁国创始人周公旦辅政。这时唐地发生动乱，周公出兵平定了叛乱。这唐地在黄河、汾河的东边，方圆有百里，为了方便记忆，大家记住是在山西翼城西就可以了。

笔者小时候听到一个“桐叶封弟”的故事，一直糊里糊涂，其实这件事就发生在周成王和虞的身上。到底怎么回事呢？其实周成王虽然贵为天子，但还是个孩子，童心未泯。有一次兄弟俩玩耍时，周成王就把桐叶削成“珪”（这个“珪”就是“圭”字，“珪”是一种玉器，一般上尖下方，长条形，古代帝王、诸侯朝聘、祭祀、丧葬时所用的玉制礼器，为瑞信之物。其形制大小，因爵位及用途的不同而异。《周礼·春官·典瑞》有大圭、镇圭、桓圭、信圭、躬圭、谷璧、蒲璧、四圭、祼圭之别。周代墓中常有发现。“圭”在古代是权力的象征。有一个成语叫“奉为圭臬”，这“圭臬”比喻为法度、准则，一般用于对某种学说、理论的推崇。可见这个“圭”不是凡品）的形状，把它送给虞，说：“把这个赏给你。”

这本来是两个孩子间的游戏，但是周公请求选择良辰吉日封赏虞。周成王说：“我是开玩笑的，您怎么还认真了呢？”周公说了一句至今耳熟能详的话：“君无戏言。您现在的身份贵重，话一出口，史官就会记载，天下人就会奉为圭臬。如果您作为君主言而无信，出尔反尔，让天下百姓何去何从呢？”正好当时唐地无人镇守，于是周成王把虞封在唐地，后来称他为唐叔虞，这个人就是晋国的始祖。周、晋是一家。

“桐叶封弟”这个典故与“一诺千金”有异曲同工之妙，都是告诫人们话不能乱说，特别是集团首领，你若是口无遮拦、不负责任地乱说，一旦失去了公信力，根本没法指挥团队。没有信用的领导人赶不上一只任人取乐的猴子。

◎晋国世系及一些情况说明

周武王
嫡子 → 周成王
庶子 → 唐叔虞（1）晋国始祖

唐叔虞（1）晋国始祖 → 晋侯燮（2）→ 晋武侯（3）→ 晋成侯（4）→ 晋厉侯（5）→ 晋靖侯（6）→ 晋僖侯（7）→ 晋献侯（8）

→ 晋穆侯（9）→ 晋殇叔（10）（兄弟）→ 晋文侯（11）→ 晋昭侯（12）→ 晋孝侯（13）→ 晋鄂侯（14）→ 晋哀侯（15）→ 晋小子侯（16）…… 晋侯缗（17）

晋穆侯（9）嫡子 → 晋文侯（11）（东周开始）

晋穆侯（9）庶子 → 曲沃桓叔 → 庄伯 → 晋武公

→ 晋武公（18）建立新晋国 → 晋献公（19）→ 晋惠公（20）→ 晋怀公（21）→ 晋文公（22）五霸之一 → 晋襄公（23）→ 晋灵公（24）→ 晋成公（25）

→ 晋景公（26）（赵氏孤儿）→ 晋厉公（27）→ 晋悼公（28）→ 晋平公（29）→ 晋昭公（30）→ 晋顷公（31）→ 晋定公（32）（黄池会上与夫差争长）→ 晋出公（33）

→ 晋哀公（34）→ 晋幽公（35）→ 晋烈公（36）→ 晋孝公（37）→ 晋静公（38）

→ 三家分晋 → 韩　赵　魏

唐叔虞相对于天子周成王是小宗，但分封到晋国后就成为晋国大宗。曲沃桓叔相对于晋文侯是小宗，但桓叔孙子晋武公最后夺取了晋国大宗的政权，成为新的大宗，此后都是晋武公的子孙传承。这是典型的小宗变大宗案例从唐叔虞开始，父死子继，历经晋侯、武侯、成侯、厉侯传到靖侯。在晋靖侯十七年，弄得百姓“道路以目”的周厉王被赶跑（公元前841 年，史称“国人暴动”），大臣代理行使国家职权，历史上称为“共和”。靖侯在位十八年后去世，儿子僖侯继位。僖侯十四年的时候，周厉王的儿子周宣王继位。周厉王出逃的这十四五年中一直由大臣周公（这个周公不是周武王的弟弟、鲁国创始人、传说能解梦的那个周公，这时已是他之后几百年了）、召公执政，这时周宣王已成人，才由他继位。晋僖侯在位十八年后去世，儿子晋献侯即位。晋献侯在位十一年去世，儿子晋穆侯继位。穆侯四年时，娶齐国姜姓女子为夫人，七年时，生的太子叫仇，后来又生了一个小儿子取名成师。大臣师服说：“君王给孩子起的名字真是不可思议呀！太子叫仇，‘仇’是仇敌、仇怨的意思，而小儿子叫成师，‘成师’是有成就的意思，多么正大光明啊！名号是君王定的，‘名至’然后就会‘实归’。如今太子与庶子的名号正好相反，这不是促使晋国以后出乱子吗？”晋穆侯在位二十七年后去世，他的弟弟姬殇叔篡夺了君位，太子姬仇流亡国外。殇叔四年，姬仇率领他的党羽袭击殇叔，夺回了君位，这就是晋文侯。在文侯十年的时候，“烽火戏诸侯”的周幽王暴虐无道，被犬戎杀死，周幽王的儿子周平王东迁洛阳，也就是说这时中国进入东周时代，秦襄公开始成为诸侯。

晋文侯在位三十五年去世，儿子晋昭侯姬伯继位。昭侯刚继位，就把他的叔父姬成师封在曲沃。这曲沃比晋国的首都翼城还要大，姬成师号称“曲沃桓叔”，这时他已经五十八岁了，平时急公好义，实行德政，辖区的百姓都归顺他，形成了地方割据势力。君子说：“晋国的动乱根源会在曲沃桓叔身上，尾大不掉，而他又深得民心，晋昭侯本末倒置，不乱还等什么呢？”这个人和先前的师服都预言晋国会乱，真的吗？果然在昭侯七年时，晋国的大臣潘父杀死了晋昭侯，迎接曲沃桓叔。桓叔想入主晋国，可是被晋国首都的人民打败，他只好又退回曲沃。晋人拥立昭侯的儿子平为国君，这就是晋孝侯。孝侯杀掉了残害他父亲的凶手潘父。

孝侯八年时，曲沃桓叔姬成师去世，但是他的孙子武公继续努力，祖孙三代共经历了六十七年的奋斗，终于夺取了中央政权。在此期间，晋国的中央政府经历了晋鄂侯、晋哀侯、晋小子侯和晋侯缗（mín）。其中晋哀侯被曲沃武公俘获，小子侯也被他调虎离山，骗到曲沃杀死。在晋侯缗二十八年时，齐桓公开始称霸。曲沃武公讨伐晋侯缗，灭了晋国，用晋国的所有珍珠宝器贿赂当时名义上的国家元首周僖王，僖王任命曲沃武公为晋国国君，算是承认了他的合法地位，于是他更名为晋武公，这个人就是晋文公的爷爷。晋武公在夺取晋国中央政权后第二年去世，加上他以前在曲沃统治的时间，共计三十九年。从此晋国就由他的子孙统治，建立了新晋国。但在当时这属于篡权，为礼法所不容，那时还是强调名正言顺的，嫡出与庶出有本质的区别。这是小宗夺取大宗政权的典型案例。

第二章　妖骊姬口蜜腹剑　痴太子画地为牢

晋武公死后，儿子晋献公继位，他是晋文公的父亲，“假途伐虢”的策划者。献公五年时，他讨伐少数民族骊戎，俘虏了骊姬和骊姬的妹妹，非常宠爱她们。献公八年时，有人劝谏献公道：“原来晋国的公子人数很多，势力很大，若是不杀死他们，天长日久，怕是要出祸乱。”于是他派人把原大宗系统中的公子们诱捕杀害。这些人也有跑到虢国的，晋、虢两国因此有了外交摩擦。其实他们都是近亲属，然而水火不相容，这都是权力惹的祸。在巩固了权力以后，晋献公就着手营建新的都城——绛城（今山西翼城），规模极其宏大，他想以全新的形象展现在世人面前。

尽管晋献公在外面风光无限，但不久后院就起火了，为什么呢？主要就是继承人的问题，而这个问题主要是由情感的变化引起的。献公继位之前，娶贾姬为夫人，但贾姬久而无子，感情也就疏远了。后来他娶了一个狐姬，生的儿子叫重耳，这就是后来的晋文公（晋文公重耳并不是顺利继位的，他的经历充满了戏剧性，后文详叙）。狐姬的妹妹生的儿子叫夷吾，就是后来的晋惠公，应该比重耳小。这里重点谈一下齐姜和太子申生的问题。按照《史记辞典》中的说法，齐姜是晋献公的夫人，齐桓公之女，太子申生之母。《史记·晋世家》也说“太子申生，其母齐桓公女也”。而按照《左传·庄公二十八年》中的记载，晋献公“烝（zhēng）于齐姜”。烝，一种解释是娶父亲或者兄长的妻妾。在春秋时代，这种情况不少，后为伦理所不容。齐姜生下了太子申生和秦穆公夫人（她史称“秦穆姬”。《史记·晋世家》中记载，她是“申生同母女弟”，女弟指妹妹。可是《史记·秦本纪》中记载，秦穆公“四年，迎妇于晋，晋太子申生姊也”，姊，即姐姐）。还有一说是，秦穆公六年（公元前654年）时才举行这一婚礼。除了婚礼举行时间有争议，关于秦穆公夫人到底是太子申生的姐姐还是妹妹，也成为一个悬案。另外，秦穆公夫人和公子重耳、公子夷吾的年龄大小，也是一个问题。

在后文和《秦史之谜》中会多次提到秦穆公夫人，后来晋惠公夷吾在韩原之战中被秦穆公俘虏，秦穆公夫人出手相救，在提到秦穆公夫人与太子申生、公子夷吾时，我们说她是二人的姐姐，在提到她与重耳的关系时，我们说她是重耳的妹妹。不过这并没有得到学术性的确证，只为叙述方便。

本来平安无事，可很快献公又移情别恋了。他俘虏骊姬姐妹以后，恩宠有加，骊姬在献公十二年时生了个儿子叫奚齐，她的妹妹后来也生了个儿子叫悼子（又称“卓子”）。骊姬可不是简单的人物，貌美如花，妖媚有如妲己（就是商纣王的女朋友），诡诈多端，智计千条，在献公面前撒娇卖痴，求媚取怜，善于弄些小忠小信，为了夺取宠爱不择手段，而且爱参政议政，加上有些政治眼光，十有九中，所以献公和她形影不

◎晋献公的“户口本”

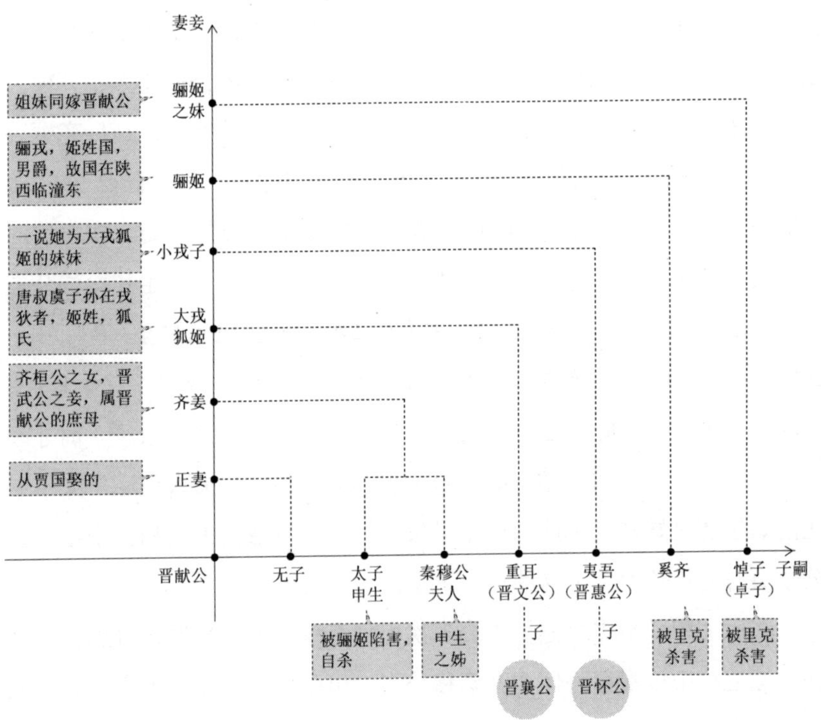

离，骊姬集“三千宠爱于一身”。这时献公有多个儿子，重耳、太子申生都有能力、有德行，但是献公已经完全被骊姬俘虏了，而且骊姬生了奚齐，再加上齐姜死得早，他也早把那段浓情蜜意抛到九霄云外，一心想要废掉太子申生，立奚齐为太子，同时他和重耳与夷吾的关系也疏远了。

献公私下里对骊姬说想要立奚齐为太子，骊姬心中狂喜，但她善于盘算，知道申生羽翼已丰，无故被废，群臣不服，必然劝阻，而且重耳、夷吾和申生的感情融洽，这三个公子德才兼备，又都在献公身边，如果自己表态过早，恐怕打草惊蛇，若是惹起众怒，反而被小心提防，岂不误事？她更善于表演，当场跪下哭求道：“申生的太子地位，得到了大家的承认，而且太子一向仁德，百姓亲附，怎么能因为贱妾的缘故废嫡子而立庶子呢？您一定要这么做，我只有自杀谢罪了。”弄得献公还很感动，献公看她如此“深明大义”，更加爱怜这个“知书达理”的小美人，废立太子的事也只好先告一段落。

骊姬假装赞誉太子，赚取了印象分，可在背地里又指使人谗毁中伤。这就叫表面一套，背后一套，标准的“两面三刀”。当时，献公宠幸两个大臣，一个叫梁五，一个叫东关五，当时称为“二五”，这两个人挟宠弄权，很有势力。还有一个人，名为施，职业为优（指表演乐舞、杂戏的艺人），史称“优施”，少年英俊，聪明伶俐，能言善道，献公宠爱得不得了，让他出入宫禁，不加防范。骊姬见过优施，两人日久生情，就好上了，如胶似漆。骊姬就把心腹事告诉了他，想要离间三个公子，慢慢地为自己的儿子铺平权力之路。优施说：“必须以镇守边疆的名义把三个公子都支走，然后你再步步为营，寻找机会。但像这种国家大事最好由外臣开口，你才能脱离干系，免遭怀疑。现在最受宠的大臣莫过于梁五和东关五了，有钱能使鬼推磨，你只要舍得金钱结交他们，由他们来说，这事就成功十之八九了。”于是骊姬让优施出面与二人交接，多次接触之后，商议停当，二人对献公说：“曲沃是我们祖先的发祥地，如今祖庙还在那里，而蒲邑与屈邑一个靠近秦国，一个靠近翟族，这两支力量对我大晋虎视眈眈，不可不防。若是祖庙遭受亵渎，则百姓没有敬畏之心；若是边疆没有强力的保障，则难免遭受外来者的入侵。如果让太子申生镇守曲沃，重耳驻守蒲邑，夷吾防守屈邑，而您居中调度，形成七星北斗之势，我大晋就坚如磐石了。”献公正为太子的事苦恼呢，马上同意照办。

申生被派到曲沃以后，晋国人就知道他的太子位不保了，有人对申生说：“您恐怕是不能继位了。把您分封到了曲沃，预先把地位提高到了人臣的最高点，这不是正常的现象，也与礼法不符。太子不应该像大臣一样负责具体事务，您是储君，将来是要拥有天下的，您应该守候在国君周围，负责战略层的决策，如今把您安置到这里，又怎么能继位呢？您还不如逃走，等到大祸临头时一切都晚了。您若避开是非之地还可以落下个屈己让贤的好名声；若是身死名毁，就太不值了。”可太子申生不听。

晋献公十六年，晋献公建立了两支军队，自己统领上军，太子申生统领下军，攻灭了霍、魏、耿三个小国。赵夙和毕万是将军，回师后，晋献公把耿地赐给赵夙，把魏地赐给毕万，允许二人参与国政，从此二人开始培植自己的势力（这两个人是瓜分晋国的赵国和魏国的奠基人，按照我们后人的划分，现在还属于春秋时代，到了战国时代，这两家后人伙同韩国的创始人瓜分了晋国，但是这段公案在春秋时代就已经埋下了伏笔）。

在太子申生驻守曲沃这段时间，晋献公被骊姬和那几个宠臣弄得神魂颠倒，更加疏远太子而喜欢奚齐。骊姬苦苦寻找机会，可申生小心谨慎，而且还有战功，骊姬的阴谋一时难以得逞。她又和情郎优施商量对策，骊姬说：“申生、重耳、夷吾三位公子都已成年，又经过政治历练，朝中大臣多是他们的心腹，怎么除去他们呢？”优施道：“想除去这三人，须分清主次。先灭掉太子申生，剩下两个就不足为虑了。申生为人仁慈而清高，太过洁身自好则不容许自己有丝毫的人格污点，受到污辱肯定难以控制情绪；过于仁慈则不会不择手段地谋求利益，而且总是自责，爱把过错往自己身上揽，这样做事难免束手缚脚。太子现在虽然已被疏远，但献公知道他的品性为人，若是诽谤他图谋不轨，太露形迹，献公肯定不信。你必须在半夜时向他哭诉，假装称赞太子，实际上是诬陷他，这样，你的计谋差不多就成了。”

骊姬果然半夜里哭哭啼啼，献公看她梨花带雨，心疼坏了，惊问其故，可她怎么也不肯说，献公一定要让她讲明原因，骊姬才可怜兮兮地说：“我即使说出来，您也未必信，我之所以哭得这么伤心，是恐怕不能长久地服侍您了。”献公问：“你怎么说出这么不吉祥的话呢？”骊姬说：“我听说申生为人外仁而内忍。他在曲沃对百姓恩宠有加，百姓甘心为他卖命，这是要做大事呀！申生常对人讲：‘父亲被骊姬所迷惑，肯定会导致国家大乱。’这个事所有人都知道，只瞒着您一个人，我真怕有一天会连累到您，您为何不杀了我来向申生表明态度，制止他的阴谋呢？不要因为我一个人伤害到你们的父子之情啊！”说完又哭，献公赶忙说：“不至于吧，申生对百姓都讲仁德，又怎么会对自己的父亲有所图谋呢？”骊姬说：“我听说普通百姓与政治人物对仁爱的理解不同，百姓以关爱亲戚为仁义，而政治人物做事，却不能以常理揣度，他们以能安邦定国为大仁义，只要对国家有利，太子还会讲什么亲情？”献公说：“他爱惜名声，难道这样做不怕遭人唾骂吗？”骊姬说：“周幽王宠爱褒姒生的伯服，太子宜臼被废，外放到他外公的申国，后来他外公申伯联合犬戎在骊山杀掉幽王，又立宜臼为君。这就是周平王，他成为东周的始祖。您看直到现在谁都指责幽王残暴不仁，您又听谁把不忠不孝的名声加在周平王身上了呢（骊姬不会如此说话，这么表述是为了让今人明白）？”

听了这话，献公确实一惊，他问：“夫人言之有理，那现在该怎么办呢？”骊姬说：“您不如以年老体衰为借口提前退休，把国家大权交给他，他满足了愿望或许能放您一马。您想想，当年您的父亲武公和原来晋国国君不也是至亲骨肉吗？可武公不顾亲情奋力夺权，这才最终拥有了晋国。申生的志向正与此相似，您还是让位吧。”献公说：“不行，人到五十五，正是出山虎，我如今正处在政治的黄金年龄，正想大有作为，怎么能退位呢？我若连自己的儿子都控制不了，还有什么威严可言呢？那样的话生不如死。你不用怕，我会想办法。”骊姬说：“如今东山（古民族名，即东山皋落氏，赤狄的一支）桀骜不驯，多次侵扰我国，您何不派他去讨伐，以此来测验他能不能服众呢？假如战败了，因此将他定罪，他也无话可说；假如战胜了，说明他深得人心，能得三军将士的死力，您就要有所防范了。如果他自恃功劳，恐怕反形就要显露了，那时再治他的罪，国人也无话可说。所以，让他出征是一石两鸟，既可以看他的能力，又能巩固边防，何乐而不为呢？”献公说：“果然妙计。”

于是献公命太子申生出征，大臣里克劝谏道：“太子是侍奉宗庙和早晚侍奉君王饮食的人，所以叫储君。君王若出行，则太子留守；有专人留守，太子就要随从君王出行，协助安抚军士。随从叫‘抚军’，留守叫‘监国’，这是古代的制度。统率军队，必须根据战场的变化发号施令，这是国君与大臣将帅的职责，这些都不该是太子做的事。统领军队必须号令严明，军纪森然。如果太子事事向国君请示，就没有威严，也就难以服众，必败无疑；假如他独断专行，则又是对国君不孝。所以说，国君让太子统率军队，是错误的人事安排。”

献公仰面叹道：“我有八个儿子（后文介子推说献公有九子，《左传》也说有九子。“八子”一说可能有错误），真不知道立谁为太子！”里克一句话也没说，就退下去见太子。申生说：“我恐怕要被废掉了吧！”里克说：“太子勉励吧！让您统率军队，只怕不能圆满完成任务，怎能怕无故被废掉呢？而且做儿子怕的是不孝，能不能册立尚在其次。严格要求自己，不要怨天尤人，应该是可以避免祸患的。”可里克心里明镜儿似的，知道申生现在危如累卵，已基本摆脱不了被废掉的命运，这次献公派申生出征就是要体察其心意。于是里克假装生病，没有随军出征。结果晋军大获全胜，而申生又兢兢业业、谨小慎微，并没有留下什么把柄，所以也惊险过关了。

俗话说：不怕贼偷，就怕贼惦记。如果别人处心积虑地要算计你，往往防不胜防，因为明枪易躲，暗箭难防，暗藏杀机的隐秘敌人是最可怕的。骊姬行事就是最好的例证，她蓄谋已久的事，怎能半途而废呢？看几次暗算都没有得逞，她准备亲自动手了。一天夜里她对献公说：“太子一直驻守曲沃，您何不召他回来，只说我想念他，他必然会有所感动，那样我也许能逃过一劫。”献公一切遵照夫人的话做，召回申生。申生进宫拜见骊姬，骊姬设宴相待，当时也是其乐融融，可晚上她又向献公哭诉：“我本来想主动和他培养一下感情，这才召他回来以礼相待，谁知他竟然对我无礼。”献公说：“怎么了？”她道：“我留太子吃午饭，他要喝酒，当他喝得差不多的时候，言颇涉邪，调戏我说：‘我父亲年老了，剩下您该怎么办？’我怒而不应，他又说：‘当年我祖父年老体衰时，就把我母亲留给了父亲，如今我父亲老了肯定也会有此安排，那就非您莫属了。’说完要拉我手，我死命挣扎他才作罢。您若不信，我就约他去花园游玩，看他在无人处的表现，就能认清他的庐山真面目了。您在高楼上偷看他的一举一动，到时您自然会明白我没有说谎。”献公说：“好吧。”

第二天，骊姬请申生一起到花园游玩，申生也苦无机会向这个后妈讨好，如今有她的主动邀请，感觉喜从天降，急忙就过来了，谁知道骊姬灿烂的笑容下掩饰着一颗冷酷的心。骊姬事先把蜂蜜涂抹在自己的头发上，这样肯定要招蜂引蝶，一时蜂蝶纷飞，全都围着她转。她故作惊慌地说："太子快快把蜂蝶赶走。"申生只好在身后用衣袖挥拂，献公远远看去，真以为有调戏之事，心中大怒。他以为儿子只是表面上文质彬彬、温文尔雅，其实是一个内心险恶的衣冠禽兽。他立刻就要逮捕申生，骊姬制止道："是我把他召来的，您若杀他，国人自然而然地就会认为是我唆使您做的，这样我就是跳到黄河也洗不清呀！说实话，我也确实不想看着你们父子骨肉相残，您这样做让我内心难安。况且家丑不可外扬，宫中暧昧的事还是别声张，我姑且忍气吞声吧，只愿能息事宁人。"

献公再一次感到骊姬对自己是"忠贞不贰"的，而且"通情达理"，没有让自己白疼她一回。两方面一比较，他更加鄙视申生的为人，他哪里知道骊姬笑里藏刀、口蜜腹剑的厉害。于是他把申生打发回曲沃，暗中派人搜罗他的罪状（这出戏叫"骊姬戏太子"，《史记》和《左传》上都没有记载。这出戏有可能是小说家的构想，或者是"嫁接"，出现在《东周列国志》上，但是骊姬千方百计地陷害申生无疑是有事实根据的，我们读书读人性，也为了增加一点故事性，姑且信之）。

从这里可以看出，男女之间的事最是说不清道不明、剪不断理还乱的，一旦受到误解，百口莫辩，跳到黄河也难洗清。有人说道听途说的东西信不得，因为耳听为虚，眼见为实，但有时亲眼所见的东西也未必是真实的，既不能听信一面之词，也不能只相信眼睛。事情是复杂的，要听正反两方面的意见，多角度观察事物，据此再做出判断，这样恐怕才能接近事实的真相。晋献公先是受到骊姬的诱导，先入为主的思维开始作祟，接着就看到似是而非的假象，据此做出评判，肯定要犯错误。

所以，我们不要轻信耳朵，也不要轻信眼睛，“眼见未必为实”，要集思广益，经过充分的调查分析后才能做出判断。晋献公给我们上了生动的一课，就是如何做出判断。

如果说上面那个陷害申生的事件有小说家杜撰的嫌疑，那么下面要说的这个故事是明确记载在《史记》《左传》上的。骊姬在层层设诱，做好了一切舆论准备以后，开始实施最后的“绝杀”。她是一个颇有心机的女人，知道自己现在已经取得了献公的充分信任。不管是正确的信念，还是错误的认识，人一旦形成思维定式，就不是轻易能够被人动摇的。坚持正确的叫“坚定”，坚持错误的叫“固执”。骊姬趁献公出去打猎的间隙，派人对申生说：“你父亲梦见你母亲哭诉道：‘我在阴间饥饿无食。’你赶快祭奠一下你母亲。”申生是一个出名的孝子，听到这话赶忙在曲沃祭奠母亲，并且把一块祭肉送给自己的父亲。

骊姬在献公打猎回来之前，在祭肉中放了毒药，然后对献公说：“我梦见申生的母亲对我诉苦说在阴间饥饿难忍，所以让太子祭奠她。现在有太子送来的祭肉，谁也没敢动，只等您回来享用。”献公正好饥肠辘辘，就命厨师把祭肉做好下酒。他刚要动筷，骊姬劝止说：“酒食是外面送来的，还是小心为妙。”把酒洒到地面上，地面隆起；把祭肉扔给狗吃，狗当即死去；给小宦官吃，小宦官也当场见阎王。骊姬哭泣道：“太子可真忍心哪！连对自己的父亲都下得了手，何况他人呢？您已经老了，可他还是急不可耐，竟然想用这种手段取而代之。”她接着说：“太子之所以这么做，不过是因为我和奚齐的缘故。他看您宠爱我们，感觉地位受到威胁，所以要用极端的手段来报复。我们母子情愿躲到国外去，或者干脆自杀算了，免得我们母子被他残害，也省得你们父子伤了骨肉亲情。当初您要废掉他，我死活不肯，后来他调戏我，您要为我主持公道，我考虑再三，还是想以和为贵，谁知他现在竟然……我现在才知自己大错特错了。”献公大怒，准备擒拿申生。申生听到这件事后，逃到了新城。献公杀死了他的老师杜原款，认为老师失职，教导无方，竟然调教出这么一个大逆不道的人。

有人对申生说：“放毒药的是骊姬，您为什么不当面锣对面鼓地和她对质呢？”申生说：“我父亲老了，他若没有骊姬，寝食难安。我若解释清楚，他肯定要给骊姬好看，那样他的晚年也无趣至极了，我不能这样做。”有人说：“那您就逃到国外去，再找机会回国。留得青山在，不怕没柴烧。”申生说：“我父亲不问青红皂白，就给我定了个‘弑父”的罪名，我身上有这个污点，别人会怎么看我？我真是有口难言。我若违心地把过错承担下来，背负千载骂名，我做不到；若是把过错推到父亲身上，那是彰显他的失误，家丑又怎能外扬？那时我们父子同时被别人耻笑，也不可取。我听说‘仁者以德报怨，智者以理服人，勇者视死如归’，我宁死也不能让父亲名声受辱，同时也不想承认“莫须有”的罪名，让人戳我的脊梁骨。要想忠孝两全，我只能自杀。但我相信天下事抬不过一个‘理’字，历史将宣判我无罪，还我以清白。”于是他向献公所在的方位拜了几拜，自缢而死。这是历史上的一个冤案，在当时就已大白于天下，可惜申生满脑子“愚忠”思想，才让犯罪凶手骊姬逍遥法外。但是骊姬也是损人不利己，最想得到的东西在手里还没有焐热乎，就鸡飞蛋打了。不信的话，大家请看后文。申生这种性格有点像秦始皇的大儿子扶苏。

这时重耳与夷吾正行进在通往都城的路上，想朝见献公，骊姬的党羽说：“重耳、夷吾和太子申生三位一体，荣辱与共，他们肯定怨恨您害死申生，不如……”骊姬心领神会，当然也确实害怕，就在献公耳边谗毁二位公子说："太子申生下毒的事，重耳、夷吾都曾参与，他们把申生的死都归罪于我，日夜操练兵马，只想袭晋以图大事，又想杀我以泄私愤，您不可不察。"两位公子在中央都安插了耳目，这时听说骊姬又进谗言，就赶忙返回各自的城邑，重耳回到蒲邑，夷吾逃回屈邑，纷纷加固城墙，布置防务。

献公开始不信，后来听说二人不辞而别，这才认为他们做贼心虚。没有谋反的意图怎么不敢见他？最主要的原因就是他已被骊姬迷惑得难以自拔了，剩下的这个脑袋只能吃饭和睡觉，担负不起思维判断这一重要的职责了。于是他兵分两路，讨伐自己的两个亲生儿子。宦官履鞮（dī）带兵攻入蒲邑，督促重耳快点自杀。重耳越墙而逃，履鞮紧追不舍，砍断了他的衣服袖子，但谢天谢地，有惊无险，重耳还是逃到了狄国。晋国的政治精英们认为重耳状貌伟异，贤能圣明，将来必成大事，一起跟他逃亡了十九年。正是这个智囊团的积极运作，重耳终于成了晋文公，名垂青史，而现在差点杀了他的这个宦官履鞮后来也派上了大用场，并且教给我们一个看人看事的道理，这是后话。

献公派人攻打夷吾的那一路遭到了顽强的抵抗，没能攻打下来，第二年献公增派兵力，夷吾溃败。他也想逃往狄国，手下劝道："这样不行。重耳已在那里了，如果你再去，目标过于集中，晋国一定会移兵攻打，狄国害怕晋国，灾难会因此降临。莫不如逃往梁国，梁国靠近秦国，秦国强大，而且申生的妹妹是秦穆公的夫人，到时君王死去您可以借助秦国的力量继位。"于是夷吾逃到梁国（古国名。嬴姓。在今陕西韩城南。梁国应该在晋、秦两个大国之间。根据《史记·秦本纪》记载，秦穆公二十年，"秦灭梁、芮"。从《史记·晋世家》的记载中可知，梁伯喜欢大兴土木，修筑城墙壕沟，超出了老百姓的承受能力，以至民力疲劳，人心怨恨，民众多次互相惊扰，说“秦国强盗来了”，百姓恐惧惶惑，秦国终于灭亡了它。后来，秦改称其为“少梁”。战国秦惠文王十一年，即公元前 327 年，“更名少梁曰夏阳”。战国时期魏国迁都大梁，那里也习惯被称为梁，但是与这个梁是两码事。大梁，在今河南开封西北。《三国演义》中有一回叫“荆州城公子三求计”，说刘备依附荆州刺史刘表的时候，刘表有两个儿子，老大叫刘琦，少子叫刘琮，刘琮的母亲是蔡夫人，刘表是“妻管严”，加上溺爱少子，想立刘琮为继承人，蔡夫人也常常想陷害刘琦，刘琦无计可施，向刘备求助。后来刘备给刘琦出主意，让他去求诸葛亮。刘琦假称有部古书请诸葛亮鉴赏，其实是向其谋求求生之道。他连求三次，并且在“上屋抽梯”的情况下，诸葛亮才说：“你不记得申生在内而亡，重耳在外而生的典故吗？”刘琦醒悟，让刘备帮忙使自己到夏口带兵。他果然没有被迫害，而且刘备在帮人的同时也为自己留下了退路，后来与孙权联合在赤壁抗衡时，刘琦的夏口水军倒是一支生力军。所以说，要是不知道这段历史，很难真正理解诸葛亮那句话的内涵。这个典故也有“留得青山在，不怕没柴烧”的意思）。暂且按下这两路。

第三章 晋献公假途伐虢 攸关方唇亡齿寒

两个儿子跑了，晋献公后来打了一次重耳所在的狄国，但没成功，他也就作罢了，没有赶尽杀绝。就在他攻打重耳、夷吾的这一年，他把目光对准了和晋接壤的虞国与虢国，这也是典故“假途伐虢”的由来，“假”就是“借”的意思，向谁借道呢？虞国。虞国、虢国、晋国和周朝都姓姬，但后来都以利害关系作为国家政策的出发点，根本没有什么同宗的感情了。

虞国，在今山西平陆北，姬姓，开国之君为古公亶父二儿子仲雍之后。仲雍与大哥吴太伯是春秋时期吴国的创始人，为了避让老三季历，他们逃到了今长江中下游的苏州一带。季历的儿子就是周文王。虢，分东虢、西虢、小虢和北虢。东虢的位置在今河南荥阳东北，姬姓，开国君主为周文王之弟叔，周平王四年，即公元前 767 年，为郑所灭。西虢的位置在今陕西宝鸡东，姬姓，开国君主为周文王之弟仲。西周灭亡后，留居原地者称为小虢，周庄王十年（公元前 687 年）为秦所灭；迁居上阳者，称为北虢，位于今河南三门峡和山西平陆一带，周惠王二十二年（公元前 655 年），被晋所灭。“假途伐虢”中的虢，不是东虢、西虢、小虢，而是北虢。

当时，要攻打虢国必须通过虞国的领地，那晋国为什么要攻打虢国呢？我们之前说过，晋武公（晋献公之父）的政权是从原晋国手中夺过来的，原晋国的公子有的逃到了虢国，这么好的借口怎能放过?！在那个弱肉强食的竞争时代，根本无理可讲。但是虞国会心甘情愿地借道吗?为此，晋、虞两国的君臣各自进行了一场宫廷辩论（其实在晋献公二十二年之前，晋国已讨伐了一次虢国，但没有成功），晋国君臣就国内外形势交换了意见。

献公问：“虢国可以讨伐吗？”大臣荀息说：“虞国与虢国，唇齿相依，关系和睦，我们若是攻打虢国，虞国肯定救援，若是攻打虞国，虢国也会施以援手。我们以一敌二，我看未必行。”献公说：“难道我们就束手无策了吗？”荀息说：“办法是有，只是要假以时日。虢公穷兵黩武而又骄傲自大，我们可以挑动他的怒火，让他主动攻击我们，引蛇出洞，这样晋国就有攻击他的借口了。而且他好色成性，在寻找战机之前，您只要挑选才艺双绝的美女奉献给他，到时再多说一点好话，他肯定会接纳。只要他沉湎于声色犬马，必定荒废国事，疏远忠良，我们就有机会了。”于是献公按计行事，把歌女舞姬进献给虢公。虢公想接受，大臣劝道：“这是晋国用来钓我们虢国的香饵，您怎么非要吞下去呢？”虢公不听，此后日听淫声，夜接美色，把国事抛在了脑后。

后来献公找到了伐虢的借口，他又问荀息能否胜利，荀息说：“现在虞、虢的交情还没有断，我有一计，可以今日取虢，而明日取虞。”献公问：“何计？”荀息道：“虞公贪婪成性。要想破坏虞、虢的攻守同盟，只能用重宝贿赂虞公。他最喜欢玉璧和名马，现在只能舍得下赌注了，把您最珍爱的玉璧和千里马奉献出来。”献公说：“这两件东西我也喜欢，舍不得。”荀息说：“您应该知道舍不得孩子套不住狼的道理，舍得舍得，有舍才有得，将欲取之，必先予之，没有大气魄也难有大成功。只要他借道，并且作壁上观，讨灭虢国易如反掌，而虞国失去这个友邦，也肯定难以独存，那时虞国也会成为我们嘴边的肥肉，想怎么

◎三个成语的关系及产生的三个影响

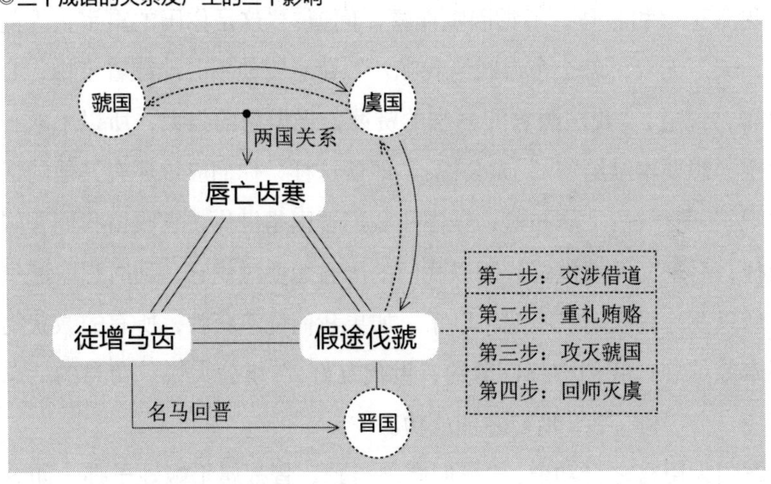

影响1　引出名篇《宫之奇谏假道》

影响2　引出名人百里奚

虞国灭亡，百里被俘
献公嫁女，让其陪嫁
引以为耻，逃至楚国
隐姓埋名，放牛谋生
穆公闻贤，五羖赎回
楚王不识，放其去秦
百里才高，授以国政

影响3　百里奚是“秦晋之好”外交战略的支持者

吃、想什么时候吃，全凭自己决定，所以我们给出去的璧、马只是寄存在外府罢了，虞公只是过路财神。您想扩大领土，这点小小的东西又算得了什么呢？”里克说：“虞国有宫之奇和百里奚（后来辅佐秦穆公称霸的百里奚还在虞国工作）两位贤臣，多谋善断，这种计策恐怕难逃他们的眼睛。”荀息说：“虞公本人是烂泥扶不上墙，加上贪婪而愚蠢，鼠目寸光，两人劝谏也没用。”于是献公让荀息全权处理这件事。

荀息拜见虞公，把自己想借道讨伐虢国的事说了一遍，虞公发怒，可一见到玉璧和名马，不觉回嗔作喜，问道：“这是你国的重宝，人间罕有，天下无双，怎么舍得赠给我呢？”荀息看他不时地瞟着宝物，心中暗喜，说道：“我国国君仰慕您的贤德，畏惧您的强大，所以不敢独吞此宝，想要奉献给您。”虞公说：“即使这样，你们应该还有其他的话要说吧。”荀息说：“您知道，虢国和我们晋国是世仇，它收留我们晋国的叛徒，后来又无端挑衅，所以我们的国君想要讨伐它，到时想取道贵国，您只要睁只眼闭只眼就可以了。如果我们侥幸获胜，所有的缴获物品都奉献给您，我们再签订盟约，世代友好。”虞公大悦。荀息的话总是围绕一个“利”字，所以才能成功。

虞国大臣宫之奇劝道：“我们虞国与虢、晋都属于姬姓子孙，如今晋国想要讨伐虢国，它也同样不会爱惜虞国。而且虞国与虢国好比嘴唇和牙齿的关系，唇亡齿寒。晋国之所以不敢贸然出兵，就是因为虞、虢两家肝胆相照、荣辱与共，形成了攻守同盟，虢国今天灭亡，虞国明日也难逃厄运。”虞公说：“如今晋国倾心和我结交，我失了虢国得了晋国，晋国要比虢国强大十倍，怎么能说没有利处呢？”宫之奇说：“您应该知道，晋侯（晋献公）的曾祖桓叔被封在曲沃，是小宗，可是经过曲沃桓叔、曲沃庄伯、曲沃武公（晋献公之父晋武公）三代人的努力，到晋侯的父亲晋武公时，他篡夺了大宗的政权，大宗的公子们或者被杀，或者被驱逐国外，有的跑到了虢国，这才引起晋侯的嫉恨。事情还不算完。晋武公消灭了原来的大宗，自己成了大宗，而对他们自己系统中的小宗，又大开杀戒。这些公族都是曲沃桓叔和曲沃庄伯的后人，可称为'桓、庄之族'，是晋侯同祖的兄弟，可几年之间，就被诛杀殆尽。您说晋国会爱虞国，可是两国再亲，又能亲得过晋侯与'桓、庄之族'的关系吗？'桓、庄之族'何罪？为何要诛杀他们？不就是因为他们族大势强，威胁到晋侯的利益了吗？只是因为利害相争，晋侯尚且毫不犹豫地对至亲下手，晋国与虞国只是国与国之间的关系，有更加不可调和的利害冲突，晋国怎么会爱虞国呢？"虞公说："我祭祀的时候祭品丰富、内心虔诚，神灵会保佑我的。"宫之奇说："天道弗亲，唯德是辅。老天爷只辅助有德行的人，您怎么可能只用小恩小惠就感化上天呢？"虞公不听，宫之奇还想劝谏，百里奚扯扯他的衣袖劝他算了，事后百里奚说："把嘉言良语说给愚人听，无异于对牛弹琴，你再要强谏，恐怕要因此而遭祸。"宫之奇长叹一声，率领他的家族离开了虞国。

晋国在虞国的暗许下攻灭了虢国，在回军途中看虞国没有防备，顺便袭灭了虞国，俘虏了虞公和百里奚等大臣。虞公贪图芝麻绿豆大的小利，终于自吞苦果（这个故事收入《古文观止》时定名为《宫之奇谏假道》，也是典故"假途伐虢"与成语"唇亡齿寒"的来源）。虞公连依靠谁、联合谁、打击谁都搞不清楚，怎么能实现自己的目标呢？他不知道谁是真正的朋友，所以亡了国。

晋献公派人主持虞国境内山川之神的祭祀，正式兼并了虞国，当年送给虞公的玉璧、名马又被荀息拿回来了。荀息说："我的计谋已经圆满实施，如今归还您的玉璧和宝马。"献公大笑道："玉璧还是老样子，马也是我的马，只是年龄大了（即典故“徒增马齿”，后来也指蹉跎岁月）。”献公想杀掉虞公，荀息说：“这种人能有什么作为，不如留着他。”于是把他当作“寓公”来对待，和后来晋武帝对待乐不思蜀的刘禅差不多，这种人只有这一条路可走。百里奚也被俘虏［从《秦史之谜》中可知，晋献公把自己的女儿，也就是太子申生的妹妹嫁给了秦穆公，这是“秦晋之好”的开端，而百里奚作为陪嫁送给了秦穆公，可百里奚深感耻辱，半道跑到了楚国给人喂牛。秦穆公知道他贤能，又怕楚国知道他的真正价值，只以逃跑奴仆的价格用五张黑色公羊皮把他赎买回来，因此百里奚被称为“五羖（gǔ）大夫”。他又推荐自己的朋友蹇叔主政，两个人辅佐秦穆公称霸西戎，也为秦国的发展奠定了基础，制定了秦国的发展大计］。

在这个时候，晋国空前强大，领土扩大到与秦国接壤。晋献公二十六年，齐桓公的霸业达到巅峰，在葵丘会合诸侯（葵丘之盟）。献公也收到邀请函，但他因为有病，动身晚了，在半路上遇到周王室的宰孔。宰孔说：“齐侯日益骄横，不努力修行德政，一味好大喜功，诸侯们都不服，您还是别去为好，他不能把晋国怎么样。”献公的确有病，就返回去了。后来他病重，骊姬哭道：“您为了立奚齐为太子，已得罪了众多大臣，一旦您驾鹤西去，我孤儿寡母将依靠谁呢？”献公于是把荀息叫到床边，问道：“我听说贤士以‘忠信’二字为安身立命之本，你说什么是忠信？”荀息说：“尽心事主为忠，一诺千金为信。”献公说：“好的，我知道你忠贞不贰，如今我想立奚齐为太子，可他年幼，诸位大臣不服，难免要有内乱，我想把他托付给你，你能答应我吗？”荀息说：“能。”献公问：“怎么证明呢？”荀息说：“即使您死而复生，我也敢坦然面对，这就是证明。”于是献公把奚齐托付给荀息，荀息担任国相，主持国家的政务。当年九月，晋献公去世。

第四章　大晋国风雨飘摇　晋惠公浑水摸鱼

这时的晋国果然是山雨欲来风满楼，杀机四伏。晋国的大臣里克和丕郑想把重耳迎接回来继位，这两个人在晋国很有势力，盘根错节，根深蒂固，基本上代表了当时晋国政坛的主流意愿。他俩想利用重耳、夷吾、申生的党徒作乱，事先对荀息说："三个公子的党羽怨恨骊姬谗言惑主，想要作乱，到时外有秦国帮助，内有国人响应，你怎么对付？"荀息说："我受献公所托扶立奚齐，奚齐就是我的君王，此外再无他人！一旦力不从心，唯有一死来向献公谢罪。"丕郑说："你这么死不值得，不如再改立他人算了。"荀息说："我曾经在献公面前立誓，虽粉身碎骨，在所不辞。"二人再三劝说，荀息心如铁石，始终不妥协。丕郑问里克："因为有同僚情谊，所以事先和他讲明利害关系，但他坚守信条，怎么办呢？"里克说："他为奚齐，我为重耳，二人各为其主，有何不可。"

当年十月，献公还没有安葬，里克就在丧礼上刺死了奚齐，荀息抚尸大哭道："我受遗命托孤，不能保护太子，这是我的过错。"说完想撞墙自杀，骊姬强抑丧子之痛劝道："如今献公还未安葬，您怎能一死了之，而且奚齐虽死，可立悼子为君。"这悼子是她妹妹生的儿子，于是荀息拥立悼子为国君，埋葬了献公。当年十一月，里克率领党徒杀入朝中，荀息抱着悼子说："这个孩子有什么罪！要杀尽管杀我，请求留下先君的这一块肉。"里克说："申生又有什么罪呢？难道他不是先君的骨肉？"他抓过悼子杀之，这个孩子当时还很弱小，却尝到了人生的苦辣。荀息乃社稷之臣，为信仰而自杀。有一说，骊姬被里克鞭杀，骊姬的情夫及党羽被斩杀干净，悼子的母亲无宠无权，被打入冷宫。骊姬机关算尽，结果还是竹篮打水一场空，为谁辛苦为谁忙呢？

里克命人去狄国迎接重耳回国继位，重耳谢绝道："我辜负父亲的恩情逃亡国外，在他病重期间，不能端汤侍药，陪伴左右，在他死了以后，又没有尽到做儿子的义务守丧送葬，不孝至极，我怎敢回国继位？你们还是改立别的公子吧。"这些人没办法，只好考虑迎接公子夷吾。里克说："夷吾为人贪而忍。贪婪则无信义，心狠则无恩情，不如重耳宽仁大度。"可有人说："重耳不回来有什么办法呀？再说夷吾怎么也比其他公子还强一些吧？"事已至此，里克也没办法，只好派人去梁国迎接夷吾。

夷吾在梁国娶了梁君的女儿为妻，生了一个儿子圉（yǔ）。他一直在密切关注晋国的动态，日夜希望国内生变，好乘虚而入，后来听说有人来迎接他，夷吾以手加额喜形于色。他的手下郤芮、吕省劝道："重耳并不是一个胸无大志的人，如今拒绝继位，肯定是心有疑虑，您也不要轻信。如今晋国大臣专政，他们舍近求远，不立国内可以继位的公子，而来迎接你们两位公子，肯定有其个人目的，所以您要用重利引诱他们。若想稳操胜券，您还要在国外再寻找一个靠山，而与晋国接壤的国家中只有秦国强大，您何不派人去和秦国通好？”于是他派人去结交秦国。

大家知道，夷吾、重耳的同父异母姊妹是秦穆公的正妻（即太子申生的姐姐，百里奚就是在这次婚姻中作为陪嫁的奴仆被送给了秦国），秦穆公知道他想依靠自己继位，心里也在盘算：究竟是答应夷吾呢，还是拥立重耳好呢？他派人秘密考察两人。听完密探回报，穆公说：“重耳的贤能胜过夷吾百倍，应该拥立重耳。”大臣问：“您拥立晋君，是真心实意为晋国好呢，还是想自己图个好名声？”穆公说：“晋国怎样和我有何相干？我只是想扬名立万。”大臣说：“您若是真心为晋好，就拥立贤者；您若想扬名于天下，则不如拥立不肖者。两种做法都是一样的效果，但是让自己的邻居强大也并非秦国的福分，倒不如让一个不肖者继位。”穆公低头思考片刻，说：“这话说得对。”可见古今中外，国家利益都是对外政策的中心。于是他接纳了夷吾的使者。夷吾答应：“若是扶助我登上君位，我把黄河西岸的土地割给秦国。”夷吾又给里克写信道：“若是我真能继位，愿把汾阳的城邑封给你。”他四处许下承诺。秦穆公发兵护送他回国。齐桓公听说晋国发生内乱，因为他当时属于大哥级人物，也率领诸侯前往晋国，他与秦穆公一道扶立夷吾为晋君，史称晋惠公。

晋惠公顺利继位，这时，他该兑现承诺了。他把自己当时答应给秦国土地的事说了，但他的话里明显有舍不得的意味。他的心腹吕省会意，抢先说道：“此一时彼一时。当时您答应的时候，还不是国君，就不能代表国家意志，而您现在已是国君，就是不兑现承诺又能怎样？”里克说：“您刚继位就失信于诸侯，恐怕不妥。”另一个心腹郤芮说：

◎晋献公之后晋国政局的混乱状态

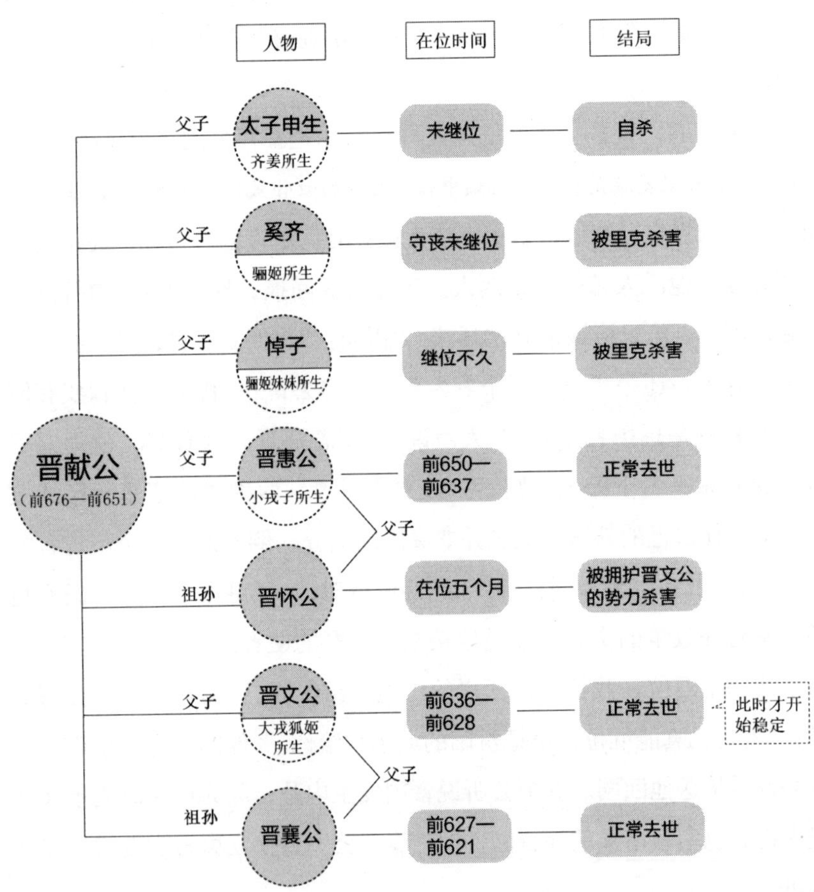

“割去这八个城池等于削去晋国一半的土地，即使秦国全力攻打，也不可能有这么大的利益，况且这块土地是先君耗尽心血得来的，不可随便给人。”里克说：“早知今日，何必当初，既然知道是来之不易的土地，当时为何许诺呢？如今言而无信，恐怕会激怒秦国。而且国家不在土地的大小，只要国君自强自立，实行德政，肯定能由小变大，以弱胜强。”吕省大喝道：“里克吃里扒外，不知道为国家利益谋算，而且你这么替秦国说话，恐怕是醉翁之意不在酒，是想为自己享有汾阳的封地做铺垫吧。”丕郑推了里克一下，里克不敢再说。惠公说：“不给则失信于人，给了则自我削弱，那么给他一两座城怎么样呢？”吕省道：“给少了也是失信，不如彻底不给。”这话正合惠公心意，于是惠公派人去回绝秦国，丕郑主动请命出使秦国（原来这丕郑有别的目的。惠公继位之前也向他许诺，赏给他封地，如今丕郑一看，他对秦国都敢失信，自己与里克的利益更不用想了，所以恼恨异常，准备与秦穆公谋划推翻他的统治）。

丕郑到了秦国，递上了晋惠公的书信，上面写道：“当时我答应把黄河西岸的土地割让给您，现在侥幸承袭了君位，我准备办理交割手续，可大臣们说：‘土地是先君开拓的，您当时流亡在外，怎么能擅自做主割让土地呢？’我虽然极力争执，仍然得不到他们的支持，所以只能向您深表歉意，因为我无能为力了。”看到这，秦穆公的鼻子都气歪了。丕郑于是进言不如赶跑夷吾，改立重耳，这人言而有信。穆公让他回到晋国策划这件事，主要是用重金贿赂晋惠公倚重的吕省等人。

然而，在丕郑出使秦国期间，国内又有了动荡。怎么了呢？里克被杀了。其实，里克的本意是迎回重耳，谁知重耳不接受，半路杀出个程咬金，惠公继位，当时惠公许诺的田地，分毫不给，他又只任用自己的心腹，先朝的老臣一概被排挤。里克本来心中就不服，他劝惠公不要失信，说的都是公道话，可硬生生地被扣了个以私废公的大帽子，忍了一肚子的气，不经意间就露出了怨望的神色。有人向惠公献谗道：“里克怨恨您夺去他的职权，也没有兑现当初的承诺，心中不满。他的死党丕郑出使秦国，肯定有所图谋。而且里克看重重耳，拥立您根本不是他的本意，万一他与重耳里应外合，怎么防备？不如赐死，以绝后患。”惠公说："里克有功于我，而且杀之无名。"那人说："里克先杀奚齐，又弑悼子，接着夺去顾命大臣荀息的命，罪孽深重！他迎接您继位，只是出于私人恩怨，而您讨伐无道则是国家大义，还是杀掉他的好。"

于是惠公派人到里克家，说道："要是没有你里克，我无法继位，但是有了你，我整日提心吊胆，如芒在背，因为你太爱杀国君玩儿了，如今奚齐、悼子和大夫荀息都被你处理了，做你的国君不是太难了吗？"里克说："没有废立，您怎能继位？欲加之罪，何患无辞（成语来源）？竟然用这样的借口，我知道您的意思了。"于是拔剑自杀。惠公忘恩负义是一方面，里克当时做事也欠考虑。等到丕郑回国，他用重金贿赂惠公的几个心腹。几个人商量道："财物太重，甜言蜜语，无缘无故献殷勤，一定是丕郑与秦国密谋了。"于是他们通报惠公，惠公下令杀死丕郑及他与里克的党羽。丕郑的儿子丕豹逃到秦国，劝秦穆公讨伐晋国，可秦穆公没有同意，但重用了丕豹。

再接下来就是晋惠公与秦穆公的恩怨，关于这一点，《秦史之谜》中有详细的叙述，在此只作概述，把笔墨放在晋文公重耳的流亡及称霸上。晋惠公这人果然贪婪无信。晋惠公四年时，晋国发生饥荒，向秦国请求购买粮食，百里奚认为救济灾荒、急人所难是一个有作为国家的责任，秦穆公也认为晋惠公无耻无信，但晋国百姓是无辜的，就答应了晋国的请求。第二年（《秦本纪》中为隔一年，《晋世家》中是第二年），秦国也发生饥荒，就向晋国求援，晋国这年是大丰收，可晋惠公不但不借粮，反而采纳虢射的建议要趁火打劫，攻打秦国。他两次失信不说，还以怨报德，把秦穆公气得暴跳如雷。晋惠公六年时，秦晋在韩原展开大战，晋惠公被俘虏，秦穆公想杀了他以彰显人间还有正义，可周王室派人来说情，加上穆公夫人又是晋惠公同父异母的姐姐，几方面说和，秦穆公决定放了他，但是要把以前答应割让给自己的土地兑现了，然后把太子圉扣为人质，这件事才算告一段落。晋惠公虽然死里逃生，但也尝到了无信无义结出来的苦果。

晋惠公八年时，太子圉被派往秦国当人质（圉是当年惠公遭受“骊姬之乱”逃亡到梁国时娶梁伯的女儿生的，后来还有一个女孩。他们的外祖父梁伯派人给他们占卜前途，说男孩将做人的臣仆，女孩将做人的奴婢，所以男孩叫圉，女孩叫妾。“圉”，古时指养马的人或养马的地方。取贱名，是为冲抵卦兆的不祥）。圉来到秦国两年之后，也就是晋惠公十年，梁国被秦灭掉了（我们知道，梁国处在秦、晋之间，秦国早就对它垂涎三尺了，而梁伯喜欢土木建筑，不知爱惜民力，无休无止地做些“面子工程”，百姓疲惫不堪，怨声载道，民众多次互相惊扰，说：“秦国强盗来了。”民众惶恐不安，民心不附。秦国攻来时，也没人抵抗，秦国灭亡了梁国）。

晋惠公十三年时，惠公病重，身边有好几个儿子侍奉。太子圉想：“我母亲是梁伯的女儿，可梁国被秦灭了，我在外被秦国轻视，在内没有心腹大臣援助，父亲一旦死了，晋国大臣们恐怕要轻视我，改立其他公子。”他于是谋划和他的妻子逃回晋国。他的妻子是秦穆公的女儿，秦女说：“你是晋国的太子，困辱在这里，所以让我来服侍，以稳定你的心。为了前途你走吧，我不方便跟你走，也不会把消息泄露出去。”太子圉于是逃回了晋国。第二年九月，晋惠公去世，太子圉继位，就是晋怀公。

晋怀公的不辞而别，让秦穆公很恼火，他派人寻找重耳，想护送其回国继位，而晋怀公那里也心虚，他怕秦国讨伐，就命令国内跟随重耳逃亡的人的亲属把他们召回来，限期不回的人全家将被诛杀。当时有一个叫狐突的，他是重耳的外公，两个儿子狐毛和狐偃追随重耳到了秦国。狐突不奉命，说："我的儿子侍奉重耳很多年了，他们与重耳已有君臣之义，我把他们召回来，不等于教唆他们反叛其君吗？这种话说不出口。"晋怀公就杀死了狐突。秦穆公终于护送重耳回国继位，这就是晋文公，而晋怀公也被杀掉，从此晋国进入一个新时代。但我们有必要讲清，重耳的逃亡之路充满了艰辛和戏剧性。他究竟经历了什么？他是如何被秦穆公扶助继位的呢？

第五章　贵公子周游列国　五贤士风雨同舟

俗话说：龙生九子，各有千秋。晋献公这几个成年儿子中，申生过于仁慈、洁身自好，属于完美主义者，这样难免事事求全，做事思前想后，而且这类人总爱把过错揽到自己身上，所以，若是一切太平还好，在困境之中就很难做到杀伐决断。为了保持清白、完善自我，他们不惜飞蛾扑火，最后难逃自杀的命运。晋惠公夷吾基本上可以说卑鄙无耻、见利忘义，他是一个鼠目寸光的现实主义者，因此这种人往往是丢了西瓜捡芝麻，干大事而惜身，见小利而忘命。他根本不讲原则，反复无常。对于这种人，采用说教、劝导的办法根本没有用，只有用鲜血才有可能擦亮他的眼睛。而晋文公重耳是一个具有霸主之才的人物，他德才兼备，有眼光，有魄力，有担当，有亲和力，既不是那种受不得一点侮辱的完美主义者，也不是那种唯利是图、不顾道义的现实主义者。他有理想，也有解决现实问题的能力，最主要的是：他能够组建自己的智囊团，利用团队的力量。

◎关于晋文公手下“五贤士”的三种说法

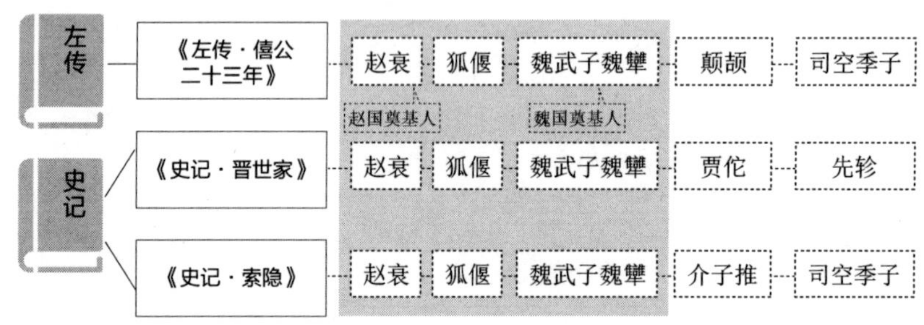

重耳从小就喜欢结交贤士，在他十七岁时，有五个贤士（《史记》中记载的“五贤”是赵衰、狐偃咎犯、魏武子、先轸和贾佗，笔者采纳了另外一种说法）辅佐：赵衰（战国七雄中赵国的奠基人）、狐偃咎犯（重耳母舅）、魏武子（战国七雄中魏国的奠基人）、介子推、司空季子。

在重耳的父亲晋献公还是太子时，重耳就已经是成年人了。献公继位时，重耳已经二十一岁了。献公十三年时，因为骊姬的原因，重耳被派到了蒲邑去防守边境。献公二十一年时，献公杀了太子申生，骊姬谗毁重耳与夷吾，重耳害怕，只好困守蒲邑，希冀一朝之安。献公二十二年，献公派宦官履鞮去杀重耳，重耳越墙而逃，只被斩断了衣袖。重耳逃往狄国，狄国是重耳母亲的故乡。这时，重耳已经四十三岁了，跟随他逃亡的，有上述五位贤士，还有其余不知名的几十人，他们一起到达狄国。

狄，是古代民族名，也作翟。春秋时代，狄分布在今陕西、山西北部，河北西北部，内蒙古及其以北地区，曾入侵曹国，大败邢国，攻破卫国，对中原文化形成巨大的威胁。到了战国时代，狄一分为三：鲜虞族（白狄的一支）建立中山国；大部分被华夏族及其诸侯国兼并；第三部分则迁徙至大漠南山，与当地部落结合，形成后来的匈奴和东胡族。到了秦汉，匈奴就成为华夏族最大的挑战者。

狄国国君讨伐咎（gāo，赤狄的一支）如时，俘虏了一对女子，年长的嫁给了重耳，生下伯儵和叔刘，次女嫁给了赵衰，生下赵盾（赵盾后来是晋国的实权人物，也是给赵氏光大门楣的人物）。重耳在狄国待了五年，父亲晋献公去世，里克杀死骊姬及其妹妹所生的、重耳的同父异母的兄弟奚齐和悼子后，派人来迎接他回国继位。重耳害怕被杀，而且认为自己这时继位名不正言不顺，因此坚决谢绝。不久，晋国改立他的弟弟夷吾为晋惠公。

晋惠公七年（这时重耳在外已有十二年了）时，由于惠公始终畏惧重耳，知道他贤能无比，所以就又派上次追杀重耳的那个宦官履鞮带上壮士去刺杀他。重耳听到这个消息，就和赵衰等人谋划道："我逃到狄国，并不是为了依靠狄国复兴，只因它邻近晋国，所以暂时歇脚，我早就想转移到大国去成就一番事业。我遍观诸侯后发现只有齐桓公爱做善事，乐于成人之美，而且他志向远大，想称霸中原推行王道，锄强扶弱，收养穷途末路的诸侯及公子。我听说管仲和隰朋都已去世，此时他也想要有贤人辅佐，到那里不是正好吗？"于是他们就启程去齐国。临行前重耳对他的妻子说："我如果二十五年不回来，你就改嫁。"妻子笑道："等你二十五年，我都人老珠黄、土埋半截了，还嫁给谁呢？虽然如此，我还是愿意守节等你。"重耳在狄国十二年，如今已五十五岁了。对于政治人物来说，人到五十五，正是出山虎，是政治上成熟的年龄。

重耳所在的狄国在山西、内蒙古附近，他要去位于山东的齐国，必须经过河南附近的卫国，卫文公对他很不礼貌，重耳只好离开。在路上因为饥饿他向在乡野耕作的百姓乞讨食物，田夫说："你们这些公子哥儿，平时吃香喝辣的，养尊处优惯了，不知生活艰难，不知惜福，现在受饿也是理所应当的。再说了，堂堂男子汉，不能自己养活自己，要靠乞讨生活，也不怕遭人耻笑。我只有吃饱饭才能干下午的活，哪有余粮给你。”田夫把泥土放在器皿里送给他。重耳大怒，心想不给就算了，你们还消遣我。赵衰说：“这是吉兆，得饭易得土难，泥土象征着土地，拥有土地是获取权力的象征（我们常说江山社稷，社稷与江山都有“国家”的意思，“社”是土神，“稷”是谷神。西周分封诸侯时有一种仪式叫“授土”，是天子建立一个大社，封诸侯时凿取一块社土，放在白茅上，赐给受封的诸侯，称为“受土于周室”，所以重耳应该重视这块“土”，土地在古代有非凡的意义），您应该跪拜接受。”于是重耳虔诚地跪着接受。那些田夫不解其意，哄堂大笑道：“这是一群痴人。”

又走了一段路，重耳饿得头昏眼花，而且他又病了，因此不得不挖些野菜充饥，但像他这样的公子哥儿锦衣玉食惯了，这种东西怎能下咽呢？忽然，他的属下介子推端来一碗肉汤，重耳大喜，喝了个饱，吃完才想起来问：“你从哪儿弄到的肉？”介子推说：“我听说忠孝之人为了解决君父的苦恼，可以奋不顾身。如今您吃不下饭，加上病后体虚，为了给您增加点儿营养，我割下大腿肉来为您充饥。”重耳垂泪道：“我真无能，拖累了你，我将用什么报答你的恩情呢？”介子推说：“我只愿公子能够早日回晋执政，也就不辜负我们这些人了，岂能指望您的回报？”这个典故叫“介子推割股啖（dàn，吃或喂）君”。

重耳一行人饥一顿饱一顿，终于到了齐国，齐桓公早就听说了重耳的贤名，早早地派人到郊外迎接，把他安置在高级宾馆里，又把宗室中容貌姣美的姜姓女子嫁给了他，赐给他几十匹马，其他的生活用品应有尽有。重耳说：“一直听说齐侯好贤敬士，但百闻不如一见，今日真是眼界大开。他能成为霸主，不是太应该了吗？”这是春秋时代两位最知名的霸主之间的惺惺相惜。齐桓公对这个暂时穷困潦倒的重耳非常敬重，没有一丝怠慢（这也是刘备在贫无立锥之地的情况下，曹操仍然说“天下英雄唯使君与操耳”的原因，只有处于同等精神层次的人才能真正理解）。这已是齐桓公四十二年的事了，一年后齐桓公去世（我们在《姜齐豪士》中讲到，齐桓公违背管仲的遗言，任用竖刁、易牙和开方三个小人，结果齐桓公一死，这三人就开始作乱。当时齐桓公的五个儿子争权，竖刁与易牙立公子无诡为君，把太子昭赶到了宋国。后来在宋襄公的帮助下，昭才得以继任为齐孝公，但这时的齐国因为内耗，实力已大不如前了，其他诸侯也多次侵袭齐国）。齐国这里乱成了一锅粥，重耳倒是安于现状，他宠爱齐女，沉浸在温柔乡中，一连五年都没有离去的意思。

重耳的卿卿我我、乐不思蜀可急坏了和他一起亡命天涯的老哥们儿，贪恋眼前的物质享受、沉溺于声色犬马的不是真正的政治家。赵衰等人商议道：“我们历尽艰辛来到齐国，是想借重齐桓公的霸主地位，为我们复国做后盾，谁知机缘不巧，桓公去世，齐国政局动荡，自顾不暇，又怎能助公子一臂之力呢？不如到别国去，再做打算。”于是他们想见重耳说这件事，可他只顾和齐姜寻欢作乐，根本不想复国大计，众豪杰等了十来天都没见到他。贾佗怒道：“我等以为公子胸怀大志，这才抛家舍业，不辞辛苦，千里追随，如今他在齐国停留五载，偷安惰志，乐以忘忧，不思进取，可叹时光易逝，霸业难图。我们等了十来天竟然见不到他一面，这怎能成就大事？”狐偃说：“这里不是说话的地方，你们随我来。”

他们来到一片桑林，此地绿荫重重，人迹罕至。这些人围一圈儿席地而坐，狐偃说：“我已经想好了一条计策，我们事先把行装收拾妥当，看到公子后，骗他说外出打猎，只要到了郊外，一切就由不得他了，我们劫持他上路，只是我没考虑好要投到何处。”赵衰说：“宋襄公（为方便理解，如此称呼）正在图谋称霸，这个人又好面子，总摆出‘老大哥’的谱，到那儿应该可以。如果不得志，我们再到秦、楚，肯定有立足之地。”狐偃说：“我与宋国的司马公孙有老交情，应该可以。”众人把细节商量好了才离去。

他们只以为幽静偏僻的地方无人知晓，可谁知“若想人不知，除非己莫为”“路上说话，要防着草里有人”。重耳夫人齐姜的几个侍女正在树上采桑喂蚕，把众人的密谈内容听了个一清二楚。她们回去以后，把听到的都一五一十地告诉了齐姜。齐姜怕走漏了风声，齐国人会为难重耳，就把这几个侍女都杀了灭口，然后劝重耳赶快离开齐国，重耳说：“人生只求安乐，哪还管其他的事！我要老死在齐国，不想再遭受颠沛流离的苦了。”齐姜说：“人生在世不能太自私自利，每个人都不是完全为自己活的，一个有担当的男子汉更要有责任感、使命感，特别是你。你是晋国的公子，因为穷困才来齐国，那么多人都把命运寄托在你身上，你怎么能贪图眼前的安乐呢？你不赶快回国执政，以报答劳苦的贤士，而是贪恋女色、苟且偷安，我都为你感到羞耻。你不主动追求，何时才能成功？如今你弟弟晋惠公（为方便理解，如此称呼）无道，兵败身辱，言而无信，晋人不服，诸侯不亲，这是天赐良机。你这次回国肯定能实现心愿，怎么能迟疑不决呢？”重耳这时也差点消磨了斗志，真是“英雄难过美人关”。他还是不肯。

第二天一早，那些老兄弟们都准备好了，就找重耳说要出外打猎，这时他们还不知道被人偷听这段公案呢。重耳高卧不起，对手下人说：“出去对那些人说，我今天身体不适，无法打猎，让他们先去吧。”齐姜听说后，让人把狐偃请进来。她屏退众人，问狐偃来意，狐偃说："公子以前在狄国扬鞭跃马，射狐击兔，如今在齐国很久没有打猎了，我们怕他四肢懒惰，髀（bì）肉复生，因此来请，别无他意。"齐姜微笑道："这次打猎的目的地，不是宋国就是秦、楚吧？" 狐偃一下被说中了心事，大惊道："夫人这话从何说起？打猎哪用得着走这么远？"齐姜说："休要瞒我，你们的计划我已知晓。昨晚我苦劝公子，可他执意不肯，今晚我设宴灌醉他，你等连夜带他走，事情就成功了。"狐偃顿首道："夫人割舍夫妻之情以成全公子，贤德千古罕有。"那时齐国宗室的姜姓女儿很多都被称为"齐姜"，所以大家看到有这么多"齐姜"不要惊奇。这位齐姜确实深明大义，若是她只知束缚重耳手脚，撒娇卖乖，重耳恐怕也就陷入温柔乡中难以自拔了。狐偃等人收拾妥当，只等齐姜送信来，正是"要为天下奇男子，须历人间万里程"。

晚上齐姜设宴，给重耳倒酒，说："我知道公子志在四方，特备薄酒为你饯行。"重耳说："人生如白驹过隙，只要能安享富贵，何必再有他求。"齐姜说："放纵享乐、随遇而安，不是大丈夫做的事，你应该和你的属下回晋复位。"重耳勃然变色，停杯不饮，齐姜笑道："我只是试验一下你对我的感情，如今见你情深义重，我怎么舍得让你走。本来想为你送行，如今我只想让你日夜守卫在我身边，做个护花天使。"重耳哈哈大笑，不知不觉就被齐姜灌得酩酊大醉。狐偃、赵衰等人进宫里把不省人事的重耳用被褥包好，放进车中，众人与齐姜道别，齐姜也是泪流满面，依依不舍，只是"要成鸿鹄志，须割凤鸾情"，为了成就重耳的大业，自己只能忍痛割爱了。孟子说：鱼和熊掌怎能兼得？善哉斯言！人必须在选择面前做出决断。

走了很远，重耳酒醒，才知道自己被诳出了齐国都城。当他知道这是狐偃的主意时，心中大怒，拿起戈矛要刺狐偃。这狐偃可是他舅舅啊，可盛怒之下他也不管不顾了。狐偃说："若杀了我能成就您的大业，我狐偃也死得其所了。"重耳说："如果大事不成，我就吃舅舅的肉。"狐偃笑道："若事情失败，我也死无葬身之地，您还吃什么？一旦成功，您每天有山珍海味，我的肉腥膻，您还有什么胃口吃呢？"赵衰等说："我等认为公子一向敢作敢为，这才抛家弃子，历尽艰辛，希望追随公子成就大业，也能名垂史册。如今夷吾无道，晋人都愿拥立您，可这事也要积极争取，怎有天上掉下来的馅饼？这件事是我们一致同意的，公子不要只怪狐偃一人。"先轸也说："大丈夫应当努力成名，怎么能贪恋美色而不想终身大计呢？"重耳无奈，只好作罢，于是他开始周游列国。

一行人来到曹国（姬姓，始封之君为周武王之弟叔振铎。建都陶丘，今山东定陶西北），这也是一个姬姓小国，与重耳同宗，都是周文王的后代子孙。曹共公为人，只喜欢游乐嬉戏，不理朝政，亲小人远贤臣。朝中都是一些只知溜须拍马的市井之徒，见重耳一班豪杰来到，唯恐他们威胁到自己的地位，都劝曹共公不要接纳。大臣僖负羁贤明，他劝道："晋、曹是同宗（都为姬姓国），重耳的贤德天下皆知，如今他穷困来投我国，怎么能不以礼相待呢？况且重瞳骈胁，是大贵之相，必有出头之日。"曹共公对别的不感兴趣，听说重耳有异相，问道："重瞳骈胁是何意？"僖负羁说："'重瞳'是指每只眼睛有两个眼仁，这和舜帝相似；'骈胁'是指肋骨紧密相连如一整体，这是贵相。"于是曹共公趁重耳洗澡时偷看重耳的裸体，指手画脚，嬉闹而去。重耳听后大怒，赵衰说道："龙游浅滩遭虾戏，虎落平阳被犬欺。公子暂且忍耐，君子报仇十年不晚。"重耳长叹一声只能作罢。

在晚宴上，曹共公极尽敷衍，不讲宾主礼节，重耳君臣气都气饱了，一口未吃便离席而去。僖负羁感觉不妥，晚上偷偷地给重耳送食物，并且在食物下面暗放璧玉，留给他们做路费。这让重耳在世态炎凉中体味到一丝温暖，他铭记于心（后来他攻打曹国时号令三军不许干扰僖负羁的宗族，违令者杀无赦。人心都是肉长的，人为什么不能在别人穷途末路时拉一把呢？）。重耳接受了食物，把璧玉退了回去。

离开曹国，经过宋国，这时“春秋五霸”中最有争议的宋襄公负伤了。这是怎么回事呢？原来宋襄公想和南方的楚国争霸，两军夹河列阵，宋军在楚军渡河时不打，在楚军渡过河后没列好阵势时也不打，直到楚军全都各就各位时才冲锋，结果宋军被打得落花流水，宋襄公也被射伤了大腿。当时大臣问他为什么不打楚军一个措手不及，他说自己是“仁义之师”，不能使诈谋。他也不看看不使谋略的军队有谁能打胜仗。但宋襄公倒是以对待国君的礼节接待了重耳，场面隆重，这一点显示出其看人看事的水平。宋国司马公孙和狐偃要好，说：“宋是小国，最近又受挫于楚国，没有能力扶助公子回国，你们还是改投大国去吧。”于是重耳他们离去。

我们理顺一下路线：重耳从晋国出逃到狄国，晋国在现在的山西一带，狄国在今晋、陕、冀、内蒙古一带。当时他兄弟晋惠公要杀他，他决定到齐国去，于是他自西向东经过卫国来到齐国，待了五年。接着从齐国出发，由东向西行进，途中经过曹国、宋国都没有站住脚，又来到了郑国，可是这郑文公也以白眼相待。大臣叔詹劝道：“晋公子重耳贤能，又有五位盖世英豪辅佐，必成大器。况且郑、晋是同宗，都是姬姓国，礼遇同宗、抚恤孤穷、尊敬贤才、顺应天命，做这四件事中的任何一件都是美事，何况如今都集中在重耳一人身上呢？”郑文公说：“诸侯国中流亡的公子经过郑国的有这么多，怎能都以礼相待呢？况且重耳背叛父亲，不忠不孝，列国都不接纳，如同丧家之犬，这种不肖之人，何必礼遇他？再说他现在已老了，还能有什么作为？”叔詹说：“您若不能以礼相待，不如杀了他，以免他怀恨在心，成为我国的后患。”可郑文公不听，只要求紧闭城门，不接纳罢了。

◎晋文公的流亡生涯

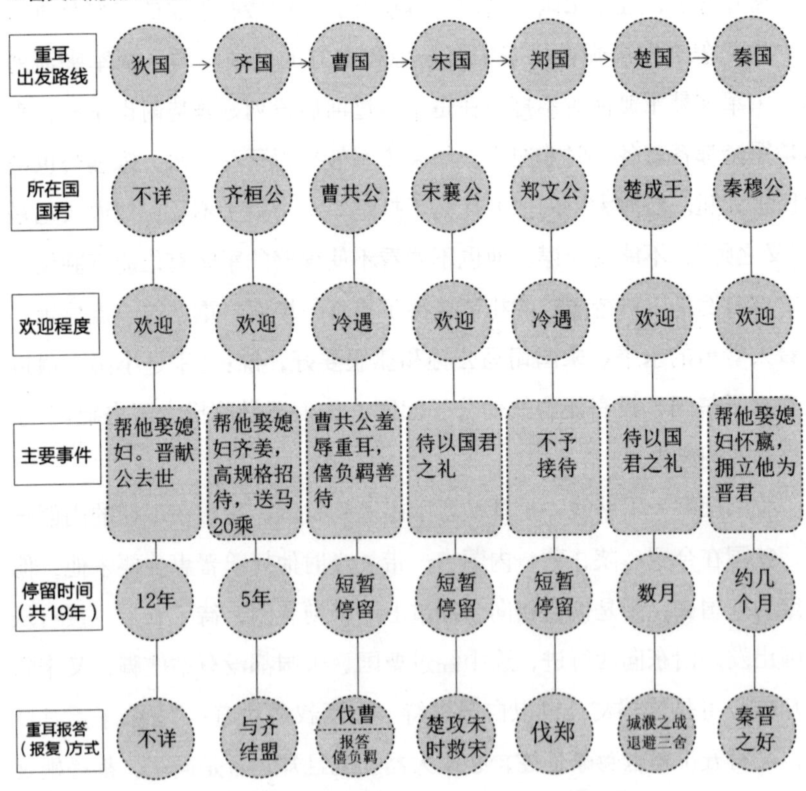

正因为有这段经历，才成就晋文公，使他成为一个伟大的贵族政治家

重耳吃了闭门羹，只好离开郑国，转而向南来到楚国。楚成王（宋襄公就是被他打伤的）和宋襄公一样想以款待国家元首的礼节隆重地接待重耳，重耳谦让不敢当。赵衰［《国语》中是狐偃（子犯）］说：“您在外流亡十多年了，连小国都轻视您，何况大国呢？如今楚国强大，一定要以礼相待，您还是不要推辞，这是上天让您兴起，怎能违抗天命呢？”于是重耳接受了楚成王的好意，他的言辞也相当谦恭。成王问：“您若回国继位，用什么报答我呢？”重耳说：“珍禽异兽，玉器珍玩，楚国应有尽有，我实在想不出用什么报答。”成王说：“虽然如此，也总该有报答的方式吧？”楚成王施恩只望回报，也不怎么样，只不过对于重耳这样穷困潦倒的人来说，也算是久旱逢甘露了。重耳说：“如果迫不得已与您兵戎相见，愿避让您三舍地。”这就是成语“退避三舍”的来由，那时一舍等于三十里。楚国将领子玉听后大怒道：“君王用如此隆重的礼节接待，他不但不感恩戴德，竟然出言不逊。他即使掌握政权，也会忘恩负义，不如趁早杀了他。”楚成王说：“重耳虽然在外流浪很久，但肯定会有所成就。他的随从个个都是独当一面的栋梁之材，虽然饱尝艰辛，但还是不离不弃，这就足见他的人格魅力。重耳继位应该是上天的安排，杀这种人不是逆天行事吗？”

重耳在楚国待了几个月，弟弟晋惠公病重，当时在秦国做人质的太子圉逃回晋国，秦穆公怨恨不已，听说重耳在楚国，就召他到秦国（这就和上文接上了）。

楚成王说：“楚、晋相隔千山万水，中间隔了好几个国家，而秦、晋一衣带水，彼此接壤，秦穆公（为方便理解，如此称呼）也是一个有大气度的人，应该能够扶助您成就功业。您到秦国去吧，希望您努力。珍重！”他送给重耳许多金银珠宝。

重耳又从长江以南转向西来到秦国，秦穆公夫人和重耳是同父异母的兄妹，她十分喜欢这个兄长。之前秦穆公把宗族的女儿怀嬴嫁给了太子圉，圉逃回晋国后，怀嬴还留在秦国，秦穆公夫人就劝秦穆公把怀嬴改嫁给重耳，两国要再修“秦晋之好”，秦穆公又选了四个宗室的女儿要一起嫁给重耳。重耳不想接受，因为怀嬴的前夫圉是自己的侄儿，他感觉这样乱了辈分。

司空季子说：“惠公死后，圉肯定继位，他的国家尚且要讨伐，何况他弃之不顾的妻子呢？您可能不爱她，接受她也可能遭受世俗的非议，但这明显是政治婚姻，您接受就可以取得秦穆公（为方便理解，如此称呼）的信任和资助，有利于您成就事业。您若辜负了这番美意，前途未卜。您忘了自己遭受的耻辱了吗？您忘了成大事者不拘小节的古训了吗？”赵衰也说：“等到圉继位，您若想顺从他，则怀嬴是国母，那样的话您肯定不能接受。您若是想取而代之，则怀嬴是仇敌的妻子，又有什么可客气的呢？我听说想要让人喜爱自己，必须先要爱人。‘我敬人一尺，人敬我一丈’，您还有什么考虑的呢？”于是重耳接受了这一安排（但是这样的关系有点乱，本来重耳应该对秦穆公叫妹夫，如今秦穆公又是他的老丈人了。对于政治人物来说，只要能实现自己的人生理想，也就不管什么三纲五常了。这种政治婚姻肯定是为了增强两国的关系。后来汉朝与匈奴和亲时，嫁公主才显得重视）。

秦穆公非常高兴，与重耳尽情欢饮。他说：“别着急，你们肯定会有时来运转、铁树开花的那一天。我知道你们想赶快返回晋国，时机一到，我肯定全力以赴。”重耳和赵衰离开座位，拜了两拜道：“我们仰仗您，好像百谷期待及时雨一样。”

然而，重耳在秦国时心情并不是十分舒畅，他对自己的新夫人处处赔小心。有一次，重耳让怀嬴捧着匜（yí，古代一种盥洗用具，形制如瓢，与盘合用，用匜倒水，以盘承接）为他浇水洗手，洗完之后，重耳便挥手让她离开。还有一种解读是，重耳把手上的水挥洒到了怀嬴身上。可能这就是一个下意识的动作，可是怀嬴却有不同的解读。她生气地说："秦、晋两国地位相当，您凭什么这样轻视我？"这让重耳措手不及，他非常害怕，于是解衣去冠，摆出请罪的样子，并把自己囚禁起来，听候发落。

人在矮檐下，怎敢不低头？大英雄寄人篱下之时也只能低眉顺眼，是龙得盘着，是虎得蹲着。

第六章　介子推誓不言禄　晋文公大器晚成

晋惠公十四年九月，惠公去世，圉继位，为晋怀公。晋国大臣听说重耳在秦国，以栾枝为首，秘密派信使劝重耳返回晋国。愿意做内应的是多数派，只有晋惠公的宠臣吕省和郤芮等少数派不想拥立重耳。在充分考察了人心向背以后，秦穆公发兵护送重耳返晋，晋怀公派兵抵抗。重耳到黄河岸边时，把以前的一些破旧衣物、器具都抛弃了。狐偃叹道："公子喜新厌旧，伤疤刚好就忘了疼。若是有一天把我们这些同患难的人当作残破器物一般随手抛弃，可就枉费了我十九年的辛苦。我不如及早脱身，他日还有相见的余地。"于是狐偃说："我跟随您奔走四方，犯了许多错误，我自己都知道，您心中肯定也有一笔账。如今您继位指日可待了，我请求离去，这样您还会记住我的好处，省得将来不欢而散。"重耳大惊道："舅父您这是说什么话呢？如果我忘记舅父的大恩大德，却对您的小过失斤斤计较，那我无异于禽兽了。我在这里郑重发誓：如果我做出过河拆桥这样的不义之事，神人共怒，子孙不昌，请河伯明鉴。”说完投入黄河一块璧玉，和狐偃盟誓。发誓在古时候是神圣而庄严的，誓言是要说到做到的，哪怕牺牲生命也在所不惜。这时那个“割股啖君”的介子推也在船上，他笑着说：“死生有命，富贵在天。公子能有今天实在是老天开眼，也是他自己积极努力的结果，而狐偃把功劳据为己有，并且和公子讨价还价，真可耻呀！我不愿和他共事。”于是他悄悄地隐藏起来。秦军和重耳渡过黄河，晋军听说这次是重耳回国，纷纷阵前倒戈，于是重耳顺利地执掌国政，晋怀公逃亡没多久就被杀掉了。重耳在外流浪十九年才回国，这时他已经六十二岁了。真是一个大器晚成的典型案例。

晋文公苦尽甘来，确实继位了，可是晋国政局不稳，危机四伏。惠公、怀公时代的大臣吕省、郤芮本来就不愿归附他，只是迫于形势勉强服从，他们始终耿耿于怀，于是就想发动党徒袭击重耳，重耳对这些阴谋一概不知。吕省等人想扩大盟友，首先想到的是宦官履鞮，因为这个人曾两次下手刺杀重耳（第一次是被晋献公派去的，他砍掉了重耳的衣袖；第二次是在晋惠公时代被派往狄国，重耳事先得到消息，这才逃到齐桓公那里）。他们认为这个人应该可靠，于是找他商量。

履鞮表面应承，心中不以为然，心想：“当初奉献公与惠公的命令去刺杀重耳，不过是桀犬吠尧，各为其主罢了。如今时代已变，重耳继位，我又怎能干这大逆不道的事呢？事实证明，重耳好像有鬼神护佑，这谋反之事未必成功，就是成功了，追随他的那些豪杰哪个是省油的灯，还不把我大卸八块了？而且重耳深得人心，此事必败无疑，我倒不如去自首，反而有了晋升的机会。”于是他请求见重耳，重耳拒绝见面，派人责备他说：“在蒲邑时你砍断我的衣袖，现在那件衣服还在，我一见就心寒。后来我逃到狄国，你替夷吾来追杀我，他给你三天期限，而你一天就赶到了，你为什么这么恨我呢？动作太迅速了，你还是好好想想吧。”履鞮说：“您在外奔波十九年，应该阅历丰富，怎么还搞不清人情世故呢？献公和您是父子关系，惠公和您是兄弟关系，可最终还不是父子相残，兄弟相煎？这都是利益使然，何况我一个小小的宦官呢？当时命令下达给我，我怎敢抗命？那时各为其主，才得罪了您，虽然您现在继位了，但未必能高枕无忧，难道您敢保证不再发生像蒲邑和狄国那样的事了吗？虽然齐桓公与管仲有‘射钩之恨’，但他还是不计前嫌，果断地任用管仲，这才称霸天下（此事见《姜齐豪士》）。如今我有要事相告，您却避而不见，未免显得小肚鸡肠，而且您又要遭受灾祸了。”

狐偃也说：“狂夫之言，圣人择焉。作为王者，应该具备登高望远的识见、海纳百川的胸怀、虚怀若谷的品性和察纳雅言的气魄，我认为您若想实现宏图大志，首先就要抛开小节，广纳忠言。还是接见他更好。”于是文公接见了履鞮，履鞮把吕省和郤芮的阴谋叙说了一遍。文公大惊，想传唤二人，又怕二人事先警觉，加上他们党徒众多，有恃无恐，一旦狗急跳墙，抢先发动叛乱，后果不堪设想，而且自己立足未稳，对晋人的忠诚度还有怀疑，于是他决定微服去见秦穆公，请求外援。官府“发言人”对外宣布说：“天有不测风云，人有旦夕祸福。国君病了，暂时不办公。”晋人不知他的行踪，吕省等人认为时机已到，毅然反叛，焚烧寝宫，却找不到文公，这才知道中计。文公的卫士死命抵抗，吕省、郤芮等人败走。秦穆公不动声色，引诱二人入秦，说秦国会为他们提供政治庇护。当二人到了秦、晋边境时，被诛杀在黄河边上。晋国政局彻底稳定后，文公才返回晋国，夏天，到秦国迎接怀嬴。秦国送了三千卫士作为文公的“反恐部队”，以防备再有叛乱发生。

《大宋宣和遗事·贞集》记载，元佑太后（宋徽宗之兄宋哲宗的皇后）在手诏中，对宋高宗赵构说过这样的话：“汉家之厄十世，宜光武之中兴；献公之子九人，惟重耳之尚在。”如果这是史实，可见她对赵构之期望，是要他成为“光武帝第二”或“晋文公第二”。综合考虑宋高宗之生平，同时，将其与光武帝、晋文公进行比较，恐怕他的综合能力和人生层次无法与二人相匹配。当然有一点还是可以比较的，他们三个能够继位，不仅靠人谋，更有冥冥之中的天意。尤其是晋文公，他能以六十二岁的高龄迎来“政治青春”，并且在中国春秋时代展示了一个贵族政治家的绝世风范，在历史大舞台上留下了永恒的艺术经典和人格魅力，确实不易。

晋文公修明政治，对百姓广施恩惠，使遭受多年内乱、民生凋敝的晋国开始恢复元气。他犒赏随他流亡的人员及功臣，功劳大的赏给城邑，功劳小的赐以爵位。跟随重耳流亡的贱臣壶叔说：“君王三次行赏，都没有我的份儿，我跟随您这么多年，任劳任怨，请问我到底有什么罪过？”文公说：“凡是能用仁义引导我，能用道德来规范我，能够为我开通肺腑、指点迷津的，应该受上等的赏赐；凡是能用善行来辅佐我，为我出谋划策，使我不被诸侯侮辱，最后使我成就大业的，应该受中等的赏赐；而那些能够冲锋陷阵、立下汗马功劳的，只能受下等的赏赐。因此上赏赏德，中赏赏才，下赏赏功。而你们这些人只能凭借气力侍奉我，不能弥补我的过失，培养我的德义，所以又在其次，这就是我三次封赏之后，才轮到你的缘故。”晋人听到后认为文公赏罚分明，以德政为先，都很高兴。

但是文公还是忘了一个人，谁呢？介子推。这时他已隐居起来，甘守贫困，也不邀功请赏。他对母亲说：“献公有九个儿子，只有公子重耳还在。惠公、怀公没有信义，晋人抛弃了他们，上天不绝晋国，必将派来主宰的人，除了公子重耳还有谁呢？这实在是老天的福佑。公子重耳漂泊十九年，在六十二岁时又能重整山河，可是，跟从他的人中有那么两三个人，他们认为这是他们的功劳，不是太荒谬了吗？偷人钱财的，尚且被视为盗贼，何况是独揽功劳，贪天之功以为己功（此成语来源）的人呢？臣子邀功请赏掩饰罪恶，君王对此睁只眼闭只眼，纵容他们的奸诈，上下互相欺骗，我实在难和这些人相处了。”

他母亲说：“你为什么这么固执呢？跟了他十九年，没有功劳也有苦劳，请功也不算过分。”

介子推说：“我和他们的想法不一样。人生在世，每个人都有自己的人生信条和行为准则。我认为，作为属下，做些流血流汗的事是理所应当的。如果一切都以利益为准则，那么天地间也就没有道义了。我认为，和国君讨价还价是错误的，因为我当时跟随他只是为了成就理想，也就是说，志士不忧身死而忧不能行其道，如今看他有好的结局我也心满意足了。我明知道邀功错误，却还仿效那些人，这是错上加错，我肯定不去。”

他母亲说：“不请功可以，那也应该让文公知道有这么回事吧？”

介子推说：“能行之者，未必能言；能言之者，未必能行。不管说得怎样天花乱坠，语言都只是人类外在的装饰品罢了，它掩饰不了实际的作为，也代替不了内在的品质。我一方面宣称要退隐山林，淡泊名利，一方面又把所谓的恩情与功德宣之于众，那么，我这种言不由衷的行为还不如直言功绩更显得堂堂正正。言行相悖到如此程度，我不成了道貌岸然的口是心非之辈了吗？”

他母亲说：“我尊重你的选择，既然你决心已定，我们就隐居起来吧。”

介子推的随从怜悯他，就在宫门上挂了一个标语，写道：“龙有凌霄志，蛇为股肱臣。飞龙已在天，四蛇得其所。自古皆有死，唯独信义先。试问得意士，可记割股人？”这是隐语，“龙”指晋文公，“蛇”指赵衰、狐偃、魏武子、司空季子和介子推五位贤士（关于五贤是谁的问题，存在争议）。文公一看条幅，马上醒悟，说：“这是介子推，他曾经割下大腿肉为我充饥，我事务繁多，唯独忘了他，这是我的失误。”于是他派人去找了几次，但介子推都不见。晋文公只好亲自登门谢罪，可介子推已搬走了。这些人一路追踪来到绵山（今山西介休东南），据说有人看见数日前有一个汉子背着一位老妇登上山去。只见峰峦叠叠，草木萋萋，流水潺潺，行云片片，却不见介子推的踪迹。使者问当地的老人，对方说他“只在此山中，云深不知处”。使者回报说找不到，晋文公很不高兴。有人说：“介子推极其孝顺，若是在绵山三面放火，留下一面，他怕母亲受伤，肯定出来。”也有人不以为然，说：“当时跟随逃亡的都有功劳，也有很多没有得到封赏的，难道只有介子推一人吗？他如今隐居起来，只是邀功，等他避火出来时，看我怎么羞辱他。”孰料大火烧了三天三夜，介子推还是不肯出来。火熄灭后，众人上山搜索，发现母子相抱，死于枯柳之下。

晋文公懊悔不已，望着介子推的尸体哭拜一番。在准备安葬其遗体时，人们发现介子推的脊梁堵着一个柳树树洞，洞里好像有什么东西。掏出一看，原来是片衣襟，上面题了一首血诗：“割肉奉君尽丹心，但愿主公常清明。柳下做鬼终不见，强似伴君做谏臣。倘若主公心有我，忆我之时常自省。臣在九泉心无愧，勤政清明复清明（当时不可能有工整的七言诗，后人假托之作）。”临死的遗嘱也是关于国家大计的，介子推果然是表里如一的正人君子。晋文公将血书藏入袖中，然后把介子推和他的母亲分别安葬在那棵烧焦的大柳树下。为了纪念介子推，晋文公下令把绵山改为“介山”，在山上建立祠堂，并把放火烧山的这一天定为寒食节，晓谕全国，每年的这一天禁止烟火，只吃寒食。走时，晋文公砍伐了一段烧焦的柳木，带到宫中做了一双木屐，每天望着它叹道：“悲哉，足下。”据说“足下”这一称呼就来源于此，取其睹物思人，感怀昔日之情，从而衍生出对平辈或朋友的敬称之意。

第二年，晋文公领着群臣，素服徒步登山祭奠，表示哀悼。行至坟前，只见那棵老柳树死而复生，绿枝千条，随风飘舞。晋文公望着复活的老柳树，像看见了介子推一样。他肃穆地走到跟前，郑重地掐了一枝柳条，编了一个圈儿戴在头上。祭扫后，晋文公把复活的老柳树赐名为“清明柳”，又把这天定为清明节。此后，晋文公常把血书带在身边，作为鞭策自己的座右铭。他勤政清明，励精图治，把国家治理得很好。

此后，晋国的百姓得以安居乐业，对有功不居、不图富贵的介子推非常怀念。每逢到了他的祭日，大家主要用禁绝烟火的方式来纪念他。还有人用面粉和着枣泥，捏成燕子的模样，用杨柳条串起来，插在门上，招引介子推的灵魂，这东西叫“之推燕”（介子推也叫介之推）。后来，寒食、清明成了全国百姓的隆重节日。每逢寒食节到来，人们就不生火做饭了，只吃冷食。在北方，老百姓只吃事先做好的冷食如枣饼、麦糕等；在南方，则多为青团和糯米糖藕。每年清明，人们把柳条编成圈儿戴在头上，把柳条枝插在房前屋后，以示怀念。这是“寒食节”来源的一个版本。寒食节中关于介子推的传说与端午节中关于屈原投江的传说是一样的，表现了炎黄子孙对先人的崇敬之情，以及尊崇介子推忠君爱国、功成身退的奉献精神。对清正廉明的高贵品质的颂扬是中华民族根祖文化的内容之一。

第七章　大楚国兵锋北指　城濮战一触即发

当时周朝政府是周襄王执政，但在文公继位的这一年，襄王的弟弟叔带（又称太叔、太叔带、王子带、子带）起兵叛乱，把襄王赶到了郑国避难。秦军驻扎在黄河岸边，想要护送周襄王回洛阳。赵衰对文公说："要想称霸天下，没有比护送周王、尊崇周室更重要的了。虽然晋国刚刚平定，但晋国与周室同是姬姓，晋国不首倡义旗护送周襄王回洛阳，反而落在秦国后面，显得我们薄情寡义，以后就没法向诸侯发号施令了。今天尊崇周王室，明日就是晋国称霸的资本。"晋文公认为有理，就发兵护送周襄王回洛阳，杀死了作乱的叔带。作为回报，周襄王也赏给晋国一块土地。

与周天子保持良好的关系，是晋文公获得广泛支持和威望的重要原因，这说明他具有大国的责任意识和宏观视野。对于权威已失的周天子来说，晋文公的存在是一大利好。从保护中原文化的视角看，晋国的强大也是一个福音。当时，晋国东面没有强敌，与齐国有战略缓冲地带，但是南面有楚，北面有狄，西面有秦：楚要北上，需要对晋作战；狄要南侵，需要对晋作战；秦要东进，需要对晋作战。这三个国家想要达成自己的战略构思，都要与晋国形成敌对态势。

在周襄王二十年（公元前632年）之前，秦国、狄国还没有挑战晋国的可能，跃跃欲试要与晋国一决雌雄的是楚国。

周襄王二十年，晋、楚在城濮进行了一场春秋时代最为著名的战略性决战——城濮之战。城濮，在今山东鄄城西南，春秋时是卫国的辖区，这是主流的说法，另一说在河南开封东南陈留。

城濮之战，是一次决定霸主是谁的关键战役，是晋文公团队的成名之作，经此一战，大约在百年之内，晋国压住了楚国的威风，同时，也让当时任何一个国家都对晋国又敬又怕。只有楚庄王上台后，楚国才一度占据了上风。

这是春秋时代的一个经典战役，它所体现的战略和战术，放到当下来品鉴，依然让人有耳目一新的感觉。

先来看看与中原格格不入的楚国。

《史记·鲁周公世家》中记载："及成王用事，人或谮（zèn，诬陷，中伤）周公，周公奔楚。"这一条记载的背景是，周武王完成了夺取中央政权的使命，而巩固政权的责任则由老四周公旦完成，在这个过程中，周公做了许多创造性的工作，对于中国的历史和文化影响久远。可是，由于他杀伐决断，甚至严肃处理了自己的兄弟管叔、蔡叔等，并且大权独揽，因此有人在他侄儿周成王面前诬陷和诋毁他，认为他心怀异志，于是周公出走避祸。他选中的目的地偏偏是楚国。虽然对于他选择楚国的原因不得而知，但是可以看出，楚国对中央具有一种离心力，它表面上臣服于周天子，可心里总是不服气。

◎春秋五霸中确定选手与疑似选手在位时间的交汇部分

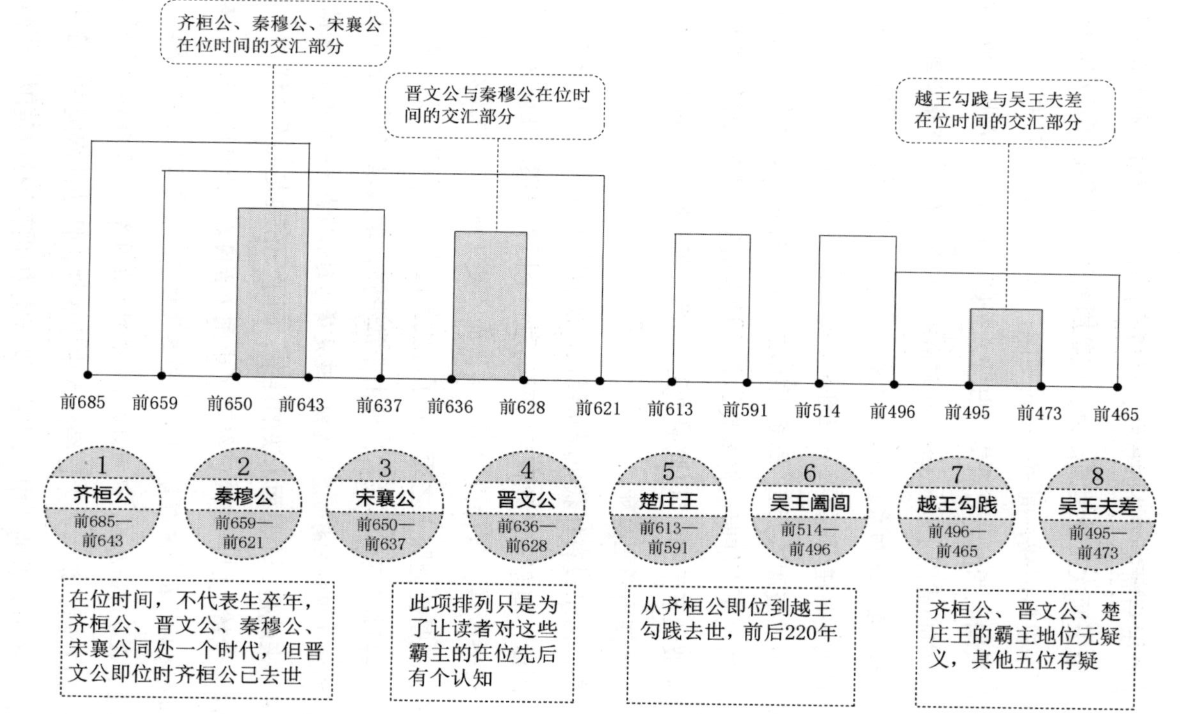

注：排序按照即位时间的早晚

由于楚国与周天子分庭抗礼，导致在周昭王（名瑕，西周第四代王）时代，周昭王两次南征楚国。第一次是周昭王十六年，第二次是周昭王十九年。据史料记载，周昭王征讨楚国，出动了六个师的兵力，而且还有诸侯的赞助。当时，首都镐京驻守六个师，号称“西六师”或“宗周六师”，副中心成周［包括王城（汉河南城，在今河南洛阳王城公园一带）和洛阳（下都，在今洛阳东北白马寺之东）两部分］从周武王时开始筹划建设，在周成王时建设完毕（一说周成王七年周公主持营建），驻守八个师，当时称之为“成周八师”。周昭王出动大军攻打楚国，不但无功而返，而且还在第二次出征时命丧黄泉。有一种说法是，周昭王渡汉水时，所乘坐的船被做了手脚，“以胶船进王”，当时有暴风雨，加之到了中流胶液溶解，致使周昭王身死。

但是，由于没有抓获犯罪嫌疑人，所有物证也随着船的解体而烟消云散，因此，周昭王之死在当时就成为一个历史谜案。在前文提到过，齐桓公曾经伐楚，管仲以“昭王南征而不复（周昭王南巡没有返回）”向楚问罪，就是把周昭王之死当成了讨伐借口之一。其实，这时距离周昭王之死已经过了三百年左右，理由非常牵强，楚人以“昭王之不复，君其问诸水滨（周昭王南巡没有返回，还是请您到水边去问一问吧）”来搪塞，三百多年来就是一个悬而未决的疑案，到了现在更是死无对证。

管仲伐楚之时，楚国已经灭了申国（古国名，申姓源头之一。姜姓，传为伯夷之后。在今河南南阳境内。在春秋初期，楚文王灭之以为县）、息国（古国名，在今河南息县，西周封国）、邓国（古国名，在今河南邓州）等，从这里可以看到，楚国势力已经深入中原腹地，抵达河南境内。管仲应该知道，以齐国为首的“中原联军”没有实力和信心打败楚国，伐楚其实更是一种姿态，显示出齐国尊王攘夷、维护周天子尊严的政治道义，因为当时并没有发生实际的战争，不过是北方的“文化和军事集团”向楚国的“文化和军事集团”宣示主权，显示肌肉。

如果周昭王南征和管仲伐楚算是两次南北对抗，第一次北方损兵折将，第二次打了个平手，楚国应该占了上风，那么晋楚之间的第三次南北对抗，却属于北方完胜。

第八章　增国力大展宏图　讨伐原小试牛刀

现在介绍城濮之战前的晋国态势。

晋国的始祖是唐叔虞，他是周武王的庶子、周成王的同父异母兄弟。在他接受分封之时，相对富饶的土地可能都被分封完毕，于是他被分封在黄河、汾河以东的唐地，北边靠近戎狄，这在当时看来是劣势。中原地区密集的国家分布，使得这些国家缺少了辗转腾挪的空间。由于晋国身处边陲（chuí，边疆），反而有了纵横开拓疆土的便利，劣势变成了优势。在晋国鼎盛之时，晋国的领土获得了大规模的拓展，自此向西与秦国，向南与楚国，在势力范围上有了冲突。在商鞅变法之前，秦国还不是特别强大，加上秦晋有相对良好的外交关系，秦晋冲突的风险比较小，反倒是晋国与楚国之间在河南境内斗争比较尖锐。在春秋时代，中国的主要矛盾是南北矛盾，即北方晋国与南方楚国之间的矛盾，而到了战国时代，主要矛盾是东西矛盾，即位处西方的秦国与东方六国之间的矛盾。

晋献公本来是一个很有雄才抱负的君王，可是因为晚年宠爱骊姬，致使晋国政局陷入了动乱之中，太子申生被杀，奚齐（骊姬之子）被权臣里克所杀，悼子（或称卓子，骊姬妹妹之子）同样被里克所杀。晋惠公屡次失信导致晋国与秦国交恶，晋怀公（晋惠公之子）被拥立晋文公的势力所杀。晋献公在位的时间为公元前 676 年到公元前 651 年，晋惠公则为公元前 650 年到公元前 637 年，晋文公为公元前 636 年到公元前 628 年，晋文公之子晋襄公为公元前 627 年到公元前 621 年。奚齐、悼子、晋怀公在位时间短，只是过渡人物。从晋献公在公元前 651 年去世到晋文公在公元前 636 年继位，这十五年间，晋国动荡不安，明智的晋文公在继位之前早就离开了晋国，在外流浪了十九年，在六十二岁时才得以成为晋国国君，这在那个年代是生命的奇迹、政治的奇迹。

更大的奇迹是，城濮之战发生在晋文公五年，也就是公元前 632 年，而晋文公只用了四年时间，就完成了晋国内政的调整和经济的复兴。当然，他父亲晋献公的功绩不可抹杀，虽然因为骊姬乱晋而削弱了晋国的实力，但是晋献公奠定了非常好的基础。这也可以理解，一个胸怀大志之人往往有一种天生的历史自觉，他知道自己不完全属于自己，而是属于历史，尤其是这个人因为种种原因，被消耗掉了大量的黄金时间，一旦他掌握了创造历史的机会，就会感觉到时不我待，恨不得把一天当成一年来过，争分夺秒地弥补损失。如果晋文公是父死子继，顺利继位，他也可能就是一个平庸的国君，即便有些才能，也被酒色财气和唾手可得的荣华富贵所消耗殆尽。可是，晋文公在流浪的十九年中，自己吃过苦，也看到过别人吃苦，知道人性之复杂。他见到过当时的一些知名政治人物，包括齐桓公、宋襄公、楚成王、秦穆公等，这些都是当时一流的政治家，而且他走过许多国家，对于各国的得失成败也有深刻的认识，这些都成为他的宝贵的政治财富。

《国语·晋语四》中有一段记述，可以看到晋文公在这四年里所推行的复兴政策，大致包括：第一，授予职事，奖励有功之人，建立一套贵族官僚体系。胥（Xū）氏、籍氏、狐氏、箕氏、栾氏、郤氏、柏氏、先氏、羊舌氏、董氏、韩氏共十一个大族都是晋国大姓，也是有功之臣，由他们掌握机要部门，担任近官（朝廷任职之官）。晋国公室本姓姬，姬姓之人担任中官（宫中之官），异姓之人担任远官（边远地区的地方官），奖赏有功之人，并且起用长久没能得到官职的能人。第二，发展经济。劝勉农业生产，减轻关税，降低税额，疏通道路，发展贸易。第三，节约用度，增加财政收入。第四，建立基本的社会保障体系，救济贫穷，施舍恩惠，劝富济贫。第五，保护良民，爱护亲戚，尊重贤良，敬爱贵族，爱老敬老，礼遇宾客，善待故人，赏赐功臣。第六，建立公平合理、各得其所的分配机制。公族，即晋国国君与同姓子弟，享受赋税；大夫，有采邑；士，有禄田；庶人，有自耕田；百工、官商为官府提供服务，由政府供养；差役、奴仆服劳役；家臣为卿大夫服务，由卿大夫供养。上下尊卑，各得其所，按照等级合理分配，每个人都有自己的待遇和经济来源。

这就是晋文公继位之后所进行的政治举措，通过调整各个阶层的政治和经济关系，理顺旧族、亲戚、贤良、贵宠、功臣、老人、宾客、故旧等八类关系，使得晋国的面貌焕然一新，也就是“政平民阜，财用不匮”，政治清明，百姓富足，财用不缺，这是晋国得以称霸的重要条件。当然，这里也有一个副作用，就是十一大族专政，左右着晋国的政局，为晋国大夫专权和最终三家分晋埋下了伏笔。

这个问题向上追溯，就要追溯到晋文公的爷爷和父亲那里。晋文公爷爷晋武公上台执政时，属于小宗夺取了大宗的政权，来路不正，因此就非常害怕公族不服，或者依样画葫芦，夺取了他的政权。他夺取了大宗的地位之后，很快就去世了，因此，屠杀公族、稳固政权的担子就落到了儿子晋献公身上。《史记·晋世家》记载，晋献公八年（公元前 669 年），大夫士蒍（wěi）对晋献公说："故晋之群公子多，不诛，乱且起。""群公子"应该指晋国"曲沃系"中的小宗"桓、庄之族"，就是晋献公的曾祖曲沃桓叔、叔父曲沃庄伯的其他子孙们。于是晋献公任命士蒍为"项目负责人"，负责策划、执行、实施诛杀群公子的任务，"尽杀诸公子"。士蒍因为杀公族有功，被提拔为大司空，掌管工程，主持修建新的都城绛，加高那里的宫墙，这都是晋献公为加强统治、铲除异己力量而做的努力。

到了晋文公时代，辽阔的晋国需要有效治理，就不得不起用异姓大夫，因为公族基本上被屠戮、驱赶尽了。可见，古今很多政策，都是解决了老问题，诞生了新问题，没有一劳永逸之事。凡事都是有利有弊、利弊相生，没有只有其利或只有其弊的事情，总体就是阴中有阳、阳中有阴，相克相生。

话说回来，还看晋文公的举措。

《国语》上还有两个故事可欣赏一下，从中可见晋文公之霸略雄才。

前文曾经提到履鞮，他在为晋献公服务时，为了执行其命令，差一点杀掉了公子重耳。晋文公夺取政权之后，对履鞮也网开一面。其实，还有一个人也曾经有负于晋文公。这人叫竖头须，也叫里凫（fú）须，是替晋文公看守库藏的内监，在晋文公外出逃亡的时候，他没有跟随逃亡。等到晋文公回国为君，竖头须前来求见，晋文公借口正在洗头而拒绝接见。竖头须对传话的人说："跟随出逃的是给国君牵马服役的仆人，留守在国内的是替国君保卫国家的仆人，都是为国为君出力，为什么欣赏跟随出逃的，却怪罪留守在国内的人呢？国君而仇匹夫，惧者众矣（意为：如果国君仇视一个普通百姓，那么害怕的人就多了）。”晋文公听了这一番言辞，立刻召见了竖头须。

另据《左传》记载，竖头须当时不但没有跟着晋文公走，而且还偷了库藏的财物潜逃，等到晋文公回国时，他用财物疏通关系，协调各方接纳晋文公回国。然而晋文公“只知其前，不知其后”，只知道竖头须不跟随逃亡并偷财物之事，却并不知道他拿着钱财帮着疏通关系之事。当时晋国是有合法国君的，就是晋怀公——晋惠公的儿子，这个继承关系是符合宗法制度的，而晋文公是属于篡权行为，是在秦穆公的武装干涉和支持下，才得以回国的，因此说，竖头须的功劳是很大的，可是这种隐形功劳，不容易被人察知。即便是晋文公，一时也体察不到这种隐形的功劳。同时，“国君而仇匹夫”这句话让人深省。应该具有远大抱负的国君却总是记挂着私人仇恨，这就会造成众人恐惧、离心离德的结果，最后国君成为孤家寡人。好在晋文公具有海纳百川的胸怀，并且知错能改，难能可贵。

另外，还有“文公伐原”让人思索。原，古邑名，在今河南省济源市，西周初年为周文王之子的封国，春秋时成为晋国城邑，晋文公四年，“以原封赵衰”。晋文公讨伐原邑，命令带三天的军粮，而经过三天的战斗，原邑依然没有投降，晋文公就下令撤军。这时有间谍从原邑出来报告说：“原邑最多只能再支持一两天了！”军官将这一情况报告给晋文公，晋文公说：“我此前说过，只攻打三天，如今三天已经过去，如果我食言而肥，即便得到了原邑，我也失去了信用，以后还怎么指挥人民呢？信用，是需要全力维护的，而不能失去。”于是，他还是坚持撤军。到了孟门（此地就在原邑附近），原邑请求投降。这个原邑是周襄王赏赐给晋文公作为酬劳的，因为晋文公帮助周襄王复天子之位，只是原邑的人不服，晋文公才准备用武力夺取。如今原邑人不是屈服于晋文公的武力，而是折服于他的守信。正如《左传》中说："信，国之宝也。"孔子也说过："自古皆有死，民无信不立。"在《秦史之谜》中，我们将探讨这个问题，齐桓公、晋文公的"仁义之师"，才是为人称道的。

在晋文公（应该是公子重耳，这么写是为了叙述方便）流浪在外之时，一些小国的君主如卫文公、郑文公、曹共公等人对这个落魄公子不够礼遇，反而是一些大国把晋文公视为上宾。齐桓公帮助晋文公娶妻，并且送给他八十匹马。当时日子过得一定非常惬（qiè）意，否则，晋文公不会乐不思"晋"，准备老死在齐国。到了宋国，宋襄公也送了八十匹马，这都是重礼。在秦国，秦穆公待晋文公以国君之礼，并且提出要用武力支持他上位。包括到秦国之前，在楚国，晋文公也受到楚成王（公元前671—公元前626年在位）的高规格接待，也就是待以国君之礼，在宴会上献酒九次，庭院里陈列着数以百计的礼器和礼物。晋文公本来感觉受之有愧，要推辞，手下人劝他，流浪在外，有些小国国君都白眼相待，如今大国的国君如此重视，这是天命所在，不可推辞。这次宴饮本来气氛不错，后来楚成王谈到，如果有一天晋文公继位，将如何报答他，晋文公当时说，楚国是个富有的国家，他确实拿不出什么可以打动楚王，如果有一天真的迫不得已，兵戎相见，那么晋国愿意退避三舍，以便报答当日之情。

然而，有时国家之间关系的发展，往往身不由己，最后晋、楚还是无法逃避这次战役。

这就是晋楚城濮之战前夕晋国的基本情况。

第九章　宋与楚泓水决战　河南地兵家必争

城濮之战的导火索在宋国被点燃。

在春秋时代，宋襄公的霸主之位是很有争议的。《姜齐豪士》中曾经提到过，齐桓公生前把太子昭托付给宋襄公，让他在必要时拥立昭继位。果不其然，齐桓公虽然在国事上大有所为，在家事上却一塌糊涂，由于女宠过多，导致诸子争立，昭一度被驱赶出国，后来在宋襄公的拥立之下继位为齐孝公。这件事让宋襄公声名鹊起。宋襄公还有继承齐桓公霸业的想法，然而，盛名之下其实难副，宋国毕竟整体实力不强，无法实现齐桓公登高一呼应者云集的霸主雄风。于是，宋襄公在奋斗路上磕磕绊绊，不断摔跟头，而给他下绊子的主要是楚国。

管仲伐楚时，当政的也是楚成王，他在位时间比较长，与齐桓公、管仲、宋襄公、晋文公、秦穆公是同时代的人，这一点一定要记住。那时，因为管仲和齐桓公的威名实在太盛，加之有各个诸侯的拥护，楚成王确实不敢轻易动手，而管仲也知道楚国的实力不容小觑，也不敢轻易动手。这就好像出现了一个画面。齐国："你瞅啥？"楚国："瞅你咋地？"齐国突然冲了过去，和楚国面对面站立，两个人手里都有武器，可是谁也没有先动手。双方各自喊了一万遍，实在太累了，于是拥抱一下，各自撤兵。

如果说楚国对于齐国的名声与实力还心存忌惮，那么，对于宋国发出的挑衅行为，楚国可没有贵族式的克制。此前，楚、宋之间多次发生外交摩擦和局部战争，主要都是因为宋襄公寻求霸权的行为惹恼了楚国。周襄王十三年（公元前 639 年），宋国主持鹿上（宋国地名，一说在今安徽阜阳南，一说在今山东巨野西南、曹县东北）之盟，齐国、楚国参加了，宋襄公向楚国提出要求，中原诸侯尊己为盟主，楚国答应他了。这年秋天，在盂（yú，宋国地名，在今河南睢县东南）地继续会盟，宋国向楚国发出外交照会，楚成王发怒说："他竟敢召唤我，我就假装友好地去赴会，趁机袭击、羞辱他。"于是，楚国捉住了宋襄公，并攻打宋国。这年冬天，诸侯在薄地会盟，楚国才释放宋襄公。

对于宋襄公的一系列行为，他的庶兄、宋国大司马子鱼（名目夷，字子鱼，为避免造成称呼上的混乱，统一称子鱼）极其反对。在鹿上之盟时，子鱼就断言："小国争盟，祸也。宋其亡乎？幸而后败。"意思是小国争做盟主，这是祸患。宋国恐怕要灭亡了，失败得晚一些就算幸运了。可失败来得很快。

周襄王十四年（公元前 638 年）夏，宋襄公领兵攻打郑国，由于郑国此前依附楚国，因此郑国向楚国求救。楚国派大将子玉（成得臣，字子玉，为避免混乱，统一为子玉）率兵向宋国国都发起攻击。宋襄公准备应战，子鱼劝阻道："上天不保佑宋国已经很久了，您打算振兴它，是不可能的。还是不和楚国交战为好。"宋襄公不听。

当年冬季十一月一日，双方在泓水（古河流名，故道约在今河南柘城西北）相遇。子鱼知道已经无法劝说退兵了，战争在所难免，于是他就想破敌之策。他劝说道：“楚国兵多，我们兵少，趁敌人还没有完全渡河之时，请您下令攻击他们。”宋襄公说：“不可以。”当楚军已经渡过了河，但还没有摆好阵势时，子鱼又劝宋襄公出击。这时冲击，也是“反登陆作战”的良好时机，可宋襄公说：“还不可以。”宋襄公等楚军摆好了阵势才下达作战命令，结果宋军大败，宋襄公的大腿也受了伤，他的侍卫全被打死了。

这就涉及一个问题：如何评价宋襄公的所作所为？这一直是一个争论不休的古代战争案例。当时宋国都城的人都责怪宋襄公，宋襄公振振有词地说：“君子不重（chóng，再次）伤（杀伤已经受伤的敌人），不禽（擒）二毛（头发有二色，指头发花白的半老军人），古之为军也，不以阻隘也（古时用兵之道，不靠险阻取胜），寡人虽亡国之馀（宋是商朝的后代，因此这样说，是自谦），不鼓不成列（不击鼓进攻还没有摆开阵势的敌人）。”“不重伤”“不擒二毛”“不鼓不成列”，这是贵族战争的优雅，是早期战争的礼仪，可问题是，对方是不是遵守这一套礼仪呢？对方是不是遵守公平战斗的规则呢？以弱抵强、以小敌大之时，是不是也要遵守这个“仁义之师”的规则？在宋襄公时代，这套规则是不是还能被全体诸侯遵守？如果对方也遵守，是不是应该用同等兵力来与宋国对阵，而不是以强击弱、以大欺小？楚军统帅批评他“好名无实”，是不是更为恰当？赞美者认为宋襄公仁义有信，具有贵族精神，这是一个方面，但另一方面是不是也有虚伪、假道学的嫌疑？他是不是为了博取政治成本，想要获取“仁义之师”的美名？只能打败仗的“仁义之师”，只能丧权辱国的“仁义之师”，究竟有何存在意义呢？这样的“仁义之师”，究竟体现了什么“仁义”呢？对敌人的“仁义”？那么让自己的军人流血丧命，是不是也不仁不义？这正如《淮南子》所说的那样：“古之伐国，不杀黄口（本指雏鸟的嘴，泛指儿童，未成年人），不获二毛，于古为义，于今为笑。古之所以为荣者，今之所以为辱也。”本来是优秀的品质，可是如果不合时宜，就演变为愚蠢的行为。

此前，我批评过宋襄公先生，现在，我依然批评宋襄公先生，这不是针对宋襄公本人，而是针对宋襄公一类的人。打败仗就是打败仗，军事问题就是军事问题，非要给败仗一个冠冕堂皇的理由，是非常害人的。这也根本不是什么成王败寇的思维，失败就是失败，给失败找理由永世也不会进步。研究失败，分析失败，才是读历史的最大价值。宋襄公应该存在，需要有这样一个人存在，作为一个类型的人存在，给人警醒，如果太多，就太可怕了。

其实，对于宋襄公在“泓水之战”中因指挥不当所导致的失败，在当时就有定论，没有人赞赏他的“贵族精神”。战争毕竟不是和平的体育运动，可以虽败犹荣，军事上失败是要死人、流血的，不让敌人流血，就得自己流血，而且规则必须双方共同遵守才是可贵的。《左传》上有一个名篇叫《子鱼论战》，就是上文提到的宋襄公的庶兄、宋国大司马子鱼总结泓水之战。他说：“您还不懂得作战的道理。当那些强劲的敌人遇到险阻（指没有渡过泓水），并且没有摆开阵势的时候，正是上天赐给我们攻击敌人的良机。利用敌人受阻的时机，进攻他们，不也可以吗？即便占据这样的天时、地利，还怕不能取胜呢。况且同我们争胜的人，都是我们的仇敌。即便是年龄很大的敌人，依然是敌人，能够俘获的就该擒过来，为何还要宽恕头发斑白（二毛）的敌人呢？平时的军事训练，一是为了让士兵认识战败的耻辱，二是为了教授他们战法，这样做的目的就是杀伤敌人。敌人受伤而未死，怎么可以不再杀伤呢？如果不忍再杀伤，就不如从一开始就不要杀伤；如果怜惜头发斑白的敌人，还不如早些认输。军队要想胜利就要抓住有利时机，而金鼓本来就是鼓舞士气用的。既然作战要利用时机，就该趁敌人遇到险阻时下令进攻；既然响亮的鼓声足以激发士兵斗志，就该在敌人没有摆好阵势时擂鼓进攻。”

第二年（公元前 637 年）夏天五月，宋襄公去世，因为在泓水战役中受伤的缘故。宋成公继位。

第十章　组三军排兵布阵　晋旌旗用力南挥

宋襄公图谋霸业、振兴宋国的理想，并没有实现，于是宋与楚结盟，实际上宋沦为楚的附庸国。但在周襄王十八年（公元前 634 年），宋成公又叛楚通晋。这就是中原地区的国家的尴尬。比如，春秋初年辖境在黄河以南中部地区的郑国不得不在晋、楚之间左右摇摆，晋强归晋，楚强结楚。如今宋国也面临同样的处境。在与楚国争霸失利的情况下，宋国不得不加入楚国的阵营，然而此时宋国与晋国还有一段渊源，就是晋文公路过宋国时，正是宋襄公在泓水战役失败之后，他自身难保，根本没有能力帮助晋文公实现复国大业，但他送给了晋文公八十匹马，也就给儿子宋成公留下了机缘，种下了善果。此次宋国叛楚归晋，当与此有关。这是晋国重大的外交胜利，却是楚国重大的外交失败。

周襄王十九年（公元前 633 年）冬，楚国率领陈、蔡、郑、许等多国联军围攻宋国，宋国大司马公孙固到晋国告急求救。先轸说："报施救患，取威定霸，于是乎在矣。"意思是，报答宋国的恩惠，救助宋国的危难，取得威望，确定称霸事业，就在这次战争了。这就是确定要打了。但是这次战役如何选择突破口呢？狐偃说："楚国刚得到曹国的归附，并和卫国新结为姻亲，若是先攻打曹、卫，楚国一定会救援它们，那么宋就可以解除威胁了。"

这样做的好处是，没有与楚国发生面对面的直接对抗，一旦有什么问题，还有很大的回旋余地。

晋国开始大规模检阅军队，此前，晋国只有二军，现在开始组建上、中、下三军。在三军之中，中军为最高，故称中军主将为元帅。赵衰推荐郤縠（hú）为中军元帅，认为他已经五十岁了，还坚持学习，除了具有军事素养之外，还喜欢礼乐，爱好诗书，具有很高的道德修养。于是，晋文公就命郤縠统率中军，郤溱辅佐他；命令赵衰做下军的统帅，赵衰辞让给栾枝、先轸，于是命栾枝统率下军，先轸辅佐他。荀林父给晋文公驾驶战车，魏犨（chōu）担任晋文公的车右［关于战车上人员位置问题，见本系列丛书之《吴越争霸（技术篇）》］。根据《国语·晋语四》的记载，担任上军主帅的为狐毛（狐偃的哥哥），副手为狐偃。次年二月，就是城濮之战前夕，郤縠在军中去世，于是晋文公又做了一次人员调整，先轸被任命为中军主将，弥补他的缺的是胥臣。这份人事安排一直持续到城濮之战。

狐氏、郤氏、先氏、栾氏、胥氏，这些将领都是晋国十一大族中的人，此时晋文公的团队人才济济，而且内部非常和谐，能够真正做到举贤任能，将领之间也互相谦让，以至于组成了一个豪华的军队阵容。

最后确定的名单是：

中军将：先轸；

中军佐：郤溱；

上军将：狐毛；

上军佐：狐偃；

下军将：栾枝；

下军佐：胥臣。

◎晋国军队各级统帅的首发阵容和最终阵容

首发阵容		
车左（御手）	晋文公	车右（戎右）
荀林父		魏犨（舟之侨为替代者）
军队	**将**	**佐**
上军	狐毛	狐偃
中军	郤縠	郤溱
下军	栾枝	先轸

最终阵容		
车左（御手）	晋文公	车右（戎右）
荀林父		魏犨（舟之侨为替代者）
将	**佐**	**军队**
狐毛	狐偃	上军
先轸	郤溱	中军
栾枝	胥臣	下军

第十一章　攻曹卫隔山打牛　杀颠颉以儆效尤

周襄王二十年（公元前 632 年），晋文公要去攻打曹国，向卫国借路，卫国人不同意。卫国的反应是在晋国的预料之中的，因为曹、卫都是楚国阵营的。攻打曹国、卫国只是表面的目标，隐藏的目标则是诱使楚国来战，或者以晋国停止攻击曹、卫为条件，换取楚国从宋国撤兵。如果晋国一出兵就迫使楚国退兵，这也是一次重大的胜利。

既然卫国不借道，晋军就绕道从卫国南面渡过黄河，准备侵入曹国，但是在攻曹之前，晋军还是攻击了卫国。正月十一日，晋军拿下了卫国的五鹿。

同年二月，中军元帅郤縠病死。于是先轸统率中军，胥臣顶替了他的位置，担任下军副将。对于先轸的任命，也是众望所归。在《秦史之谜》中，我们会讲到秦、晋之间的“崤之战”，当时晋文公刚死不久，晋襄公继位之后，秦穆公认为晋国已经霸权衰落，准备越过晋国攻击郑国。这个决策遭到了百里奚和蹇叔的极力反对，但是秦穆公铁了心，并骂这两个人为老不死的，最终派孟明视、西乞术、白乙丙为主将，要偷袭郑国，可是他们遇到了郑国的爱国商人弦（xián）高，他假借郑国君主的名义犒赏秦军，秦军以为郑国已经得到了消息，于是取消既定行动，灭掉了滑国。可滑国是晋国的势力范围，这就惹恼了晋国，当时主战派的头领就是先轸。

晋文公与齐昭公（名潘，也是齐桓公的儿子，此时齐孝公已死）在敛盂（卫国地名，在今河南濮阳东南）这个地方订立盟约。卫成公这时想向晋文公示好，请求同齐、晋结盟，遭到晋文公的拒绝。卫成公一看这条路走不通，于是想还是投靠楚国吧，毕竟是传统盟友，可是卫国人不同意了，他们驱逐了卫成公来讨好晋国。卫成公逃到了襄牛（卫国地名，一说在今河南睢县，一说在今山东濮县）这个地方住了下来。楚国发兵救卫，可是没有战胜晋军。

于是晋军继续推进，包围了曹国国都，猛烈攻打城门，但是晋军伤亡很大。曹国人把晋军的尸体陈列在城上示众，这让晋文公非常忧心，因为这样容易动摇军心。于是，晋文公的智囊团中有人提议："把军队驻扎在曹人的坟地里。"晋文公采纳了这个建议，结果引起了曹国人的恐慌，他们赶忙用棺木装殓晋军的尸体并送了出来。晋军趁着曹国人心惶惶之际加紧攻城。三月十日，晋军攻进了曹国国都，俘虏了曹共公。晋文公当面列举他的罪状，斥责他不能重用贤臣僖负羁，却对无用之人不吝赏赐。同时，晋文公又下令不准进入僖负羁的住宅，并赦免僖负羁同族的人，这是为了报答他在晋文公流浪时曾经给予的恩惠。

晋文公对僖负羁的报恩行为，引起了魏犨和颠颉的不满，这两人都是跟随晋文公在外流浪的老班底，他们可能对晋文公继位之后所给予的待遇不满（魏犨只是担任车右，颠颉的职位可能更低），于是这两个人气愤地说："我们跟着流浪了十九年都不考虑报答，像僖负羁那点小恩惠有什么值得报答的？"这两人应该是四肢发达、头脑简单的人。能担任车右，一定是武力超群的人，但是，这样的人对于细节问题往往就考虑不到。晋文公和他们有君臣之义，虽然有跟随流浪之情，但这也是他们的责任和义务，而僖负羁则不同，他对晋文公可没有任何责任与义务，他行善纯粹是出于本性的善良和过人的眼光，因此，对僖负羁报恩更厚重没有问题。可是这两位莽汉想不到这一层，他们放火烧了僖负羁的住宅，魏犨的胸部也因此而受伤。

两人公开违抗命令，让晋文公非常生气，他想杀了魏犨，可又爱惜他的才能。因此，晋文公就采取了一个折中方案，派人去慰问他，并借机探看伤势，要是伤重不起，文公就准备杀他正法。可是魏犨看破了晋文公的心思，他把胸部伤口包扎好了之后，就出来见文公的使者，说："托国君的福分，我不是很安宁吗？"当着使者的面，魏犨做了三次立定跳远，又向上跳了几跳。于是，晋文公饶恕了魏犨，但是，颠颉被斩杀示众。颠颉虽是近臣，但晋文公为了树立其公信力，只能让颠颉成为牺牲品。

《商君书·赏刑》曾经举过颠颉被杀的案例，只不过情节不相同。商鞅为了论证轻罪重罚的合理性，举出了颠颉的案例。他认为想要杜绝奸邪，禁止罪行，就要加重刑罚。刑罚既重，又有必然抓捕罪犯的方法，那么民众就不敢以身试法，所以国内就没有受刑的人了，因此才有"明刑不戮"的结果，就是刑罚严明，反而不用杀人。他说晋文公想通过严明刑罚来使百姓亲附，于是召集卿大夫们在侍千宫会合，颠颉迟到了，执法官吏问晋文公如何处理，晋文公说："对他用刑吧。"官吏于是按照腰斩的刑罚砍断了颠颉的脊梁。晋国人听说这个事情后非常害怕，说："颠颉这样得宠，尚且被腰斩示众，何况我们这些人呢？"后来晋文公起兵攻打曹、卫，势如破竹，并取得城濮之战的胜利。对晋国的三军将士而言，一旦命令他们停止，他们就如同双足被砍断一样一动不动；命令他们前进，他们就如同流水一样奔腾向前。没有一个人敢触犯法禁。杀一个颠颉，晋国大治。这个情节与《左传》中的记载不同，相对来说，《左传》中的记载更为可靠。商鞅选取此案例，只是为了论证他的观点，有人为改动的可能性。

有一点应该是确定的，颠颉确实被晋文公所诛杀，而魏犨则逃过了死罪，但是车右的职务被撤销。车右改为舟之侨。魏犨是战国时代魏国的奠基人之一，他的孙子魏绛（jiàng）正式成为晋国六卿（智氏、范氏、中行氏、韩氏、赵氏、魏氏）之一，奠定了魏国的基础。

第十二章　兵未动伐谋先行　抛媚眼伐交结盟

接下来说说晋国对楚国的外交包围。

晋文公团队在进行战略决策的时候，就已经确定了一个战略目标，就是通过攻击曹、卫迫使楚国从宋国撤兵，或者诱使楚国来决战。然而，这个目标并没有达到。虽然楚军来救援曹、卫，但估计是偏师，而非重兵集团的主力，所以并没有击败晋文公兵团，而宋国的危机也依然没有缓解。

宋国派遣大夫门尹般到晋军告急求救。晋文公这时面临“三难”抉择：“宋国来告急，如果坐视不管，两国的关系就会断绝。如果要求楚国撤兵，楚国一定不会答应。那么就只能和楚国作战了，可是我们的同盟国齐国、秦国又不会赞同。怎么办呢？”看来，此时晋文公对与楚国的决战还是没有必胜的把握，甚至他的同盟国齐、秦都非常忌惮楚国，不会轻易支持晋国对楚国决战。要知道，军事上的决策，是一种高智商的游戏，刘邦所说“吾宁斗智，不斗力”，其实揭开了军事斗争的秘密。当时选择先轸当中军元帅，看来是一个相当正确的抉择。先轸说：“设法使宋国不向我们求救，让宋国拿礼物去贿赂齐、秦两国，请求齐、秦两国出面调停，请求楚国退兵。同时，我们将曹国国君扣留下来，再把曹、卫两国的土地分出一部分给宋国。楚国不会轻易放弃与曹、卫的盟友关系，一定不会接受齐、秦两国的调解。齐、秦贪图宋国的贿赂，也一定会恼怒楚国的顽固。那么齐、秦也就会加入晋国的阵营，正式与楚国为敌。”

这一系列问题有些复杂，我为大家梳理一下：

（1）宋国在宋襄公主政时代，因为与楚国争霸失败，所以宋国成为楚国的附庸；

（2）在宋成公时代，宋国转而投向晋国，这让楚国非常愤怒，于是带领盟国围攻宋国；

（3）宋国于是向晋国求救，晋国决定出兵，但不是与楚国直接决战，而是攻击楚国的盟国曹、卫；

（4）虽然晋国攻击曹、卫相对顺利，并且击败楚国的支援，但是宋国的危机还是没有缓解；

（5）于是，宋国再次向晋国告急，但是晋国对直接和楚国开战心里没底，若抛弃宋国，就会失去信用和权威；

（6）想要当面和楚国谈，楚国肯定不答应；

（7）想要和楚国直接开战，必须得到齐、秦的支持；

（8）于是，先轸认为，应该让宋国准备礼物贿赂齐、秦，让齐、秦当调停人；

（9）同时，晋国把占有的曹国、卫国的土地，分出一部分给宋国，弥补其损失并安慰其心；

（10）齐、秦的调停楚国不一定接受，这是因为，如果楚国从宋国退兵，就会造成楚国盟友曹、卫的土地被宋国占有的事实，这个问题解决不了，楚国就会失去两位盟友；

（11）这样，齐、秦两国因为接受了宋国的礼物，但是又没有调停成功，一定会怨恨楚国的固执；

（12）若如此，齐、秦、宋、晋就建立了统一战线，晋国对楚国作战的外部条件就成熟了。

◎晋楚城濮之战前晋国的诱敌策略

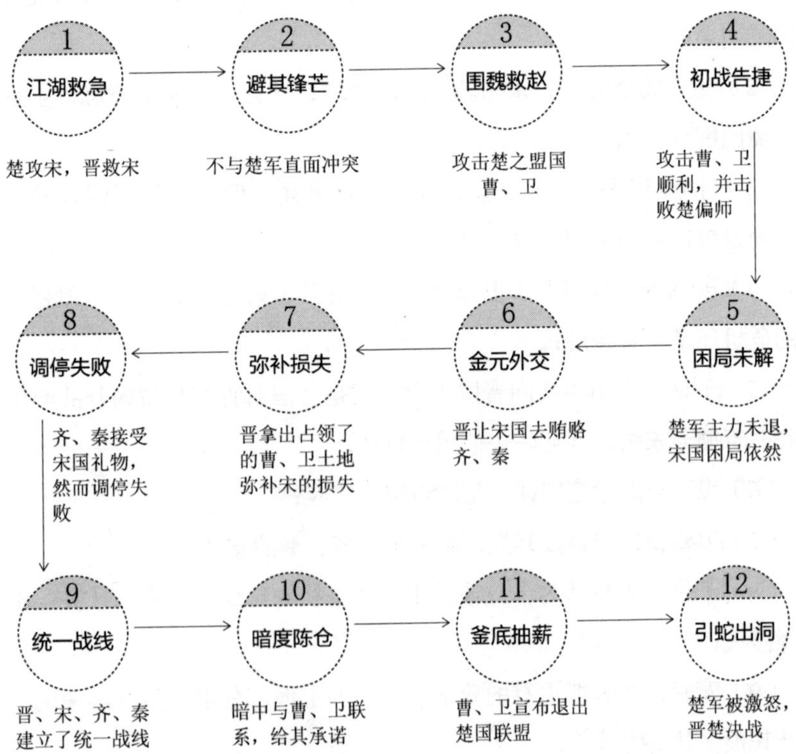

晋文公听完先轸的话，非常高兴，立刻把曹、卫的一部分土地分给了宋国。

而楚成王却从局势的变化中看到了问题的严重性，也认识到了晋文公团队在战略和战术上的非同一般。当时楚国一共出兵三路，先是楚成王回兵驻在申地，然后他命令楚国大夫申叔撤出谷（齐国地名，今山东东阿县）地，又命令楚国令尹（相当于丞相）子玉撤离宋国，并对他们说："不要和晋军交战。晋侯（晋文王）在国外流亡了十九年，终于回到晋国为君。人世间的艰难险阻，他都经历过了，人心的虚实真假，他已经全都清楚了。尤其是他能如此长寿，这都是上天的赐予。上天如此安排，我们怎么能违抗呢？兵书《军志》上说：'适可而止。'又说：'知难而退。'还说：'有德的国家不可抗拒。'这三条记载，好像与当前的情况都比较符合。"

不得不说，楚成王作为一个成熟的政治家，看问题还是比较精准和深刻的。尤其是他说晋文公是"天假之年"，也就是上天赐予他寿命这一条，还是比较关键的。按照《史记·晋世家》的记载，晋文公出走时已经四十三岁，在外流浪十九年，回晋继位时已经六十二岁，城濮之战前夕，已经是六十六岁的高龄，即便当今，这也已经是退休年龄。在那个时代，这已经是生命的奇迹了。难能可贵的是，晋文公并没有丧失斗志。要知道，任何一种军事行动都是冒险，从来没有人事前就敢说百分之百的胜利，只要有百分之一的不利因素，就可能造成失败。在战场上，只有相对的强大，没有绝对的成功。晋文公完全可以不冒这个险。他吃了那么多年的苦，应该好好享受生活了。一旦战败，不仅名声受损，而且很可能危及他在晋国的政治生命，让人质疑他的能力，反对晋文公的势力就会死灰复燃。好在霸主就是霸主，他依然选择了奋斗，并没有被荣华富贵消磨掉雄心壮志。加上这些年的流浪漂泊，使他备尝生活艰辛，这都是很多君主没有经历过的生活体验。为什么明君少，而庸主、昏君、暴君多？很重要的一个原因就是没有经历过基层锻炼，一直高高在上，缺少对社会和人心的理解与洞察。这些条件，晋文公都具备，而楚成王也看到了这一点，即便在晋文公流浪到楚国时，他也非常看好晋文公。

但是楚成王的判断，子玉不理解。他不但不理解，还违背君主的命令，派出部将伯棼（fén）请战，说："我不敢说一定能成功，不过希望借此机会来堵住那些拨弄是非的小人之口。"子玉嘴里的"小人"是芀（Wěi）贾（蒍贾），据专家对《吕氏春秋》的注解，他是后来楚国名相孙叔敖的父亲，不过去世很早。当别人都认为子玉胜任令尹一职时，芀贾曾经认为："子玉刚而无礼，不可以治民，过三百乘，其不能以入矣。"就是说，子玉这个人刚愎自用而没有礼貌，不能治理民众。如果叫他带了超过三百乘战车的军队去作战，恐怕就不能安全地回国了。这就是子玉的一个致命伤。

按照《史记辞典》的注解，子玉（？—公元前 632 年），春秋时代楚国正卿。芈姓，成氏，名得臣，字子玉。初为大夫。楚成王三十五年（公元前 637 年），因伐陈有功，任令尹（相当于其他国家的丞相）。楚成王四十年（公元前 632 年），带兵伐宋，晋救宋，与晋战于城濮。

堂堂楚国的令尹，在芀贾的眼里竟然连三百乘战车的军队都带领不了，是可忍孰不可忍？这种说法可能在楚国官场广为流传，成为子玉心中的一根刺。想要拔出这根刺，堵住悠悠之口，用什么办法？就是用实际行动。晋国救援宋国是为了名声，子玉未尝不认为，打败晋国是他平息流言蜚语的最佳路径。他是带着一种想要证明自己的心思来请战的，是带着一种情绪来决战的，这就犯了《孙子兵法》中所说的军事大忌：主不可怒而兴师，将不可愠而致战。不论是君主还是主将，如果带着情绪进行军事决策，就是大灾难的开始。指挥军事行动，血要热，头要冷，热血，才勇敢，冷静，才理性。士兵可以只求勇敢，主帅一定要冷静，因为他需要做出战略和战术决策，任何一点小的错误，都可能是全军覆没。

对于子玉的抗命不遵，楚成王非常生气，因为他根本就不想和晋国撕破脸皮，但子玉执意要打，于是他就只给了子玉少量的兵力，包括西广、东宫两支军队和若敖氏的六百兵卒归他指挥。楚国军制分左、右广，西广即右广，等于右军。东宫，一般指太子宫，这里应该是太子宫的卫队。若敖氏，是楚王祖先的名号，军队以此为名。在前文《源远流长》中探讨过这个问题。芈姓在楚国有几大氏，春秋时代知名的若敖氏、薳氏，战国时代知名的屈氏、昭氏、景氏，加上楚国王族的熊氏，这几大家族主宰了楚国。《左传全译》指出，若敖氏的兵卒是楚国的特种部队，它指以"若敖"命名的子玉的亲兵六百人，都是子玉的同族。《白话国语》（李维琦注译）对若敖氏的注解是："若敖本楚先君名，就是熊仪。想必若敖氏是他的后裔。子玉属于若敖氏。这里指若敖氏在军队中服役的人，他们大概是一支军队的骨干。"以备参考。

从中可以看出晋楚在决战之前最大的差异。晋文公团队基本上是君臣目标一致，团队合作相当和谐，能够集中兵力和才智于一个方向，虽然有魏犨、颠颉的小插曲，但这两个人对于整体战局没有大的影响。而楚成王团队就存在巨大的分歧，国君不想打，令尹要打，最后楚成王虽然批准了子玉的申请，但是很不愿意。子玉踌躇满志，反正不论如何，只要批准了用兵就行，他憋足了气，想要通过一次胜利来消弭（mǐ）所有争论，胜利者是不会被审判的嘛。

现在楚、晋正式面对面。要开战了。子玉派出楚国大夫宛（Wǎn 或 Yuān）春通知晋军说："请晋国恢复卫侯的君位和曹国的封疆，我们楚国也从宋国撤军。"狐偃认为子玉无礼，晋文公是君，只要求楚国"释宋"，从宋国撤军，只有一项要求，但是子玉是臣，他却要求晋国"复卫侯"和"封曹"，恢复卫成公的君位和恢复曹国的封疆，有两项要求，不应该答应他，应该揍他。

但是先轸有不同意见，这个策略大师又给晋文公提供了几条有价值的建议：

（1）答应楚国的要求。这样可以得到的结果是释宋、复卫、封曹，这也达到了晋国出兵的目的。如果不答应楚国的要求，那么对宋国的包围还会继续，宋国就会埋怨晋国，同时，曹、卫也会对晋国不满意，其他诸侯看在眼里，也会对晋国有意见。可以说，子玉的要求是比较光明正大的，对三国都有好处，容易获得好的名声。晋国要是不答应，那么晋国只能收获抱怨和不满。因此，要答应楚国。

（2）虽然答应了楚国的要求，但是要扣留楚国的使者宛春，以便激怒子玉，因为晋国还是要战。

（3）晋国暗中与曹、卫达成谅解，恢复战前状态，于是，曹、卫两国宣布与楚国断绝关系。

这几个组合拳打出去，子玉彻底被激怒了，现在已经和曹、卫、宋没有直接关系了，是晋、楚进行一次决战的时候了。

第十三章　雄略主退避三舍　城濮战一鸣惊人

城濮之战正式拉开帷幕。

到了这时，已经没有外交谈判的必要，只能用军事手段来解决问题了。盛怒之下，子玉率领部下进逼晋军，晋军向后撤退。晋国军官们非常不服气，说："我方统帅是君，楚军统帅是臣，以君避臣，这是耻辱啊！何况楚军一直在外征战，士气已经低落了，为何要退？"狐偃就劝大家说："军队的士气和出征时间长短有什么关系呢？有理，士气就旺盛；理亏，士气就低落。如果当年没有楚国的帮助，我们晋国不会发展到这个程度，后退九十里来避让他们，就是报答当年的恩情。如果我们对楚国忘恩失信，就会激起他们的仇恨，那就是我们理亏，楚国理直气壮了。楚军一直以来都是士气饱满，并没有士气不振。如果我军撤退，楚军也撤退，我们的目的也就达到了。逼迫楚国撤军，也是胜利，我们还要求什么呢？我们的国君在退让，如果楚军不退，子玉作为楚国的臣子，步步紧逼我国的国君，那就是他们理亏了。"于是，晋国军队后退九十里。

抢占道义上的制高点，是决定军事胜败的关键之一。要有理、有力、有节，即开战前要有理，开战时要有力，胜利后要有节。

楚军上下要求停止前进，但是子玉不答应。

战争开始升级。

夏季四月初三，晋文公、宋成公、齐国大夫国归父（亦称国庄子）和崔夭、秦小子慭（yìn，秦穆公之子），分别带领部队进驻在城濮（一说在今河南陈留，一说在今山东濮县南）。经过晋文公团队的一系列运作，晋、宋、齐、秦组成了统一战线，宋、齐、秦以同盟国的身份加入了城濮之战，站在了晋国一方。

然而，楚国占据了地利。在城濮附近有一个叫酅（xī）的险要丘陵地带，楚军驻扎于此。这让晋文公很是担忧。即便晋国及其同盟军已经足够强大了，他依然非常慎重、小心和担忧，这是能成大业的必备素质，临事而惧。他听见有人在唱歌。当他揣摩歌词的含义时，他的心里同样疑惑不定。正式决战之前，他的紧张心情并没有缓解。狐偃劝道："打吧，胜利了我们可以在诸侯中确立霸主地位。我们晋国外有黄河天险，内有险峻的太行山，就是打不胜，也不会对晋国本土产生什么威胁。"此时晋国属于在境外作战，即便失败了还可以退回晋国，利用险要形势固守。晋文公说："楚国以前对我们有恩惠，怎么办呢？"栾枝说："汉水以北的姬姓诸侯全被楚国吞并了，那些诸侯和我们同祖同宗，可是我们没有挽救它们的覆亡。思小惠而忘大耻，如果我们顾念小的恩惠，就会忘记这种奇耻大辱。不如与楚国决战。"

事情发展到这个程度，如果楚国能挥舞橄榄枝，晋文公可能依然会接受停战的协议。不仅如此，晋文公在夜里还梦见与楚成王搏斗，结果他被楚成王打倒，楚成王趴在他身上吮吸他的脑浆。他有些害怕，狐偃解梦道："这是吉兆。您面向天，说明晋国得到上天帮助，楚君面向地，就是向您服罪。他吮吸您的脑浆说明他可以被您驯服。"

子玉派楚国大夫斗勃向晋文公正式挑战。从这里可以见到春秋早期在军事上的礼仪，交战双方都非常客气和斯文。子玉说："我请求同您的战士较量一番，您可以靠在车前的横木上观赏战况，我成得臣（子玉）也要奉陪您一起观战。"晋文公派栾枝答复道："您的话我们国君已经领教了。楚君对我们有恩惠，我们从来没有忘记，所以我们才退避到这里。对子玉大夫您，我们都选择退避三舍，又怎么敢阻挡楚君呢？现在既然没有获悉楚国退兵的命令，那么就烦劳您费心，请转告贵国的将士，准备好你们的战车，以便完成你们国君交付的任务。明天早晨战场上见。"这是春秋时代贵族间的军礼，不知道的，还以为是两个老朋友在互致问候。

晋国的战车一共 700 辆。关于一乘战车配属多少士兵，一直存在很大争议，而且时代不同，配属的兵力也不同，我们姑且采纳 75 人一说。一车四马，若干制式武器，战车之上，车左（甲首）1 名、御者 1 名、车右（戎右）1 名，外加 72 名步兵。那么晋国的兵力大概在 52500 人左右。韅（xiǎn，套在牲口腹部的皮带，一说背部）、靷（yǐn，古代拴在车轴上拉着车前进的皮带。共两条，前端系在车衡的两旁。一说系在马胸上）、鞅（yāng，就是指套在马颈或马腹上的皮带）、靽（bàn，古代架车时套在牲口后部的皮带），都是战马身上披挂的皮件，军容整齐，装备完善。晋文公检阅了部队，看晋军上下都遵从礼仪，令行禁止，可以一战。晋军又砍伐了树木，作为补充攻城的器具。四月初四，晋军列好了阵势，下军佐胥臣率领部下，抵挡楚军方面陈、蔡两国军队。

◎城濮之战战前两军对垒的情况

<table>
<tr><td colspan="2">荀林父（御手）</td><td colspan="2">晋文公</td><td colspan="2">舟之侨（车右）</td></tr>
<tr><td colspan="6">晋国一方的排兵布阵</td></tr>
<tr><td colspan="2">上军</td><td colspan="2">中军</td><td colspan="2">下军</td></tr>
<tr><td>狐毛（将）</td><td>狐偃（佐）</td><td>先轸（将）</td><td>郤溱（佐）</td><td>栾枝（将）</td><td>胥臣（佐）</td></tr>
<tr><td colspan="6">楚　河　汉　界</td></tr>
<tr><td colspan="2">子西</td><td>子玉（将）</td><td>六百兵卒</td><td>斗勃（子上）</td><td>陈蔡之军</td></tr>
<tr><td colspan="2">左师</td><td colspan="2">中军</td><td colspan="2">右师</td></tr>
<tr><td colspan="6">楚国一方的排兵布阵</td></tr>
</table>

上表只是理论上的对抗，在具体作战中，晋军变换了队形，并采取攻其弱势、各个击破的战术。再看一个表格，然后进行逐条解释。

◎城濮之战战时双方的兵团投入方向

<table>
<tr><td colspan="2">荀林父（御手）</td><td colspan="2">晋文公</td><td colspan="2">舟之侨（车右）</td></tr>
<tr><td colspan="3">晋国集中兵力的方向</td><td>不采取行动</td><td colspan="2">晋国寻找楚军的薄弱方向</td></tr>
<tr><td>②下军主将栾枝兵团（先为疑兵，后为追兵，攻击楚军左师子西兵团）</td><td>③上军狐毛、狐偃兵团全部（先为疑兵，后为追兵，攻击楚军左师子西兵团）</td><td>④中军先轸、郤溱兵团精锐，拦腰攻击楚军左师子西兵团</td><td>⑤中军先轸、郤溱兵团余部正面抗击楚军中军子玉兵团</td><td colspan="2">①下军佐胥臣兵团抗击楚军右师斗勃兵团中的陈、蔡联军</td></tr>
<tr><td colspan="3"></td><td></td><td colspan="2"></td></tr>
<tr><td colspan="3">楚军左师子西兵团</td><td>楚军中军子玉兵团</td><td>楚军斗勃（子上）</td><td>陈、蔡联军</td></tr>
<tr><td colspan="3">晋国胜</td><td>算是平手</td><td colspan="2">晋国胜</td></tr>
<tr><td colspan="6">⑥最后的结果：晋国完胜</td></tr>
</table>

相对而言，《左传》中的记载比较完整，但还是比较简略，对于楚军的整体兵力，陈、蔡联军的实际情况，以及楚国右师中是否有楚军等问题，没有清晰的记载。这也引起了后世的很多争论。因此，我在下文分析上表中的战况时，完全按照个人的理解，不一定准确，或者有遗漏之处，但只是为了让读者对战场形势有一个清晰的认知：

（1）表中①所显示的内容是：晋文公集团在正式决战之前，应该对楚军进行了细致的分析，楚军的右师是由斗勃率领的陈、蔡联军，斗勃是统帅，但是右师当中有没有斗勃直接带领的楚军，不得而知。按照正常思路分析，应该配给斗勃少部分楚军，加上陈、蔡联军，而不应该让斗勃光杆司令一个去领导陈、蔡联军。从表面上看，斗勃军团的兵力也不算少，然而，这都是从表面上看，兵力的多少与战斗力的强弱不一定是正比例关系。陈国、蔡国这类仆从国的队伍，捧个人场可以，壮声威可以，让他们当主力，让他们进行死战、力战，绝对不可以。因此，晋军决策集团认为，这是敌人的薄弱环节，是最先要采取进攻的方向。对于知己知彼的意义，晋军就认识得比较清楚。《左传》上记载，宋、齐、秦都派了军队过来，可没有记载他们正式参加了战斗，应该是只把他们视为战略预备役和战场观察员。

再看楚国的中军，主帅子玉亲自带领六百军卒，人数虽少，但是战术武器配备可能最齐全，因此战斗力反而是相当强的。而且如果最先攻击楚国中军，楚国的左师、右师都会过来救援，如果晋军不能向前推进，再受到左右夹攻，恐怕大事不妙。楚国左师的子西兵团，可能是楚军的重兵集团，因此晋国使用三路兵力，即下军主将栾枝兵团、中军精锐和上军全部，集中消灭敌人。

再看下军的胥臣兵团，他们把战马都蒙上虎皮，先冲击陈、蔡联军。陈、蔡联军没有辜负仆从国应该具有的战斗力和职业操守，弃阵奔跑，楚国的右军溃败了。

（2）表中②所显示的内容是：攻击楚国右师陈、蔡联军的本来是晋国下军，晋国下军的主将是栾枝，副将是胥臣，可能晋国认为有必胜的把握，于是把栾枝安排在楚国左师一边，让胥臣带领下军主力攻击陈、蔡联军。栾枝离开下军的时候，应该也带走了少量兵力，因为他需要布置疑兵。

（3）表中③所显示的内容是：本来晋国的上军狐毛、狐偃兵团与楚国左师子西兵团对阵，中军先轸兵团与楚国中军子玉兵团对阵，但是狐毛、狐偃兵团却竖起了两面中军大旗，也就是说，把上军伪装成了中军先轸兵团，并且假装败退。与之相配合的就是从下军抽调的栾枝兵团，栾枝让战车后面拖着树枝，扬起灰尘，使狐毛、狐偃兵团的败退显得更加逼真。楚军果然受到欺骗，快速追赶晋军。这两个兵团的伪装做得非常好。

（4）表中④所显示的内容是：当狐毛、狐偃兵团和栾枝兵团把假戏做足，引得楚军的重兵集团全力追击之时，晋国中军主将先轸、副将郤溱指挥中军的精锐向楚军拦腰冲杀。与此同时，狐毛、狐偃停止“溃逃”，指挥上军回身夹击子西兵团，楚国的左军也溃败了。

（5）表中⑤所显示的内容是：在决战之前，子玉曾经放出豪言，这次一定要打败晋国。但是，战场形势的发展远远超出了他的预计。当时他也应该带领楚国中军向晋国中军冲击，然而左右两路的失败，让他不得不及时做出战术调整。因为子玉及早收兵不动，所以中军没有溃败。更主要的原因是，与楚国中军对垒的晋国中军实际上兵力配比最少，只起到诱惑敌人的作用，并不是主要的突击方向。

（6）表中⑥所显示的内容是：城濮大战，整体结果是楚军大败。

晋国在这次战争中使用的战术，与城濮大战之后发生的田忌赛马的原理是非常相似的，可以说，伟大的智慧除了具有特性之外还有共性。田忌赛马是以上等马对中等马，以中等马对下等马，以下等马对上等马，保证 2:1 的胜出比例。如果简单套用这一原理，可以这样认为，上等马（晋国上军狐氏兵团+下军栾枝兵团+中军先轸兵团精锐）对中等马（楚国左师子西兵团），中等马（晋国下军胥臣兵团）对下等马（楚国右师以陈、蔡联军为主体的斗勃军团），下等马（晋国中军先轸兵团一部）对上等马（楚国中军子玉兵团）。在战斗中晋军运用疑兵之计诱敌深入，集中优势兵力各个击破。这是一次相当经典的战略和战术案例，具有高超的军事智慧。

第十四章　规格高践土之盟　霸主位实至名归

晋军占据了楚军的营地，吃了三天缴获的军粮，到四月初八才班师。四月二十九日，晋军到达了衡雍（郑国地名，今河南境内）。晋文公听说周襄王要亲自来劳师，就在践土（郑国地名，在今河南原阳西南）这个地方建造了一座行宫，这应该是取得了郑国的同意，建设费用应该是晋国出，只是不知道这块地皮的产权和经营权如何划分。城濮大战发生在四月份，在城濮大战之前的三月，郑文公把郑国军队交给楚国使用，现在看到晋胜楚败，感到害怕，便派郑国大夫子人九（姓子人，名九）向晋国求和修好。这就是中原国家的尴尬，尤其是郑国——四战之地，无险可守，不论从北往南，还是从南往北，用兵都要经过郑国，说不定就被谁打一顿。郑国成为“中原地区的门槛”，迈不过去，就被人踩一脚。尤其在晋楚争霸的过程中，它备受欺凌，只能在两个大国之间左右摇摆。郑文公在晋文公流亡时，没有礼遇晋文公，他可能知道关系不好处理，即使雄才大略的霸主，也有小心眼的时候，于是，他就站到了楚国的一方，谁知道，楚国败了。经历过城濮大战胜利的晋文公，可能此时心情大好，因此并没有拒绝郑国的示好，他派下军主将栾枝作为全权代表同郑文公商议会盟之事。五月十一日，晋文公同郑文公在衡雍发表了“晋郑两国结成亲密的战略合作伙伴关系声明”。

五月十二日，晋文公把楚国的俘虏献给周襄王，还献有四马披甲的战车一百辆，步兵一千人。郑文公给周襄王赞礼，就是类似于现代的司仪，周襄王以高规格的礼节接待了晋文公，并命令下属用竹简写上王命，也就是说，签发正规的周朝中央政府红头文件，以书面形式任命晋文公为“侯伯”，就是诸侯的领袖，并且赏赐给晋文公下列物品：

（1）大辂（lù，古代祭祀时所乘的金色的车子，乘坐此车时要戴有赤色野鸡翎毛的帽子）之服；

（2）戎辂（一种兵车，乘坐时要戴皮帽子）之服；

（3）彤（tóng）弓一（红色的弓一把）；

（4）彤矢百（红色的箭矢一百）；

（5）玈（lú）弓矢千（赠送黑色的弓和一千支箭，表示授予征伐之权）；

（6）秬（jù，黑色的黍米，用以酿酒）鬯（chàng，祭祀用的酒）一卣（yǒu，古代盛酒的器具，口小腹大。这句话是指用黑黍米酿造的香酒一卣）；

（7）虎贲（勇士，天子的卫队）三百人；

（8）珪瓒（zàn，玉柄的酒器，也有人译为玉制的印信，不知何据）。

关于赏赐的这几件东西，《左传 · 僖公二十八年》记载的是前七件，《史记 · 晋世家》则记载了前七件中的五件，即大辂、彤弓矢百、玈弓矢千、秬鬯一卣、虎贲三百人（或者应该是六件，彤弓矢百，是把彤弓、彤矢百合并了），缺少了《左传》中的戎辂之服，增加了珪瓒。在下文的表述中，还是以《左传》为准——七件器物。

大家可不要小看这几样东西，能够获取这几样东西可以说是当时一位诸侯所期望获得的最高人生理想和政治荣誉。三国时，汉献帝不得不表扬曹操的功绩，就选用了晋文公被周襄王看重、表扬和赏赐的案例，意思是曹操也有晋文公一样的功劳，并且在建安十八年（213 年，赤壁之战后五年），献帝赏赐曹操“九锡”，主要是车马、衣服、乐悬、朱户、纳陛、武贲、𫓧钺（fū yuè，古代兵器，青铜或铁制成，形状像板斧而较大）、弓矢、秬鬯。虽然这些赏赐比晋文公的多了一些，但其政治含义是一样的。“九锡”是古代帝王颁赐给大臣以示尊礼敬贤的九种器物。三国时期李严给诸葛亮写信，“劝亮宜受九锡，进爵称王”，诸葛亮坚决不同意，并说如果能够灭掉魏国，迁都洛阳，与功臣共同受赏，就是比九锡再高的荣誉，也可以接受，但是现在坚决不可以。其实到了三国，加“九锡”已经成为权臣篡权的预演了，诸葛亮肯定不会接受。这是题外话，只是为了让大家多了解一些历史背景而已。

周襄王对晋文公说：“叔父你要恭敬地服从周王的命令，安抚四方诸侯，检举、惩治危害周王的坏人。”晋文公辞让了三次，才接受王命，并说道：“重耳（晋文公自称）再拜叩首，我一定努力发扬周天子的圣命。”

五月二十八日，在为周襄王修建的践土行宫里，周王的卿士王子虎主持诸侯订立盟约，立下誓言说：“列位诸侯都要辅助周王和王室，不要互相残害攻击。如果有人违背盟誓，神明会降罪并且惩罚他：让他的军队覆灭，让他不再享有国家。直到他的玄孙（从自身算起，到第五代叫玄孙），不论老幼，都要承受违背誓言所带来的惩罚与灾殃。”

史官评论说，这次盟约是有诚信的；又评论说，晋国在城濮之战中，能够依靠德义进行讨伐。这就是非常著名的“践土之盟”，是见证晋文公霸业的里程碑式事件。这是公元前 632 年的事情。大约在二十年前，即公元前 651 年，齐桓公主持召开了“葵丘之盟”，这是齐桓公霸业的标志。

然而，对晋文公而言，周襄王亲自劳军，亲自册封，并下发正规的红头文件来确认其霸主地位，同时又赏赐其七件器物，给予征伐之权，这份殊荣是独一无二的，其他任何霸主都没有获得如此完整、高规格的册封程序，晋文公的霸主地位是当之无愧、货真价实的。

这里面有都为姬姓、同宗同族的关系，但更是因为晋文公的文治武功，包括他对周襄王的礼遇、支持和馈赠，这一切都让周襄王非常敬佩、非常感动，因此才会有这种投桃报李。

第十五章　晋文公战后论功　成得臣杀之可惜

城濮之战改变了很多人的命运，也对中国的历史产生了一定的影响，这是一个永远说不完的话题，这里还有几个问题需要说明，同时，还要对城濮之战重要参与者的命运做一些交代。

（1）先轸和狐偃谁的功劳更大？按照《史记·晋世家》中的记载，城濮之战后论功行赏，狐偃为首功。有人表示不服气，替先轸鸣不平，说："城濮之战可以获胜，全是先轸的谋略。"晋文公说："城濮之战时，狐偃一再劝说我不要失信。先轸则说：'军事战争以胜利为最高原则。'我采用先轸的建议，取得了战争的胜利。然而，先轸的建议是'一时之功'，只能取得一时一地的胜利，狐偃的建议是'万世之功'，可以建立千秋万世的功业。怎么能把'一时之功'看得比'万世之功'更重要呢？因此，狐偃的功劳最大。"晋文公这样来判断，自有他的道理。城濮之战的胜利除了"军胜"，确实还有"德胜"。如果只是就事论事，应该先轸第一、狐偃第二，但如果把一次战役放在更广大的时空中，狐偃第一、先轸第二也无可厚非。这就要看从哪一点入手了。不过当时，恐怕有人认为晋文公偏袒自己的舅舅狐偃。

（2）子玉的命运。《史记·晋世家》中记载，“晋焚楚军，火数日不息（熄）”。这句话让人费解，不知道焚烧楚军的什么，是尸体、营盘，还是带不走的辎重？应该不是尸体，晋军不会如此野蛮，后两者的可能性较大。这次大战胜利了，但是晋文公依然在叹息。左右问道：“战胜了楚国而君王仍然忧虑，这是为什么呢？”晋文公说：“我听说取得战争胜利同时能够心安的，只有圣人能做到，而我虽然取得了胜利，但是心中不安，因此忧虑。况且子玉还活着，我怎么高兴得起来呢？”

按照当时的习惯，主帅领兵作战失败，不必等待国法处置，应该自己认罪自杀。如今打了败仗的子玉，并没有马上自杀，他可能希望得到楚成王的赦免。然而楚成王派来使者说：“大夫若入，其若申息之老何？”申国（今河南南阳境内）、息国（今河南息县）本来都是独立的国家，后来被楚国所灭，成为治下的县，此次随子玉出征的应该是申县、息县的士兵，因此楚成王才会说，大夫你如果回到楚国，还有什么颜面见申、息的父老？这是逼他自杀。子西、大心对楚王使者说：“子玉本来是要自杀的，我们拦住他说：‘还是听候命令吧，楚王会制裁你。’”子玉依然没有选择自杀，他继续往楚国进发，到了连谷（楚国地名，位置不详）这个位置，他依然没有得到楚王的赦令，这才自杀而死。

《史记·晋世家》中记载，晋文公说：“我在外部攻击楚国军队，楚王从内部诛杀大臣，内外交相呼应。”于是他高兴了起来。《左传》中记载，晋文公听到子玉自杀的消息之后，才喜形于色，他说：“从此再没有人同我作对了！楚国芀吕臣继子玉为令尹，这对于晋国是好消息。此人只知道保全自己，却不能为国家的利益着想。”子玉虽然是晋文公手下的败将，但是从晋文公的言行中可以看出，他对子玉的能力是非常认可的。没有得到子玉的死讯，晋文公竟然坐卧不宁，而且他说芳吕臣只知道为自己谋划利益，不知为国家利益着想，由此可以反证子玉是一个以国家利益为重的人。

（3）子玉该不该死？从子玉的性格来看，他“刚而无礼”，刚愎自用，过于自信，应该是为自己的性格缺点而殉葬，死得不冤枉。他违抗楚王撤兵的命令，坚持要打一场无把握之仗，最后兵败自杀，从这一点来看，他死得也不冤枉。一个主帅，因为决策失误，造成了大量将士的无辜死亡，如果主帅自杀，倒也不失为一种赎罪行为，死得也不冤枉。可是这一切又有一些客观理由。楚军之败，一个原因是楚王给他的兵力确实不多。然而，看整个战场的情势，又不像是实力非常悬殊的战役，直到决战前夕，晋文公依然担惊受怕，迟迟不下决战的命令。而且根据对战场形势的分析，晋军对楚军的情况好像了解得非常透彻，不可能不知道其大致的兵力部署。因此说，楚军与晋军相比，可能是相对弱势，并不一定是绝对弱势。可是楚国君臣之间的战略分歧，确实没有保证子玉有绝对的优势兵力，这不能不说是导致子玉失败的一个客观理由。

（4）楚成王逼死子玉令亲者痛仇者快。子玉之死，最高兴的是晋文公。城濮之战已经结束了，晋文公为何还会如此担心呢？我想，应该是担心子玉不死，必然来复仇。如果再发生一次类似于城濮之战规模的战役，晋国想再次完全具备天时、地利、人和完全齐备的条件，恐怕十分不容易。楚国作为一个南方大国，子玉作为久经沙场的将军，一旦抓住了有利时机，胜负难料。而子玉的继任者芳吕臣显然不具备这样的能力、实力和野心，故此，晋文公听说子玉被杀之后，才如释重负。对他来说，这次战役至此才算正式结束。

（5）应该给子玉戴罪立功的机会。从子玉的履历表来看，他还是一个战绩不错的将军，可能是此前没有遇到晋国这样的对手。国大国小都是相对的，楚国虽大，但是放在一场战役的局部环境中，有可能小国具有局部的优势。战争和战役的胜利与统帅的战场指挥能力还是息息相关的。当然，像子玉这种性格的人要想成长，必须经历一番痛彻心腑的失败，否则，他们高傲自大的弊病根本无药可治。这样的人警醒了，一定会有非常深刻的自我批判，脱胎换骨成一个新人。

（6）最后，用人策略。任何一个君主都想用常胜将军，每次战役没有一人死亡，却能获取超额的战争利益。然而，这是永远不可能的。做生意都需要本钱，何况战争？千军易得，一将难求；众将易得，主将难求。能冲锋陷阵的将才不少，而具有策划能力、能够排兵布阵的帅才，其实在哪个时代都是稀缺的。毫无疑问，子玉是具有帅才的，可是具有帅才与成为一个合格的统帅还有一定的距离，这个距离需要用实践、理论和失败来消除，有时是自己的失败，更多的是需要别人的失败，要有把别人的失败想象成个人失败的能力、把别人的失败进行总结和提炼的能力、把别人的失败转化为个人成功要素的能力。在这个过程中，个人的失败在所难免。然而，如果只靠个人的失败来总结教训，那么，还没有等你明智起来，你就已经失去了一切机会和能力。所以，必须从个人的失败中举一反三、举一反十、举一反百，才可能成为一个合格的统帅。此外，战争是高智商的较量，没有太多成功经验可以借鉴，甚至每一次战争、每一次战役、每一次战斗都是各有特色，这就需要统帅具有策划和指挥能力，而不是单纯地模仿或者复制所谓的成功模式。所以说，打败仗正常，用犯过错误同时认识了错误、改正了错误的人，可能比用一直没有犯错误的人更好，因为一直没有犯错误的人一旦犯错可能就是灭顶之灾。诸葛亮杀死马谡（sù），大家都很痛心。诸葛亮的继任者蒋琬（wǎn）来到汉中，对诸葛亮说："昔楚杀得臣，然后文公喜可知也。天下未定而戮（lù）智计之士，岂不惜乎？"诸葛亮说："孙武所以能制胜天下者，用法明也。"蒋琬就是用楚成王杀成得臣（子玉）的案例来表达惋惜之情，而诸葛亮用孙武执法严格的案例来回答。其实这两个角度都对，就看统帅的思考点在哪里。如果子玉、赵括、马谡这样的人不死，如果他们真的吸取了教训，改正了缺点，他们可能成为一个非常厉害的统帅。可是，如果他们死不悔改，那么，他们不死，就会有大量将士为之殉葬。

第十六章　王孙启楚材晋用　三巨头大谋不谋

楚材晋用，意思为楚国的人才跑到晋国，为晋国所重用。在《国语·楚语上·蔡声子论楚材晋用》这篇文章里，作者列举了多个事例说明人才外流的严重性。在细致分析晋文公团队的排兵布阵时，我们发现，晋军对楚军的情况好像非常了解，真正做到了知己知彼。因此，晋军的攻击事半功倍，肯定不会是关起门来决策的结果，一定有非常可靠的情报来源。而在这篇文章中，就提到了一个人物，叫王孙启。王孙启是哪国人呢？楚国人。那么楚国人怎么跑到了晋国，给晋国出谋划策呢？这是因为他的父亲被杀，他遭受牵连，不得已跑到了晋国。那么他的父亲是谁呢？他的父亲叫子元，也曾经是楚国的令尹。子元为何被杀呢？因为他心存邪念，想要诱惑息夫人。息夫人是谁呢？息夫人，本姓妫（Guī），因为嫁给了息国国君，所以被称为息妫。因为她过于漂亮，江湖人称其为“桃花夫人”。那么息国的第一夫人怎么到了楚国呢？息国在公元前 680 年被楚国所灭，而息夫人也因此被楚文王强占，三年时间生下了两个儿子，楚堵敖和楚成王，这个楚成王就是城濮之战时楚国的国君。先是哥哥楚堵敖成为国君，他想杀死亲弟弟熊恽（yùn），熊恽就是后来的楚成王。而熊恽逃到了随国（今湖北随州西北），并借助随国的力量杀死了自己的哥哥楚堵敖，自立为君，成为楚成王。那么这个子元和楚成王是什么关系呢？子元是楚成王的叔叔，在楚成王刚刚登基的时候，因为年幼，子元是楚国的令尹，掌握大权。子元和息夫人是什么关系呢？楚成王的母亲是息夫人，父亲是楚文王，叔父是子元，那么息夫人是子元的嫂子。子元为何对自己的嫂子动心了呢？只因为当时他嫂子是未亡人。楚文王去世以后，他可能认为息夫人会耐不住寂寞。其实，他不了解自己的嫂子。楚文王强行占有了她，并生下两个儿子，但是她从没有主动说过话，就是一副逆来顺受的样子。楚文王问她为什么这样，她说："我一个女人，侍候了两任丈夫（息侯和楚文王），不能守节而死，又能说什么呢？"看来这是一个非常遵守妇德的女人，只是命运如此，她摆脱不了。因此，子元一定会碰钉子。

《左传·庄公二十八年》中记载，这一年也是楚成王六年（公元前666年），"楚令尹子元欲蛊（gǔ）文夫人"，"蛊"，蛊惑，诱惑，"文夫人"，就是楚文王夫人，息夫人。子元在息夫人的宫殿旁边修建房子，在里面摇铃跳"万舞"。息夫人听见，哭泣着说："先君（楚文王）用这个舞来演习备战，现在令尹不用于仇敌，而是用在我这个未亡人身上，不也是很奇怪吗！"有人把这个话告诉了子元，子元说："女人不忘记袭击仇敌，我反倒忘记了。"

楚成王八年（公元前664年），子元讨伐郑国回来，竟然住进了楚文王的宫里，可能他是急不可耐了。斗射师劝阻，结果被子元拘捕。这年秋天，申公斗班杀了子元。申公，是楚国申县之长。公，楚国把县尹称为公，当时楚自称王。斗班，是申公的名字。在楚武王和楚文王父子执政时代，楚国开始建立县级行政单位，一般新占领的土地，成立县级行政单位，归属于楚国中央政府管辖，以增强中央政府的力量，这为秦国推行郡县制提供了很多有益的经验。受子元事件的牵连，有人在楚成王面前说子元儿子王孙启的坏话，楚成王没有主持公道，于是王孙启逃到了楚国。王孙启是楚国的王室成员，非常了解楚国的内部情况，而且还有一种可能，就是他人在晋国，却很容易把关系网的触角伸向楚国，因此，楚国内部的信息，都能通过这个渠道获取。城濮之战时，晋国一度想要退兵，王孙启对先轸说："这次战役只有子玉想打，但这违背楚王的心愿，所以只有东宫和西广两支部队参战。诸侯跟从楚军的，背叛的有一半了。若敖氏的军卒（子玉所统领的精锐）也是人心涣散，楚军必败无疑，为什么撤离呢？"先轸听从了这个建议，大败楚军，那是王孙启的功劳。楚材晋用是一个成语，比喻人才的流失，同样一个人，在楚国不能发挥作用，可到了晋国却能发挥作用，这就是用人体制的问题了。

晋文公生卒年为公元前 697 年到公元前 628 年，享年六十九周岁，在位年份为公元前 636 年到公元前 628 年，在位约九年。自幼好士，因此能够得人死力，即便在落魄之时，身边人也几乎不离不弃，这是他的人格魅力所在。作为一个贵族公子，这一点实属难得，加之他心胸开阔，在重新得势之后，依然能够听进不同的意见，并对负心人网开一面。在城濮之战中，他的表现堪称完美，能谋敢断、知人善用、以德服人。论个人素质、最终结局、霸业成就，春秋时代所有霸主无人能及，包括齐桓公。齐桓公过于好色，私德不修，最后未得善终，他最大的功绩是把管仲的才能完全发挥出来了。如果综合评价，晋文公当属第一号人物。

先轸（？—公元前 627 年）在城濮之战中担任中军将。他是春秋时期晋国正卿、名将、军事家、战略家，因为被封于原（今河南济源西北），因此也称为原轸。他是跟随晋文公流亡国外的嫡系，也是晋国的中流砥柱之一。城濮之战前，他被任命为下军佐，后来升任中军将，在战争中体现了杰出的军事才干和政治素养。晋襄公元年（公元前 627 年），秦穆公发兵偷袭郑国，他率领晋国军队，在崤之战中完胜秦军，俘获秦军三名将领。同年秋天，他率军队讨伐狄国，战死沙场。在城濮之战中，他的战略战术运用得完美。有人对他发动崤之战存有异议，认为这一战导致晋国与秦国交恶，破坏秦晋之好，使得晋国在北面、西面、南面三方面临战略威胁，给晋国后期造成了困难。但是，从总体来看，他无愧于战略家和春秋时代名将的称号。

狐偃（？—约公元前 629 年或公元前 622 年）在城濮之战中担任上军佐。他是春秋时期晋国正卿，晋文公的舅父。狐氏，名偃，字子犯，他的称呼比较多，咎犯、咎季、舅犯、臼季、司空季子都指狐偃。他曾经跟随晋文公流亡十九年，这一路上并不是风平浪静，需要处理的问题非常多，在与各国打交道、处理各种事务时，狐偃出谋划策，很有办法。晋文公能够顺利继位，狐偃功劳很大。在城濮之战中，他被晋文公评为首功。狐偃的儿子狐射（yè）姑（贾季）在晋襄公去世后，在继承人问题上与赵衰之子赵盾发生了重大分歧。由于赵盾势力强大，孤射姑不得已逃亡到北狄和赤狄潞（lù）国，最后死在潞国。就是他称赵衰是“冬日之日”，让人喜爱，称赵盾为“夏日之日”，令人畏惧。

第十七章　两臼季孰真孰假　五贤士众说纷纭

胥臣在城濮之战中担任下军佐，他是春秋时期晋国大夫。胥氏，名臣，字季子，因食邑于臼（应在今山西运城），因此又称“臼季”，为司空之官，又称“司空季子”。司空，六卿之一，主管工程建设、器物制造等事宜。这里有一个问题，在狐偃的众多称呼中，也有“臼季”“司空季子”这些称呼。两个“臼季”和“司空季子”，究竟怎么区分？这确实不好区分，这里只做简单辨析。

首先辨析一下五贤士。

《左传・僖公二十三年》中记载，这一年九月，晋惠公去世，其儿子从秦国逃回，当了晋怀公。晋怀公想让狐突把狐毛、狐偃这两个儿子召回晋国，如果不从命，就要杀死他，可狐突不同意，于是被杀。然后文中采取倒叙的手法，写公子重耳的流亡。文中提到的和重耳一起逃亡的是一批人，但特别提到了五个人：狐偃、赵衰、魏武子魏犨、颠颉、司空季子。文中没有特指他们是“五贤士”，应是五个代表人物。

《史记·晋世家》中提到："晋文公重耳，晋献公之子也。自少好士，年十七，有贤士五人：曰赵衰；狐偃咎犯，文公舅也；贾佗；先轸；魏武子。"这里明确记载了"五贤士"，与《左传》对比，没有争议的是赵衰、狐偃、魏犨。

《史记·晋世家》中提到介子推誓不言禄，他的下属感觉不公平，于是拉横幅伸张正义，其中有一句话叫"龙欲上天，五蛇为辅"，司马贞在《史记索隐》中说："龙喻重耳。五蛇即五臣，狐偃、赵衰、魏武子、司空季子及子推也。旧云五臣有先轸、颠颉，今恐二人非其数。"司马贞重申了"五贤士"的定义，认为是狐偃、赵衰、魏武子、司空季子和介子推，先轸和颠颉不应该是"五贤士"里的人。狐偃、赵衰、魏武子依然没有争议。

但是有一点是可以确定的，狐偃不是司空季子，司空季子应该就是胥臣。

狐偃与胥臣为何容易搞混？此前介绍狐偃的别名时，也有"臼季""司空季子"，而根据种种证据，"臼季""司空季子"应该是指胥臣。这又是什么缘故呢？大致有这样几个原因：

（1）二人都是贤能之士，应该是"五贤士"中的人选，狐偃毫无争议，胥臣是否能入选，有争议；

（2）二人都跟随重耳流亡十九年；

（3）都参加了城濮之战；

（4）都是高级将领，狐偃是上军佐，胥臣是下军佐；

（5）臼、咎、舅，三个字的读音相同，有时记载省略，或者相互通用，在当时是约定俗成的事情，对于后人就是巨大的理解障碍；

（6）二人的人生交集太多，有时史学家也未必完全弄得清。

狐偃与胥臣死于哪一年？前文中列出了狐偃死亡的两个时间，一个是公元前 629 年，一个是公元前 622 年。

主流说法认为，狐偃死于公元前 622 年。《左传·文公五年》中记载：“晋赵成子，栾贞子，霍伯，臼季，皆卒。”赵成子是赵衰，成子是其谥号。栾贞子是栾枝，贞子是其谥号。霍伯是先且居，先轸的儿子，因被封于霍，称霍伯。这些都没有问题。臼季，一般都指胥臣。《左传》研究专家杜预也认为是胥臣。

《史记·晋世家》中记载：“六年，赵衰成子、栾贞子、咎季子犯、霍伯皆卒。赵盾代赵衰执政。”六年，指晋襄公（晋文公儿子）六年，也就是鲁文公五年，公元前 622 年，时间没有问题。赵衰成子指赵衰，他死后，儿子赵盾成为晋国的实际控制人。栾贞子是栾枝。霍伯是先且居。这些都没有问题。问题就出在“咎季子犯”身上了，这究竟是指臼季（胥臣），还是指子犯（狐偃）？这给后世研究者造成了极大困扰。

《史记·十二诸侯年表》中记载，晋襄公六年，“赵成子，栾贞子、霍伯、臼季皆卒”。《史记索隐》指出：“赵成子名衰。栾贞子名枝。霍伯，先且居也。臼季，胥臣也。四大夫皆此年卒。”这个记载就非常明确，与《左传》的记录非常相似。

现在的问题就出在《史记·晋世家》上，只要搞清楚狐偃是否有“咎季子犯”的称呼，基本上就明白了。在史书上，比较通用的称呼就是狐偃，或者称字为子犯。可能是笔者占有的资料不足，称狐偃为“咎季子犯”，好像只有这一处。

第十八章　三辞卿赵衰举贤　行德政重耳爱才

《左传》和《国语》对狐偃之死都有记载。《国语·晋语四》中记载，赵衰一次推荐元帅，两次推辞担任卿，一次推辞担任中军将。前三次应该在城濮之战前，后一次应该在城濮之战后。

（1）推荐元帅。城濮之战前，晋文公向赵衰咨询元帅人选，赵衰认为郤縠可以。《国语》的某些版本中记载为郤谷，这应该是一个错误。谷的繁体字为“穀”，与縠相近，可能就以讹传讹了。为了不使大家迷惑，本书还是用郤縠。据称，他是儒将之祖。刘禹锡在《令狐相公见示河中杨少尹赠答，兼命继之》称赞他说，“自从郤縠为元帅，大将归来尽把书”；韩愈写诗称赞“为文无出相如右，谋帅难居郤縠先”，相如是指司马相如，诗中说写文章很难超过司马相如，论多谋善断的统帅，也很难超过郤縠。事实证明，赵衰的判断是精准的，郤縠当得起“谋帅”的称号。虽然他在战前病逝，可是“上兵伐谋”，如果战略、策略得当，可以“运筹帷幄之中，决胜千里之外”。郤縠参与了城濮之战前期的谋划，战争的胜利有他的功劳。

（2）辞卿。晋文公要提升赵衰为卿，赵衰认为“栾枝贞慎（忠贞谨慎），先轸有谋（深通谋略），胥臣多闻（博闻广识）”，他们几个都可以做辅佐，而自己不如他们三个。于是栾枝做了下军将，先轸做了下军佐。郤縠死后，先轸顶替他做了中军将，胥臣顶替先轸做了下军佐，与下军将栾枝搭班子。事实证明，这三个人也名实相副。

（3）辞卿。不久，晋文公还想提升赵衰为卿。赵衰推荐的是狐偃，于是狐偃成为卿。狐偃又推荐自己的哥哥狐毛，最后狐毛做了上军将，狐偃做了下军佐。

（4）辞中军将。在城濮之战进行中，狐毛、狐偃领导的上军打着中军的旗号（帅旗），迷惑楚军，让先轸领导的中军捕捉到了最佳战机，获得了胜利。狐毛去世后，晋文公想让赵衰替代狐毛上军将的职位，可是赵衰认为先轸之子先且居在城濮之战中表现突出，应该晋升，他认为自己的水平与箕郑、胥婴、先都差不多，不足以担当上军将大任。

晋文公不让他继续推辞了。晋文公说：“赵衰三次让贤，他所推让的，都是能够捍卫国家利益的栋梁之材。如果我对这样谦让的人废置不用，就是不行德政。”

因为赵衰的原因，晋文公在清原举行阅兵仪式，把三军改成了五军，其中一个原因就是给赵衰创造工作岗位，除了上军、中军、下军，又创立了新上军、新下军，这样就出了十卿：上军将、上军佐、中军将、中军佐、下军将、下军佐、新上军将、新上军佐、新下军将、新下军佐。前六个都已经在职了，关键是后四个，赵衰担任新上军将，箕郑担任新上军佐，胥婴担任新下军将，先都担任新下军佐。不光赵衰获得了新岗位，他说的那三个人也都安排了。

其实，在这次调整军队编制之前，晋国已进行了一次军制改革。那是在公元前 632 年，也就是城濮之战结束不久，晋文公借口抵御狄人，增建三军。为避免“天子才有资格拥有六军”之名，增加的三军称为三行（háng）。三行有将帅，无佐，就是只有一把手，没有二把手，与三军建制略有不同。荀林父统帅中行，屠击统率右行，先蔑（miè）统率左行。建立“军队十卿”时，打破了三军三行的建制，改为五军，比天子少一军。

◎晋文公时代三次军事改革中的重要岗位

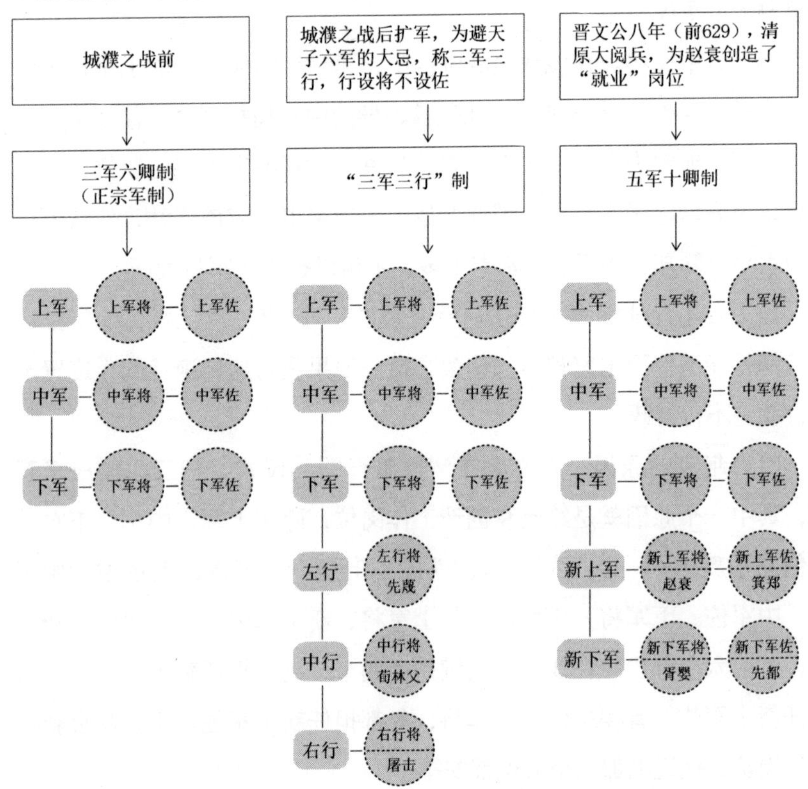

下面要说的是我们的重点。《国语·晋语四》中记载："子犯卒，蒲城伯请佐。"不知道这个记载是不是准确的，如果准确，就没有异议了。子犯就是狐偃的字，这没问题。先且居本来叫蒲城伯，后来改封在霍，因此才称霍伯。狐偃去世后，先且居请求委派副将。在城濮之战时，狐毛担任上军将，狐偃担任上军佐。城濮之战后不久，狐毛去世，晋文公让赵衰顶替狐毛，赵衰推荐了先且居，那就是说，这时是先且居担任上军将，狐偃担任上军佐。如今，狐偃也去世了，因此，先且居请求晋文公委派新的上军佐。晋文公又要任用赵衰，于是让赵衰担任上军佐，与先且居搭班子。从这篇文章来看，狐偃去世的时间是在晋文公清原阅兵并且做出"五军十卿制"的军制调整之后，而且时间应该相距很近。在军制改革不久，作为上军佐的狐偃就去世了，这样上军佐一职就出现了空缺。此时，赵衰正担任新上军将。于是，晋文公把赵衰从新上军将调整为上军佐，顶替去世的狐偃。而从上下文来看，这次职务调整肯定不是降职，甚至不是平级调动，而是升迁。此前，晋文公就想让赵衰担任重要军职，赵衰一再退让，在这个背景之下，不可能给他降级安排工作。我推测，虽然赵衰在上军担任的是二把手上军佐，在新上军担任的是一把手新上军将，但在实际职权上，二把手上军佐应该高于一把手"新上军将"，当然，这是推测。如果赵衰此前不谦让，他应该早就是上军将，而他推荐了先且居担任上军将，此时，狐偃去世，他心甘情愿地顶替狐偃担任了上军佐，可见其人格之高尚，也可见晋文公团队是学习型团队，是谦让型团队，了不起。

鲁僖公二十九年，晋文公六年，即公元前 631 年，践土之盟，狐偃是晋国代表。鲁僖公三十年，晋文公七年，即公元前 630 年，晋、秦联合伐郑，狐偃参加。因为秦国受到郑国烛之武的游说，所以它没有和晋打招呼就私下退兵，狐偃建议晋文公攻击秦国，晋文公没有接受。时间再向下推，《左传》中就没有发现狐偃的记录。如果狐偃是公元前 622 年去世的，那么中间还有八年的时间，他作为晋国的第一谋主，不可能没有留下一点信息。这八年中发生了很多事，仅秦、晋之间至少发生了五次战役。从公元前 628 年到公元前 623 年，秦、晋之间接连爆发“崤之战”“彭衙之战”“汪与彭衙之战”“王官之役”“邧（yuán）和新城之战（王官之役报复战）”，如果说狐偃是在公元前 622 年才去世，那么，像他这么重要的人，八年之中，不会只是“退休”养老而不参与战略决策，甚至没有留下只言片语，这是不符合情理的。公元前 621 年，狐偃的儿子狐射姑（贾季）一度担任中军将，赵衰的儿子赵盾担任中军佐。此时最为鼎盛时的“晋军十卿”基本都凋零了，“官二代”们开始进入一线工作岗位。晋文公是在晋文公九年即公元前 628 年去世的，如果他在世前狐偃就去世了，那么，推断狐偃在公元前 629 年去世是合理的。有人认为狐毛是公元前 629 年去世的，这应该不对。城濮之战发生在公元前 632 年，狐毛似乎在战后不久就去世了。狐偃在狐毛去世约三年以后，也去世了。

第十九章　狐偃死当无异议　抠细节喜忧参半

狐偃大约在公元前 629 年去世的另一个证据是晋国设立五军的时间。晋国由三军改为“三军+三行”，又改为五军，如果《国语·晋语四》的记载是正确的，狐偃就应该是在晋国建立“五军十卿”之后不久去世的。那么，我们就再确证一下建立五军的时间。如果这个时间是可靠的，基本上就可以判断出狐偃的去世时间。

《左传·隐公五年》记载：“故春蒐（sōu）、夏苗、秋狝（xiǎn）、冬狩，皆于农隙以讲事也。三年而治兵，入而振旅，归而饮至，以数军实。”春蒐，春猎名；夏苗，夏猎名；秋狝，秋猎名；冬狩，冬猎名。这句话的大意是说，春蒐、夏苗、秋狝、冬狩四种打猎，都是在农闲的时候讲习武事，每三年大演习一次，进入国都整顿军队。出兵回来，告祭宗庙、宴饮臣下、犒劳从者，并计算军徒器械和俘获的各种东西。蒐，与打猎、阅兵、武事有关。《左传·僖公三十一年》记载：“秋，晋蒐于清原，作五军以御狄。赵衰为卿。”这是说，公元前 629 年秋天，晋国在清原举行阅兵，并改革军制，创设了五军以抵抗狄人。赵衰为卿。也就是说，晋国在上、中、下三军的基础上，又设立了新上军、新下军，而赵衰成为新上军将，不久之后，又调任为上军佐，配合上军将先且居的工作。

《国语》与《左传》形成了互相印证的证据链，由此可以证明，“晋国清原大阅兵”发生在公元前 629 年秋天。如果狐偃在大阅兵之前去世，那么推断他去世的时间在公元前 630 年到公元前 629 年秋天。查阅《国语·晋语四》可知，在清原大阅兵之后，才有“子犯卒，蒲城伯请佐”的记载。如果狐偃是在大阅兵之后才去世，此时晋文公在世，还安排了狐偃的替代人选赵衰，而晋文公是在鲁僖公三十二年（公元前 628 年）十二月去世，那么狐偃的去世时间应该是在公元前 629 年秋天（清原大阅兵）到公元前 628 年十二月（晋文公去世）之间，这也是非常合理的。如果说狐偃在公元前 629 年去世，也是合理的推论。

《史记·晋世家》中关于“咎季子犯”的记载，极有可能是错误的，“臼季”，就是胥臣。不应该与狐偃有关系，因为狐偃很可能早就去世了。此外，把狐偃称为“臼季”“司空季子”也很可能是错误的。当然，这不是学术考证，一切推断都在上文。

为了研究“咎季子犯”的记载，笔者找了几个《史记》的文白对照版本。这些翻译要么照搬原文，要么选择一个折中方案，也就是说，把“咎季子犯”翻译成臼季（胥臣）和子犯（狐偃）。如果这样翻译，这一年就死了五个人：赵衰、栾枝、先且居、胥臣和狐偃。然而，当时确实记载死了四个人。这样翻译，虽然解决了一定的问题，可是也无法让人心服口服。

《史记》中关于春秋、战国这两段历史，确实很有些问题，这是

《史记》的一个“硬伤”。笔者不能一一考证，文化发烧友可以参看《史记志疑》等专著。当然，我们也要理解司马迁，在当时那种条件下，没有学术工具作为辅助，能把春秋、战国时期的历史如此梳理出来，已经是一项极其浩大的学术工程。《史记》有这个“硬伤”，无须回避。司马迁创作的不易，也要理解。

第廿章　不急功重耳受教　别记仇胥臣荐贤

再梳理一下胥臣此前的表现。其一是陪着晋文公流亡到秦国时，建议晋文公接纳怀嬴。在晋惠公当政时，出于政治需要，晋惠公的儿子圉留在秦国当人质，秦穆公为了笼络人心，把宗室女儿怀嬴嫁给了他。听说父亲来日无多，太子圉潜回晋国成为晋怀公，这让秦穆公非常光火，于是他把公子重耳邀请到了秦国，准备拥立他。根据《左传·僖公二十二年》的记载，太子圉在临走之前并没有隐瞒自己的真实想法，“与子归乎”，“子”，是对怀嬴的敬称，太子圉和她商量一起逃归晋国。怀嬴回答说：“您，是晋国的太子，辱居在秦国，您想回晋国，不是太应该了吗？我们国君让婢子（谦称）我捧着手巾、拿着梳子侍奉您，以使您安心。跟您一起回晋国，我就是违背国君的命令。我不敢跟从您回晋国，但是也不会泄露您要回晋国的消息。”怀嬴顾忌秦穆公之令，但又顾念与太子圉之情，因此采取了折中方案，不和太子圉走，也没有泄露其行踪。秦穆公感觉“生意亏本了”，准备再把怀嬴嫁给重耳，重耳认为不妥，因为在伦理上，怀嬴属于侄儿媳妇。可是胥臣和狐偃都劝重耳接受这场政治婚姻，婚姻在巩固晋秦关系上传统、直接而有效。城濮之战时，胥臣担任下军佐，下军将栾枝被调到上军，使用疑兵之计，下军栾枝兵团与上军狐毛、狐偃兵团打着中军的帅旗，击溃楚军的左师，胥臣兵团独自对阵楚军的右师。胥臣以虎皮蒙马，可能是以此惊吓敌人的马匹，并增强己方的威势与斗志，击败斗勃（子上）和陈、蔡联军的右师，完成了预定的战术目标，立功了。

《国语·晋语四》记载："文公学读书于臼季，三日，曰：'吾不能行也咫，闻则多矣。'对曰：'然而多闻以待能者，不犹愈也？'"大意是说，晋文公跟从胥臣（臼季）学习，学了三天，就有点不耐烦了，说："书上说的我根本办不到，不过我知道的道理多了。"胥臣说："知道得多了，那么，现在做不到，将来可能做得到，不也比不学习强吗？"咫（zhǐ），周制八寸为咫，形容很短。有人把"然而多闻以待能者"这句话翻译为"等待有才能的人去实现它"，我认为，综合前后文，应该不是说让别人实现。学习是自身的事情，是为了自己而学。

学习讲究养德修身，经世致用，但是学习不能急功近利。十年树木百年树人，学习是一辈子的事情，不可能三天就见效。在意识到自己的错误之前，晋文公也希望有快速成功的"成功学"。学习，就好比往仓库里储存东西，虽然一时用不上、悟不透，可有一天也许就能理解，就能在行动中体察圣人学说的精义，并且在理想的光辉的指引下走出人生的黑暗。这种解读，不同的人有不同的看法。这是不是胥臣的意思，不得而知，不过有一点可以确证，胥臣当过晋文公的老师，而且这位学生还做得相当不错。史书记载，晋文公一生好学不倦，他是春秋时代一位真正的贵族政治家，思想高贵、行为高贵。

《国语·晋语四》和《左传》都记载了一件事，虽然细节不同，但内容大体相同。《国语》记载简约，以此为准。冀缺，原名郤缺，因为家族被封在冀（今山西河津），因此也称冀缺，为了统一说法，这里统称郤缺。有一次，胥臣（臼季）奉命出使，在冀邑城郊住了一宿，正赶上郤缺在田里锄草，他的妻子去田里给他送饭，夫妻二人相敬如宾。胥臣就上前问他是谁，得知他是郤芮（冀芮）的儿子，就把他带了回来。

郤芮，前文提到过，他和吕省（吕甥）是晋惠公的死党，拥立晋惠公继位，在晋文公回国之后，两人准备发动袭击，多亏了同盟者向晋文公告密，晋文公才有所预防。失败后两人逃往秦国寻求政治庇护，可是秦穆公坚定地站在晋文公一方，诱杀了二人。秦国派出特种部队，以防备再有此类叛乱发生。从这一点来看，郤芮是晋文公的仇人，他的儿子郤缺自然要隐藏起来了。如今，胥臣向晋文公报告说："我遇到了一位贤士，斗胆推荐给您。"晋文公说："郤缺的父亲有罪被杀，还能重用郤缺吗？"胥臣说："对国家有益的贤能之士，应该大胆起用，不能计较其先人的过失。所以，舜惩治了有罪的鲧，却重用他的儿子大禹。拿最近的案例来说，齐桓公抛开私人恩怨，提拔管仲做国相，要知道管仲也是他的仇敌啊！"晋文公问："你怎么知道他贤能？"胥臣答："他虽然流落草莽，但不忘恭敬。恭敬是品德高尚的表现。恭敬、谨慎、严守德行来做事，还有什么事情做不好呢？"

于是，晋文公接见了郤缺，并任命他为下军大夫。下军将、下军佐是一、二号领导人，下军大夫应该是低一级的高等军官。晋襄公元年，晋国曾经对狄人作战，郤缺表现突出，受到晋襄公的表彰，晋襄公重新把冀邑赐给他。可见，胥臣也是知人的。

下面对胥臣作一个总结。胥臣，又名臼季、司空季子，这应该是正确的。称狐偃为臼季、司空季子，应该是一种历史误会。胥臣应该死于公元前 622 年，与赵衰、栾枝、先且居同一年去世，而狐偃应该在公元前 629 年左右去世。《史记·晋世家》中记载，晋襄公六年（公元前 622 年），有四位卿大夫去世，其中就有“咎季子犯”。这很成问题。称胥臣为臼季、咎季，或者臼季子、咎季子，也未尝不可，而多出一个“犯”，或者“子犯”，把“咎季”和“子犯（狐偃的字）”杂糅到一起，很可能是衍文，或者是司马迁弄错了，或者是后人传抄时误加，以致以讹传讹。而《左传》和《史记·十二诸侯年表》中关于四人身份的记载则相符，而且是正确的——四人为赵衰、栾枝、胥臣、先且居。六七年前，狐偃已去世。这个容易让人血压上升的问题，就到此为止吧！

历史不应该成为胜利者随意打扮的小姑娘。在历史记录中，由于条件所限，记载错误，或者由于记录的简化，给后人的阅读和理解带来了非常大的困扰。对于这些历史谜团，不能视而不见，不能将错就错。研究历史，有时就要有钻研的精神，拂去历史的尘埃，使之以真面目示人。要能从一个细节入手，去发现广阔的历史天地。这都是有必要、有价值的。可凡事有利有弊，如果只重视冷门、偏门、解密，对大历史的宏大视而不见，只把蛋糕上的草莓当成宝贝，却扔掉了蛋糕，也是非常不可取的。对于大多数人来说，草莓只是点缀，蛋糕才是最有价值的。研究者和学习者不能不慎重对待之。

第廿一章　恩威举郤缺论霸　忠谋具二卿立功

郤缺在晋文公生前获得了任用，他大约在公元前 597 年去世，主要活动在晋文公、晋襄公（晋文公之子）、晋灵公（晋文公之孙）、晋成公（晋文公之子，名黑臀）这四代晋君时期。晋文公，公元前 636—公元前 628 年在位。晋襄公，公元前 627—公元前 621 年在位。晋灵公，公元前 620—公元前 607 年在位。晋成公，公元前 606—公元前 600 年在位。那么，郤缺主要的活动区间当在公元前 636—公元前 600 年，算是政坛常青藤，也是一个少有的稳健型政治家。在赵盾执政时，他与士会、荀林父算是领导班子里的核心成员。

《左传·文公七年》记载了郤缺对赵盾说的一段话，截取一部分来分析。晋国郤缺对赵宣子（赵盾的谥号）说："日卫不睦，故取其地。今已睦矣，可以归之。叛而不讨，何以示威？服而不柔，何以示怀？非威非怀，何以示德？无德，何以主盟？子为正卿，以主诸侯，而不务德，将若之何？"大意是说："过去卫国不顺服，所以占领它的土地。现在卫国已经顺服了，可以把它的土地归还给它。背叛了而不加讨伐，何以显示威势？顺从了而不加笼络，何以显示宽大胸怀？没有威势，没有宽大胸怀，何以显示德行？没有德行，何以主持盟会、号令诸侯？您是正卿（晋国三军的将、佐称为六卿，赵盾此时为中军将，又主持国政，故称为正卿），主持诸侯会盟之事，如果不致力于德行，打算做什么呢？”这才是正道。他没有片面强调以德服人，而是要威德同举、刚柔并济。据说他的这个思想也是法家后来恩威并施、刑赏二柄的理论来源之一。

鲁文公十二年（公元前 615 年），郤缺成为上军将。鲁宣公八年（公元前 601 年），“郤缺为政”，此时赵盾已去世，郤缺主政。说到底，还是晋文公胸怀宽广，郤缺是死敌之子，他都能大胆起用。这时中国的政治环境还是很文明、很包容的，很有贵族气质，并没有像后来那样，稍微犯点小错，就祸灭三族。

栾枝（？—公元前 622 年）是春秋时晋国的卿大夫。姬姓，栾氏，名枝，晋国公族。栾氏得氏的原因也是因为食邑于栾，因此以栾为氏。栾氏始祖是栾宾，另一说，名叔，字宾父。栾枝是栾宾之孙，栾成之子。他在晋献公时为大夫，与公子重耳交好。他没有跟着晋文公流亡，而是成为潜伏在晋国的间谍。晋惠公当政时，他假装忠诚。晋惠公儿子晋怀公从秦国跑回来不久，晋文公也在秦穆公的武装护卫下返回晋国，于是栾枝做内应，杀怀公，迎立晋文公。在城濮之战时，他因为忠贞、谨慎，被赵衰推荐，得任下军将。在战斗中，晋军使用疑兵之计，栾枝兵团立下了大功。后来栾枝又从晋文公伐郑，辅助文公成就霸业。晋襄公继位后，秦袭郑，先轸主张发动“崤之战”，栾枝认为秦国对晋文公有恩，不可与秦国交恶。晋襄公六年，栾枝病死，谥号为“贞子”。

狐毛在城濮之战中担任上军将。他是春秋时期晋国正卿，狐偃的哥哥，晋文公的舅父，曾经追随晋文公流亡十九年，后来辅佐晋文公继位。还有一种说法，他没有跟从晋文公流亡，当晋文公在秦军的护送下返国时，他奉晋怀公的命令率军阻击。他掉转枪口，归附了晋文公。在城濮之战时，他担任上军将，佯败诱敌，立下了功劳。在城濮之战后不久，病逝。

第廿二章　势力大六卿主政　种祸端尾大不掉

下面说说晋国的六卿。

（1）范氏。隰叔（范氏始祖）——士蒍——士缺——士会（范武子，范氏得姓之祖），这四代人对晋史还是很有影响的。士会有功被封于范，又称范会，后世以封地为姓。士会虽然没有跟随晋文公流亡，但后来也有谋议之功。他登上历史舞台，也是因为晋文公和城濮之战。车右都是有勇力之士，任务是执干戈以御敌，并负责战争中的力役之事，如地势险阻需下车助推等。晋文公的车右（戎右）本来是魏犨，攻陷曹国后，魏犨违抗晋文公的命令，与颠颉一起焚烧僖负羁的住宅，差一点被晋文公杀死，他的车右一职被撤销。这一职位由舟之侨接任，可是舟之侨因为擅离职守而被杀，于是士会接任晋文公的车右之职。作为国君的车右、国君的近身侍卫，不论是勇力还是忠诚度，士会都应该是优等的。公元前 597 年，士会担任上军将，为晋六卿之一。士会最大的功绩其实是为晋国建立了法制体系，多年以后仍实行“范武子之法”。

（2）中行氏。荀林父的父亲叫荀逝遨，爷爷叫荀息（字叔，食邑为荀，今山西绛县。以地为氏，故为荀氏）。荀息侍奉晋献公三十余年，是成语“假途伐虢”的策划者和实施者，也是晋献公的托孤重臣。晋献公让其辅助自己与骊姬生的奚齐，他坚守承诺，以死明志。荀林父继承其父的职位成为大夫，在城濮之战中担任晋文公的御戎，就是国君的专职司机。那时他还是一个小喽啰，可是在随后几代晋君统治的时代，他成为晋国政坛举足轻重的大人物。晋灵公（晋文公之孙）时代，荀林父成为卿，为上军佐。晋灵公四年（公元前 617 年），他担任中军佐，攻打秦国夺取少梁（今陕西韩城南）。晋成公（晋文公之子，晋灵公之叔，接替晋灵公）时，荀林父为正卿。晋成公七年（公元前 600 年），晋与楚争霸，荀林父以中军将的身份率军击败楚师。晋景公三年（公元前 597 年），他率领三军渡河击楚，因将帅不睦，在“邲（bì，河南荥阳东北）之战”中遭遇大败，请死，晋景公不允许。

在城濮之战后，晋文公为抵御狄族，在上、中、下三军之外，创设三支步兵，称为三行，即中行、右行、左行，任命荀林父为中行之将，因此荀林父又以中行为氏，史称“中行伯”。中行氏因此得名。在西汉汉文帝时，奉行“和亲”政策，汉朝以宗室女嫁匈奴老上单于（冒顿单于之子），强令燕人（今北京西南，似乎在大兴区、房山区一带）中行说（yuè）一同随行。如果去了，意味着终生难回中原。中行说是宦官，这样的安排让他对汉朝很不满，来到匈奴之后，他开始为老上单于献计，深受其信任，后来又侍奉军臣单于（老上单于之子，伊稚斜单于之兄），唆使他们侵扰汉朝边境。他似乎就是中行氏之后。

（3）智氏。荀首，春秋晋国次卿，荀息之孙，荀逝遨之幼子，荀林父之弟。晋成公时，荀首的采邑为智邑（今山西永济），荀首的儿子智罃

（yīng）以邑为氏，从荀氏家族中分离出来，自立门户，渐渐成为晋国的一大望族。荀首和智罃成为晋国六卿之一智氏家族的奠基人和开创者。

（4）赵氏。赵衰是战国时代赵国的实际奠基人，他跟随晋文公流亡十九年。《史记·赵世家》中有一句话："文公所以反（返）国及霸，多赵衰计策"，这是对他跟随晋文公流亡十九年的评价，就是说晋文公得以返国继位以及称霸，很多是赵衰的谋略。《国语·晋语四》中记载了他对城濮之战这一战役的重要作用，他担负的是参谋人员的职责，这一工作具有隐性功劳。在这篇文章中，记录了他"一次推荐、三次让贤"的事迹。晋文公问赵衰，谁才是军队统帅的人选，赵衰推荐的是郤縠，认为他年已五十，好学不倦，是统帅的最佳人选。晋文公接受了赵衰的建议，只不过郤縠在城濮之战前夕去世，这才由先轸替代。

晋国分成三军，共有六个重要职位，即中军将、中军佐、上军将、上军佐、下军将、下军佐，以赵衰的才能，除中军将以外，足以担任其他五个重要职位中的一个。晋文公让他担任其他职位，他推辞说："栾枝正直谨慎，先轸深通谋略，胥臣见多识广，都可以做辅佐大臣，臣不如他们。"于是栾枝做下军将，先轸做下军佐。后来先轸升为中军将，胥臣替代先轸成为下军佐。

文公还是准备让赵衰担任要职，赵衰推荐了狐偃，认为狐偃以德治民、功勋卓著，不可不用，而且当时晋文公立了"三大功德"，都是狐偃的谋划。这三大功德是：辅助周襄王归国，用"义"教育人民；讨伐原邑，三日没有攻克就准备退兵，用"信"教育人民；举行大阅兵，用"礼"教育人民。上文提到，晋文公认为狐偃为首功，是"万世之功"，而先轸是"一时之功"，应该就是基于此。狐偃又推荐哥哥狐毛说："狐毛的智慧比我高，年龄也比我大，他如果不在位，我不敢接受任命。"

于是狐毛为上军将，狐偃为上军佐。

晋军能够取得城濮之战的胜利，和内部的团结是分不开的，大家互相谦让，互相举荐，让有德有才者居于要职，保证了战斗力的强劲。

应该是在城濮之战后，狐毛去世了，晋文公让赵衰顶替狐毛。赵衰说："城濮之战，先轸的儿子先且居表现得很好，有战功，把国君的事情办理得好，忠于职守，这三点都值得奖赏，不可不用。况且臣这一辈，还有箕郑、胥婴、先都这些人。"先且居应该是赵衰的后辈，因此他才会这样说。于是，先且居被任命为上军将。

赵衰和儿子赵盾奠定了赵国的基础，但是父子俩的性格和风格完全不一样，人们说赵衰"冬日可爱"，赵盾"夏日可畏"，冬天的太阳让人喜欢，夏天的太阳让人畏惧，从这里可以看出，赵衰确实是一个德才兼备的人物。

（5）魏氏。毕万因为跟随晋文公之父晋献公消灭耿、霍、魏三国有功，晋献公于是把魏地（今山西安邑）封给毕万，并任命他为大夫。毕万死后，其子孙以封地为氏，称魏氏，成为战国七雄之一——魏国的先祖。《左传》说毕万之孙是魏犨，《史记》说毕万之子是魏犨，我们采纳《史记》的说法。魏犨也是追随晋文公流亡十九年的功臣，回来之后只被封为大夫，担任晋文公的车右，所以才可能心态失衡，认为获取的赏赐太少，于是他公然违抗晋文公的命令，烧毁曹国僖负羁的住宅。魏犨的孙子魏绛开始"徙治安邑"，也就是把管理中心迁到了安邑。直到魏惠王时代，因为受到商鞅变法后强大秦国的威胁，魏国才把都城从安邑迁到大梁（今河南开封）。

（6）韩氏。韩国的奠基人韩厥崭露头角是在晋景公（晋文公之孙）时代，他参与了保护赵氏孤儿赵武（赵衰的曾孙）的行动。后来晋国建立六军，韩厥升任为卿，实现了人生的阶段性跨越。此前，他主要在军中担任执法官的角色，执法严厉。

范氏、中行氏、智氏、韩氏、魏氏、赵氏，这些是晋国政局经过激烈斗争之后剩下的六大家族，此时的晋国，再也没有晋文公时代在城濮之战前后所展现的团结向上的局面，而是开始激烈的政治角逐，先是范氏、中行氏被其他四卿驱逐，然后是韩、赵、魏联手灭掉智氏，开启了战国时代。有一句话叫“一部春秋史、半部晋国史”，可见晋国之重要。然而三家分晋，使得 1+1+1＜3，甚至是 1+1+1＜2，因为韩、赵、魏三国之间的内斗，削弱了彼此的实力。

第廿三章　三人行必有我师　真贵族自信宽容

按照一种说法，贾佗是“五贤士”之一。史书中关于他的事迹并不多。一处是在《国语·晋语四》中。当时，流浪中的公子重耳来到宋国，他与宋国大司马公孙固非常好。公孙固对宋襄公说：“公子重耳在外流浪十几年，一直喜好行善，团结贤士。父事狐偃，师事赵衰，长事贾佗。”意思是说，他像侍奉父亲一样对待狐偃，像侍奉老师一样对待赵衰，像侍奉兄长一样对待贾佗。狐偃是他的舅舅，性格温和，深通谋略。赵衰是给晋献公担任御戎的赵夙的弟弟，善于辞令，忠贞不贰。贾佗是晋国的公族（原指公之同姓子弟，后泛指国君宗室子弟），见闻广博，谦虚有礼。这三个人着实是他的左膀右臂。“公子平时对他们谦恭有加，遇事都要听取他们的意见，从小到大都是如此，从不懈怠。礼贤下士，必有福报。君王还是要好好考虑一下如何对待公子重耳的问题吧。”宋襄公听取了他的意见，赠给公子重耳二十乘，就是八十匹马。这是一份重礼。从这里可以看出，关于贾佗的记录虽少，但是他对晋文公的影响是非常大的。

近几年，笔者对晋文公做了比较细致的研究，越来越喜欢这个具有贵族精神和伟大人格的君王，这才是君王应该具有的理想人格。在这里，我又想起了一句话，虽然是战国时代的名言，可放在晋文公身上太合适了。《战国策·燕策·燕昭王收破燕后即位》中，成语“请自隗（wěi）始”的主人公郭隗说：“帝者与师处，王者与友处，霸者与臣处，亡国与役处。”这句话可以有几种理解。其中一种是：“成就帝业的国君，以贤者为师，同朝共事；成就王业的国君，以贤者为友，同朝共事；成就霸业的国君，以贤者为臣，同朝共事；亡国之君，以贤者为奴仆，则不能保有国家。”就像周公对儿子伯禽说，我是周文王的儿子、周武王的弟弟、周成王的四叔，我的身份算是高贵了，可是我不敢以富贵骄人，一饭三吐哺，一沐三捉发，即便如此殷勤待客，还怕失去天下的贤能之士。同样，公子重耳也是真正的贵族，他可以有无数种理由耍大牌，可是他对身边的人，是非常尊重的，虽然这得益于他的流亡经历，可也不是谁都能做到的。他的身边都是老师、朋友，这些人很有才，而且还非常团结，之所以能如此，只因为晋文公有领导艺术和人格魅力。狐偃、赵衰、先轸、胥臣、贾佗、介子推、栾枝、狐毛、郤縠、箕郑、胥婴、先且居、郤缺、魏犨、颠颉等，可以说各有优点，有勇有谋，有忠有义，有仁有智。这样一大批人成就了晋文公的伟大。

尤其难能可贵的是，晋文公起用仇人之子——郤缺，采纳仇敌——履鞮之言。如果晋文公不是敞开胸怀，接见履鞮，就很难知道吕省、郤芮之阴谋。国君可以有公敌，不能有私仇，国君记挂私仇，精神层次就太低，和小人得志没有区别。

世上的艺术有千万种，管理的艺术是最难掌握的艺术，治国的艺术又是最高级的艺术，并不是说，身处高位就一定是管理艺术家。任何一个行业都有段位，国君这个行业同样可以分段位，晋文公这样的管理艺术家，当在8—9段之间，4段以上的算是基本合格。

晋文公，多多益善。

◎齐桓公与晋文公的对比

	齐桓公	晋文公
名字	小白	重耳
谥号	桓（美谥）	文（美谥）
谥号含义	辟土服远曰桓，克敬勤民曰桓，辟土兼国曰桓	经纬天地曰文，道德博厚曰文，学勤好问曰文，慈惠爱民曰文
在位时间	前685—前643	前636—前628
成为国君时年龄	不详	约六十二周岁（按照出走时四十三岁，在外十九年来计算）
父亲	齐僖公（前730—前698）	晋献公（前676—前651）
母亲	卫国女子	大戎狐姬（狐季姬）
妻妾	长卫姬、郑姬、葛嬴、密姬、少卫姬、宋华子、王姬、徐嬴、蔡姬	文嬴、偪佶、杜祁、怀嬴、齐姜、季隗
儿子	公子无诡（在位三月被杀）、齐孝公（前642—前633）、齐昭公（前632—前613）、齐懿公（前612—前609）、齐惠公（前608—前599）、公子雍（未继位，流亡到秦）	晋襄公（前627—前621）、公子乐、公子雍、伯儵、叔刘
孙子	齐顷公（前598—前582）	晋灵公（前620—前607）
兄弟姐妹	齐襄公诸儿、公子纠、公子无知（堂兄弟）、鲁桓公夫人	太子申生、晋惠公夷吾、奚齐、悼子（卓子）、秦穆公夫人
兄弟继位情况	齐襄公（前697—前686）	晋惠公（前650—前637）

续表

	齐桓公	晋文公
对家族整肃情况	逼死兄弟公子纠	杀侄儿晋怀公（晋惠公之子）
继位前过渡政权	公子无知（以月计算）	晋怀公（以月计算）
流亡经历	流亡莒国	流亡狄、齐、曹、宋、郑、楚、秦
流亡时间	约八年（齐襄公四年出走，齐襄公十二年回国继位）	十九年（前 656 年末至前 636 年春）
流亡前政治状况	齐襄公乱政	骊姬之乱
回国前的内应	高奚（傒）、国氏等	栾氏、郤氏等，内应甚众
国内的政敌	不详	吕省（甥）、郤芮试图发动袭击
国外支持力量	莒、卫	秦穆公武力支持
性格	豁达大度，从谏如流，公私分明，知错能改，格局远大，尊贤重士	豁达大度，从谏如流，公私分明，知错能改，格局远大，尊贤重士
珍视之物	道义和信义	道义和信义
对待仇敌的态度	任用仇敌管仲为国相	善待履鞮、竖头须、郤缺
学习情况	不详（似乎不太读书）	喜欢读书和思考
外交战略	尊王攘夷	尊王抗楚
政治战略	富国、强兵、重才、扶弱、锄强、争霸	富国、强兵、重才、扶弱、锄强、争霸
文化战略	弘扬齐文化	弘扬晋文化
经济战略	仓廪实而知礼节，衣食足而知荣辱	政平民阜，财用不匮
国内政策	建立一套行之有效的行政管理体系、征兵体系、征税体系	理顺旧族、亲戚、贤良、贵宠、功臣、老人、宾客、故旧等八类关系

续表

	齐桓公	晋文公
军事战略	五家为轨，十轨为里，四里为连，十连为乡，全国划分二十一乡，寓兵于农，战时组成军队，每户出一人，万人为一军	三军六卿制度
对楚国的态度	强硬姿态。管仲南征，差点爆发大战	强硬姿态。发动城濮之战
手下名臣	管仲、鲍叔牙、隰朋、宾须（胥）无、东郭牙、宁戚、竖子、王子城父、高傒、弦章等	狐偃、赵衰、魏武子魏犨、颠颉、介子推、箕郑、狐毛、先轸、栾枝、胥臣、郤縠、贾佗等
称霸标志	葵丘会盟	践土之盟
主要功绩	尊王攘夷，九合诸侯；北击山戎，南伐楚国；尊贤爱士，信用管鲍	任用贤才，强大晋国；联齐结秦，救宋伐楚；释曹放卫，遏楚北上
相关成语典故	射钩之恨、管仲拜相、风马牛不相及、勿忘在莒、老马识途等	退避三舍、贪天之功以为己功、割股奉君、取信于民、政平民阜、表里山河等
晚景	小人乱政、五子争立、晚景凄凉、尸骨曝露	善始善终、寿终正寝
孔子评价	齐桓公正而不谲	晋文公谲而不正
综合评价	伟大的贵族政治家	伟大的贵族政治家
备注	这两人非常相像，流亡经历让他们认识到了生活之苦，这才成就了一代伟大的政治家，他们是当之无愧、名实相副、毫无争议的霸主	

第廿四章　楚成王难吃熊掌　常胜军城濮受挫

楚成王在楚国的历史上算是一个有开拓精神的君主，他在公元前672年杀兄自立，于公元前626年去世，在位四十六年。晋文公去世两年之后，他也去世了。从即位之初，他就开始整顿内政、结好诸侯，使得楚国国势渐强。

楚成王二十一年，齐国侵楚，楚成王派将军屈完率兵抵抗，两国在召陵（今河南境内）会盟。后来，楚国和宋国发生过多次战争，包括楚宋泓水之战，与晋国的城濮之战（如果楚国胜利，当时的形势就将发生很大的变化）。楚成王不是寿终正寝，而是遭了自己儿子的毒手。此前，他曾经立商臣为太子，当时的令尹子上说商臣这个人比较残忍，不能立为太子，而且说他女人太多，如果立了太子之后再废黜（chù，降职、罢免、废除），就会出乱子，可楚成王不听。

果不其然，在楚成王四十六年前后，他又准备立熊职为太子，不过楚成王还没有正式公布这一决定，小道消息就已经流传开来。商臣就和自己的老师潘崇商量，如何确认这个信息。潘崇告诉商臣："宴请大王的宠姬江芈，但不要尊敬她。"果然，盛怒之下的江芈说："怪不得大王想要杀你而立职为太子。"于是，商臣确认了消息的准确性。潘崇说："你能侍奉你弟弟职吗？""不能。""你能出国流亡吗？""不能。""你能发动政变，杀王自立吗？"商臣说："我能。"

当年十月，商臣用太子宫的卫队包围了王宫。当时，楚成王正安排厨房做熊掌，还没有做好，楚成王请求吃完熊掌再死。看来这是一个美食发烧友，也可能是为了拖延时间以便寻找救兵，商臣不答应。十月十八日，楚成王自缢而死。

根据《左传・文公元年》的记载，本来要给楚成王上谥号为"灵"，指"乱而不损"，是恶谥。结果楚成王死不瞑目，眼睛闭不上，后来上谥号为"成"，指"安民立政"，是美谥，他才闭上眼。商臣继位，这就是楚穆王。楚穆王在位十二年去世，其子楚庄王继位，他是春秋时代第三个没有争议的霸主。

在楚庄王时代，有两个比较有名的人要提一下。一个是孙叔敖，他的父亲曾经断言子玉必败。一个是伍举，以直言敢谏而著名，他是伍子胥的远祖。楚庄王在位二十三年，于公元前 591 年去世。他去世之后不到一百年，楚平王（？—公元前 516 年）、楚昭王（？—公元前 489 年）当政时，伍举的后代子孙伍子胥则叱咤风云，在吴、越、齐、楚、晋之间导演了一出又一出的军事和政治活剧，它就叫"吴越争霸"。

城濮之战最大的影响就是打破了"楚国不可战胜"的神话。胜利有胜利的原因，失败有失败的教训。如果要总结晋胜楚败的原因，可以有一大把，前文已经做了非常详尽的论述，包括：晋文公是个大器晚成的当世少见的大政治家，虽然楚成王也很优秀，可是相比之下就显得逊色；晋军主帅先轸能文能武、谋略惊人，而楚军主帅子玉刚愎自用，重武少文；晋国人才济济，六位将帅可以说个个都能独当一面。难能可贵的是，晋国内部在晋文公的统领下，向心力极强，都能把才略、智慧向打败楚军这一个方向发力，而楚国国君不想打，子玉想打，兵力配属不足，陈、蔡联军不给力。晋国在伐谋、伐交方面都有出色的表现。在战争爆发之前，晋国在先轸、狐偃的策划之下，争取了齐、秦、曹、卫、宋的支持，实现了大战略胜出和外交包围的态势。相反，楚国则没有做这些工作，其附庸国的心思都在于保存实力，而没有和楚国一条心。在具体的战术层面，晋国更是可圈可点，准备充分，谋划细密，志在必得，战术配合得天衣无缝。加之晋国可能有可靠的情报来源，对楚军的情况了解得一清二楚，真正做到了知己知彼，而楚军想打这一仗，最后却打了一场无把握之仗，胜了是运气，败了是必然。这是一场永远说不尽的战役。

其实，战场上的失败并没有在物质上给楚国造成巨大的损失，但是，对于其精神上的影响则是不可估量的。在城濮之战以前，楚国可以说是战无不胜，它就像一只大蜘蛛，不断拓展自己的蛛网，凡是挨着它的国家都不断地被吞并，即便有的国家一时没有被吞并，可是它的触角已深入中原腹地，陈、蔡、鲁、宋、曹、卫、郑、许等国都成为其附庸国。如果这个局面持续下去，那么楚国的势力将会得到更大的拓展，无法遏制。就连一向战无不胜的齐桓公和管仲，对楚国都是心有忌惮，虽然讨伐它，也都是雷声大雨点小，两国之间并未发生大规模的会战。

晋国的胜利，让中原各国看到了联合抗楚的希望。虽然此后，在晋楚争霸中，有些国家还在晋、楚之间摇摆，但是晋国作为北方事实上的盟主，抗击了楚国一百多年。吴国崛起之后，一度攻陷了楚国的首都，这对楚国又是一个巨大的打击。虽然楚国还是强国，但是它已经没有春秋时代的荣光了。而到了秦国左右局势的时候，虽然楚国也是一流大国，但是强大而顽固的贵族政治使得楚国失去了一次又一次变法图强的机会，在创新了管理体制的超级大国秦国面前，它彻底失去了抵抗能力。这已经是大家耳熟能详的历史了。

第廿五章　秦晋好联合伐郑　烛之武勇退秦师

晋文公七年时，晋文公与秦穆公联合讨伐郑国，因为郑文公在晋文公流亡时无礼至极，而且在城濮大战中帮助楚国。当然，更深层次的原因还应该是国家利益使然，否则晋文公真是心胸狭窄了。城濮之战后，晋郑在衡雍会盟，这恐怕只是晋文公的权宜之计。而此刻，郑国被围，形势紧急，郑文公慌得手足无措，也为自己当初有眼无珠、骄傲蛮横的行为懊恼不已。有人向他推荐烛之武去游说秦穆公退兵。烛之武口若悬河，舌摇山岳，是一个有名的辩士，他这时年已七十，须眉尽白，老态龙钟。

郑文公说："如今国家危急，恳请老先生去游说秦穆公，以挽救国家的危亡。"烛之武说："我才疏学浅，壮年时尚不能建立尺寸之功，如今年老又能有什么作为？"郑文公知道这是埋怨自己没有发掘他的才能，如今才知道现用人现交人。郑文公羞惭满面，说："我没做到慧眼识英才，如今情况紧急才想起您，这是我的过错，但是郑国若灭亡了，覆巢之下安有完卵？您已经侍奉郑国三代君王了，如今再为我出使一次吧。”烛之武权衡一番，知道国家利益高于个人荣辱，现在不是计较个人得失的时候，就接受了使命，当晚让人在其腰上系好绳子从城墙上放了下去。

烛之武来到秦军阵营，对秦穆公说：“秦晋围郑，郑国的灭亡指日可待，我们无法左右，但我只是为秦国惋惜，劳师费财供他人驱使不说，到头来还是为他人作嫁衣裳。您想，郑国在晋的东面，而秦国在晋的西面，郑与秦相隔十万八千里，中间隔着晋与周，灭亡了郑国，土地全都归晋所有，秦国能得到什么？而且秦晋两国相邻，此消彼长，势不两立，晋国越强，越是削弱秦国的影响力。为他人帮忙又削弱自己，我想有智慧的人不会如此做事，您这么多年帮了晋国许多忙可得到了什么呢？晋侯自从继位以来，发展生产，抚恤百姓，积极扩军备战。他英明神武，已打了几场漂亮仗，称霸中原。他今天向东拓展土地，灭亡郑国，谁又敢保证他明日不想向西发展呢？那时秦国也会遭殃，这和虞国与虢国唇亡齿寒的道理相同，虞公不明智，‘帮助’晋国灭掉了自己，这前车之鉴不值得我们警醒吗？您向晋国施恩，不见得有回报，而晋国的心思又深不可测，这难道不是在做‘无益而有损’的事吗？不如放郑国一马，让郑国担负起东道主的责任，秦国使者有事经过郑国时，可以在郑国歇脚调整，这难道不是一件美事吗？”

烛之武层层递进，言辞犀利，说得秦穆公频频点头，同意撤兵（这段文字收入《古文观止》时定名为《烛之武退秦师》，时代背景就是如此，也是成语“东道主”的出处）。

秦穆公私自与郑国结盟，这让晋文公很愤怒，狐偃说：“秦军刚走不远，可追击它，军有归心，必无斗志，可一鼓作气战胜它，那时郑国也会吓破胆，可不战而胜。”晋文公说：“不可。没有秦穆公的帮忙没有我的今天，喝水莫忘掘井人。况且过河拆桥，那是不仁不义；广树敌人，那是自寻烦恼；无事生非，那是自讨苦吃。让他们去吧，我们晋国单独行动。”

郑国虽然劝退了秦国，可还是抵挡不住晋国的进攻，于是又向晋国求和。晋文公也考虑到郑国不是那么好灭亡的，自己再打下去也会付出惨重的代价，他就提出一个要求：退兵可以，但是想得到叔詹（上文提到过，在晋文公流亡到郑国时，此人当初劝郑文公或者礼遇或者杀掉晋文公，所以晋文公想要得到他）。郑文公听说他索要叔詹，不答应，因为这是一个忠心为国的贤才，可叔詹主动请命，认为舍了他一个，幸福千万人，值得。

他到了晋国军营，文公命令烹杀他，叔詹说：“当初您来我国时，我就劝我国君：‘晋公子重耳贤明，他的左右都是卿相之才，若回国肯定继位。’等到我国君要与楚亲近时，我说：‘既然我们与晋国有盟约，就不要三心二意，否则会大难临头。’可这些建议都不被采纳。这次您要得到我，君王不放我走，我信奉‘主辱臣死’的原则，宁可牺牲我一人，也要拯救国家的危难。我死不足惜，只是我想在临死之前对自己做个总结：料事能中，这是明智；尽心谋国，这是忠贞；临难不避，这是勇敢；杀身救国，这是仁义。我最为疑惑的是：原来仁、智、忠、勇俱全，堪称楷模的臣子，按照晋国的价值观来衡量，是要被杀头的。我只是担心：自此以后，我的下场就是忠臣的警戒。我只是希望：贵国的臣子不要出现像我这样忠君爱国的傻子，那样贵国就会‘繁荣昌盛’了。”他说完就向油锅走去，晋文公赶忙命令士兵拦住他。他的话太有分量了，他真要是死了，晋文公自己的名誉就会受损，于是晋文公就下令退兵了。

晋文公九年的冬天，一代霸主走完了自己多姿多彩、跌宕起伏的传奇人生。儿子晋襄公欢继位。这一年，郑文公也去世。有人向秦国密报说可以出卖郑国的城门，让秦军来偷袭，这在《秦史之谜》中有详细的记述（在此简单带过。秦穆公不听百里奚与蹇叔的劝告，派兵千里偷袭郑国，结果秦军遇到郑国商人弦高，他带牛去犒赏秦军，说郑国国君知道秦国出兵，派他来慰问秦军，于是孟明视等三人认为对方已得到消息，偷袭已不起作用，就在回军的途中灭掉了滑国。这滑国是晋国的势力范围。秦军路过晋国境内时，先轸劝晋襄公起兵拦截。这时晋文公还未下葬，襄公身穿丧服在崤山地区指挥阻击秦军，俘虏了秦将孟明视、西乞术和白乙丙。但晋文公的夫人文嬴是秦穆公的女儿，她劝晋襄公放了这三人，让他们回国受军法处置，襄公就放了这三员秦将。先轸知道时已晚了，当他赶到黄河边时，三人已在船上。他们回到秦国后，秦穆公认为过错在自己身上，不但没杀他们，反而加倍重用。在晋襄公三年时，秦军复仇。在晋襄公四年时，秦军夺取崤山，秦穆公亲自为以前阵亡的将士祭奠，晋军不敢出战）。

第廿六章 晋灵公多行不义 赵宣子多方树敌

在晋襄公六年时，赵衰去世，儿子赵盾代替赵衰执政。赵宣子即赵盾。第二年，晋襄公去世，在位七年。太子夷皋年幼，晋人因为多次罹难的缘故，想立年长的为国君。赵盾说："不如改立襄公的弟弟公子雍，他性格善良而又年长，先君喜爱他，并且他和秦国亲近，而秦国原本是我们的友好邻邦。拥立善良的人政权就稳固，服侍年长的人上下就和谐，侍奉先君喜欢的人就是尽孝道，结交传统友邦则国家安宁。"贾季（即狐射姑，狐偃之子）说："不如拥立他的弟弟公子乐，公子乐的母亲怀嬴（因为这时是想在晋襄公的兄弟中选择国君，所以有人提出册立怀嬴的儿子。前面说过，怀嬴原来是晋怀公的妻子，后来晋怀公从秦国逃回晋国继位，晋文公重耳到秦国后，怀嬴又改嫁给晋文公）曾受怀公、文公的宠爱，拥立她的儿子，百姓肯定会亲附。"赵盾说："不行。怀嬴地位低贱，她的位次是第十名（或第九名），她的儿子有何威望？况且她受到两个国君的宠幸，这是淫乱。公子乐现在投靠弱小的陈国，很孤立。母亲淫乱，儿子孤立，没有威望，没有后援，这怎么可以呢？”于是赵盾派人去秦国迎接公子雍，而贾季也去陈国召回公子乐。赵盾大怒，罢免了贾季的官，贾季逃走。这时秦穆公刚去世，他的儿子秦康公派兵护送公子雍回国，谁知问题又出来了。

晋襄公的夫人穆嬴（当时称为“某嬴”的，基本上都是秦国的宗室女儿，因为嬴姓是秦的国姓。一般称“齐姜”的都是指姜姓齐国的宗室女儿）每天抱着太子夷皋到朝堂上哭，为自己的儿子争取合法的地位。她说：“襄公有什么罪？他的继承人夷皋有什么错？舍弃合法的继承人，偏偏要到秦国迎接雍是为什么？你们究竟要把太子夷皋怎么处置呢？”她又抱着太子去赵盾家里，叩头说：“襄公在时把夷皋托付给你，说‘这个孩子成才，我将永远感激你；若不成才，我将怨你教导无方’。如今这句话时常在我耳边回响，可谁知襄公尸骨未寒，你们就辜负其重托，抛弃了他的儿子，这是为什么呢？”她一把鼻涕一把泪地说，弄得赵盾哑口无言。虽然赵盾他们是从国家大计来考虑继承人问题的，但按照当时

◎晋襄公去世后三位国君候选人的情况

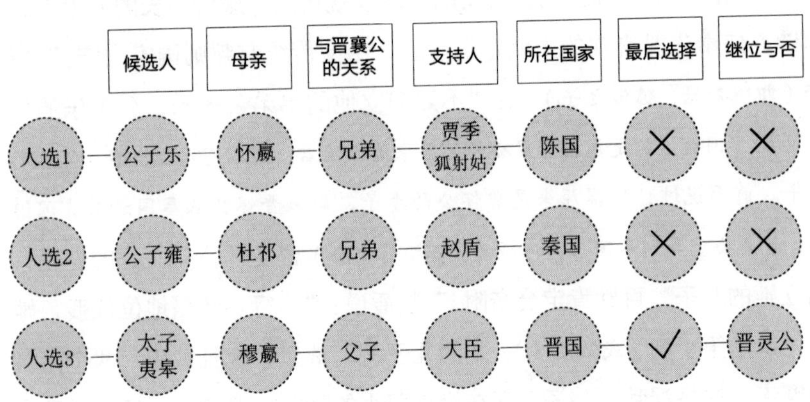

的礼法，拥立夷皋这个嫡子是天经地义的。这件事传播出去后，穆嬴博取了大多数人的同情。赵盾就又和大臣商量，大家都顾忌穆嬴及其家族，害怕被杀，于是背弃了要迎接的公子雍，立姬夷皋为国君，也就是晋灵公。赵盾亲自带兵击退了护送公子雍的秦军。

赵盾拥立的这个晋灵公确实不成样。晋灵公十四年时，晋灵公已成人。他生活奢侈，荒淫暴虐，大肆搜刮民脂民膏，大兴土木，喜欢游戏，宠爱大夫屠岸贾（这个人后来差一点灭了赵盾的家族）。屠岸贾阿谀奉承，灵公言听计从。灵公命人建造一个花园，遍求奇花异草，唯桃花最盛，烂如锦绣，故此花园被命名为桃园。园中筑起三层高台，中间建起一座绛霄楼，雕梁画栋，极尽奢华。灵公非常喜欢来这里，张弓弹鸟，饮酒作乐。凭栏四望，市井街道历历在目。一天，灵公找了一个戏班在楼上吹拉弹唱，引得百姓围观，他突发奇想，对屠岸贾说："用弹弓打鸟哪如打人有意思，我们俩比赛，打中眼睛的胜出，都打中身体的和局，打不中的罚酒一杯。"于是他俩开始弹人取乐。后来灵公感觉不过瘾，就让多人动手。一时万弹齐发，百姓躲闪不及，有破头的，有伤额的，有被打落门牙的，有被射爆眼珠的，惨不忍睹。百姓哭爹喊娘，抱头鼠窜，灵公哈哈大笑，大叫开心，从此百姓再也不敢接近桃园了。他还养了一条叫"敖"的恶犬，看谁不顺眼就唆使它去咬，被咬的人基本上次次毙命，而养犬的人享受大臣的俸禄。一时万民皆怨，百姓离心。赵盾等人屡屡进谏，可都被当成了耳旁风，并引起了晋灵公的忌恨。

有一次赵盾与大臣士会加班，两人正在朝堂上商量国是，提及灵公这个样子都很痛心。正在议论时，两人突然看见宫女从内宫中抬出一个竹笼。赵盾马上起疑，知道其中肯定有缘故，问二人抬的是什么，她们低头不应，被逼不过才说："您想看自己看吧，我不敢说。"赵盾近前一看，有一只人手微微露出，再仔细看，才知是被肢解了的死人。赵盾说：“快讲明原因，否则我立即斩杀了你们。”二人说道：“这人是厨师，君王让他煮熊掌，急着下酒，催促多次，他没办法只得献上。君王嫌熊掌不熟就用铜锤打死了他，又把他砍为数段，让我等找人把尸体抛到荒郊野外。”赵盾对士会说：“主上无道，草菅人命，国家危在旦夕，我们苦谏，如何？”士会说：“我先劝说，没有效果您再出马。”晋灵公一看士会进宫，就知道了他的来意，马上说：“您不用说了，我知道自己错了，马上会改。”士会说：“人非圣贤，孰能无过？君王知过必改，是国家之福，我十分欣慰。”他出来和赵盾一说，赵盾也心存侥幸。

可这哪是说改就能改的？很多人就是这样，嘴里说的比唱的都好听，可说完之后仍然我行我素，改什么呀？第二天，灵公还是照样想去桃园嬉戏游乐，赵盾拦在门口，说：“有道君王，与民同乐，无道之人，把自己的快乐凌驾于别人的痛苦之上。若光是田猎游戏，也还罢了，哪有以杀人为乐的？如今您纵犬咬人，放弹打人，又因小过错肢解厨师，这岂是有道明君的所作所为？人命是最宝贵的，滥杀无辜只会众叛亲离。民心不可侮啊！我不忍心看着您惹火烧身，所以今天直言无忌，请您马上回到朝堂主持国政，痛改前非。能使晋国危而复安，我也死而无恨了。”

灵公也很羞愧，以袖掩面道：“你先退下，这是我最后一次游玩，明天肯定照常上班。”这“最后一次”的借口，是这种不想真心改过的人的惯用语，屠岸贾说：“您的进谏虽是好意，可君王当着这么多人的面空跑一趟，也惹人耻笑，君王明日正常理政就是了。”赵盾双眼圆睁道：“亡国败家，就是被你们这些人纵容唆使的。”但他也没办法，只能让灵公进园。

赵盾的好心并没换来好报，晋灵公还动了肝火，认为赵盾太多事了，说："自古都是君王控制臣下，哪有被臣下管制的君王？这个老东西每日在我耳边絮聒，真让人扫兴，有什么办法除掉他呢？"屠岸贾说："我手下有位宾客叫鉏麑（chú ní），因为家贫，我常常救济他，他能为我尽死力。他非常勇敢，我让他去刺杀赵盾，您不就可以任意行乐了吗？"灵公大喜（现在有人为了不受束缚、纵情享乐而杀死亲生父母，其行为正与晋灵公类似）。屠岸贾给鉏麑的命令是：赵盾专权欺主，今奉灵公之命派你行刺，趁他五更上朝的时候行刺，不可误事。许多人作恶时也在用正大光明的理由，只是被蒙在鼓里的人还以为自己是为正义事业而牺牲的呢。

鉏麑果然二话不说，藏好利刃，当夜潜伏在赵府附近。

第二天一早，府门大开，鉏麑潜入赵府，冷眼观察，只见内室正中端正地坐着一位官员，穿戴整齐。此人正是赵盾。原来天色尚早，他怕耽误了上朝，就坐以待旦。鉏麑环顾四周，只见赵盾生活简朴，根本没有与其正卿身份相匹配的奢华。鉏麑退了出来，叹道："他是心底无私天地宽啊！他时刻不忘恭敬，真有勤政爱民的风范，我杀这样的人不是成了历史的罪人吗？但是我若无功而返，也对不起君王。不过我宁可违背君命，也不能错杀忠臣。罢！罢！我进退两难，只有自杀以求两全。"说完一头撞死在槐树下。这个典故叫"鉏麑触槐"，也是一曲让人肠断的悲歌，至今读起来仍然让我对这个忠义两全的大丈夫心折不已。真是：壮哉鉏麑，刺客之魁；忠肝义胆，视死如归。

晋灵公一计不成，又生一计，他真想除掉赵盾，但这条毒计被他的厨师揭穿了。这是怎么回事呢？原来这个厨师和赵盾有一段渊源。当初，赵盾常常到首山打猎，有一次打猎时见桑树下有一个饿汉，就给他食物，可他只吃了一半。赵盾问他原因，他说："我在外游历三年，不知道母亲是否还活着，我想留下一半给母亲。"赵盾被他的孝心所感动，又给他一些饭和肉。

不久以后，这个人成了晋灵公的厨师，但赵盾并不知道。灵公一心想除掉赵盾，请他来宫中饮酒，但埋伏下刀斧手，想趁机结果了他。灵公的诡计让受过赵盾恩惠的"桑下饿汉"知道了，他怕赵盾喝醉了无法起身，就上前进言道："大臣在君王面前饮酒，干杯三次就应该罢休了。"他用眼神示意赵盾快走，赵盾马上醒悟，起身离开。这时那些甲兵还没有就位，赵盾提前离席打乱了他们的计划，灵公就命令放出那条叫"敖"的恶犬撕咬他，"桑下饿汉"勇敢出手，帮他击杀了恶犬。这时赵盾还不知道，"桑下饿汉"是来报答他的恩德的。不久灵公指挥伏兵追击赵盾，又是这人抵挡住了追兵，赵盾才得以脱险。赵盾惊讶于这个"素不相识"的人能如此奋不顾身，他早把赠饭一事忘了，问对方原因，对方说："我就是桑树下的饿汉。"赵盾问他姓名，他不告诉，报完恩，了结了心愿，他就逃走了（这就是典故"桑下饿汉"的来源，这个典故告诉人们，一个人对别人的滴水之恩必当涌泉相报）。

赵盾逃离都城，但没有走出国境，他的同族弟弟将军赵穿在桃园袭杀了晋灵公。晋文公是英雄好汉，可孙子却很不争气，这种人手里有多少家业都被败光，甚至连命都保不住。古语说"儿孙自有儿孙福，莫为儿孙做马牛"，真有几分道理，若没有精神财富，一切物质文明都是空。赵盾又被迎了回来，恢复了原职。赵盾向来高尚廉洁，很得民心，而晋灵公年轻放浪，挥霍无度，百姓不归附，所以杀他比较容易，晋人也并没有责怪赵盾，但官方媒体却不这么看，晋国的史官董狐写道："赵盾杀死了晋灵公。"并在朝廷上让各位大臣传看。赵盾说："杀灵公的是赵穿，我没罪。”董狐说：“你是正卿，执掌国政，逃亡没有出国境，回来又不诛杀乱国的人，那么罪魁祸首不是你是谁？”董狐可不管什么正卿不正卿的。按照当时的礼仪规范，以下犯上是最敏感的问题，稍有不慎就会留下污点，董狐这么理解赵盾也对。孔子听到这件事后说：“董狐，是史官中的典范，不怕权贵，不隐瞒罪责。赵盾，是大臣中的楷模，为了遵守史官评论人事的标准，甘愿受委屈。可惜呀！如果他当时逃出国境，君臣之义断绝，他就可以免除杀害国君的恶名了。”这句话可以这么理解：赵盾被灵公残害，如果他被迫出国避难，则君臣关系就解除了。但是，只要他没有离开国境，他就应该肩负正卿的职责，他就属于灵公的臣子，而君王被杀，他难辞其咎。这就是典故“董狐之笔”的来历，现在也指仗义执言、实事求是。

第廿七章 难有为几代平庸 虽欲振国势已衰

晋灵公死后，赵盾把晋襄公的弟弟黑臀立为国君，这就是晋成公。成公是晋文公的小儿子，他母亲是周王室的女儿，据说怀孕时梦见神人用黑手涂抹他的臀部，所以叫黑臀。晋成公在位时，主要的军事活动是与楚庄王争斗，这时楚庄王已隐然有霸主气象。成公在位七年死去，儿子晋景公据继位。晋景公三年时，赵盾的儿子赵朔被屠岸贾杀害，赵家除了一个婴儿以外都被杀死，这个婴儿就是典故“赵氏孤儿”中的赵武，这一节放在本系列丛书之《长平之战》中详述，赵武是复兴赵氏的决定性人物。晋景公八年，景公派郤克去齐国，与齐国修好。在《姜齐豪士》中说过此事。当时去齐国的人中，晋国使者郤克驼背，鲁国使者腿残疾，卫国使者一只眼，齐顷公为了讨母亲欢心，也派同样残疾的人引导客人。郤克知道这是讥笑他，立志报仇，在晋景公十一年时打败齐国，差一点俘虏了齐顷公。韩国的奠基人韩厥和赵朔友好，认为赵盾家族功不可没，不能断绝他们的宗庙祭祀。于是，在韩厥的积极运作下，赵盾的孙子“赵氏孤儿”赵武在晋景公十七年时重新得到封地，赵氏开始复苏。晋景公在位十九年去世，儿子寿曼为国君，就是晋厉公。

晋厉公谥号“厉”，果然是统治残暴，穷兵黩武。在晋厉公五年时，他找借口杀死了喜好直谏、忠心耿耿的伯宗，晋国人因此不亲附他。在晋厉公六年时，他与楚共王作战，刚开始有人劝厉公撤退，不要和楚军交锋，大臣郤至反驳道：“我们出兵是正义的，看见强敌就躲避，以后就没办法发号施令了。”于是晋厉公决定和楚军交战。晋军在鄢陵打败了楚军，射瞎了楚共王的眼睛。

晋厉公威震诸侯，想号令天下，争做霸主，他也更加不可一世，自以为天下无敌了。他喜欢女人，有很多宠妾，打败楚国之后更加骄奢，想把所有的大臣免职，用现在的话说就是“要解散政府，重新组织内阁”，任用各个宠妾的兄弟。这就是糊涂至极。这些靠裙带关系上来的人，有几个能有真本事？有个宠姬之兄叫胥童，这人曾经和这次力主抗战的郤至有怨仇，而有一个叫栾书的大臣抱怨郤至抢了他的风头，于是胥童与栾书勾结准备对付郤至，两人暗中知会楚国，楚共王派人欺骗厉公说：“鄢陵这一仗，实际上是郤至召楚国来的。他想作乱，要拥立你的堂兄弟公子周为国君，但不凑巧的是，其他盟国都没来，所以这件事没有得逞，而我们楚国也只好诈败。”厉公就这件事问栾书，栾书说：“大概有这回事。公子周在洛阳，您派人去暗访一下就可以了。”厉公就派郤至出使洛阳，栾书又唆使公子周会见郤至，这两个人都蒙在鼓里，不知道被人出卖了，而厉公派出的密探清清楚楚地看到两人“交接”情报，就如“实”回报。厉公信以为真，于是怨恨郤至，想杀死他。

晋厉公八年，厉公外出打猎，和姬妾饮酒，郤至杀猪来奉献，可在半道上被宦官孟张夺走了猪肉，郤至一怒之下射杀了孟张。厉公发怒，说："郤至欺人太甚，竟然杀死我的人。"他想诛杀郤至家族，但还没有采取行动。郤至的族人说："国君不问青红皂白，诬陷好人，如今竟想诛杀我们家族，我们准备反击，也许会死，但宁可同归于尽，也要让他受点教训。"郤至说："讲究忠信的人不会以下犯上，有大智慧的人会化解灾祸于无形，真正的大勇之人不会作乱害民。失去这三条原则，谁还肯追随我。我死了算了。"郤至听天由命了。

厉公派胥童带领八百士兵偷袭，灭了"三郤"，即郤至、郤犨、郤锜，胥童趁机在朝廷劫持了当初的合作伙伴栾书和另一个有势力的大臣中行偃。胥童对厉公说："不如连这两人一同杀死，否则还会有祸患。"厉公说："一天杀了郤氏三位国卿有点过分了，我不忍心再杀人了。"胥童说："您不忍心，他们有一天可不会顾忌。"厉公不听，反而向栾书等人致歉，说："我只是想惩治郤氏里通外国、危害社会公共安全的罪过，你们都可官复原职，不要惊慌。"栾书、中行偃叩头谢恩道："庆幸啊！庆幸啊！"厉公任命胥童为卿。过了几天，厉公走出都城到匠骊氏（厉公宠臣，住在翼城）家游玩，栾书、中行偃利用他们的党徒发动袭击，把厉公囚禁起来，杀死了胥童。胥童一心只想害人，为自己谋利益，没几天的工夫就死了，这恐怕是这类人最为理想的归宿。厉公被囚禁六天后也被杀死，用一辆车拉出去随意安葬了。栾书、中行偃把在周朝任职的公子周接了回来，立为国君，这就是晋悼公。

这新继位的晋悼公与被杀死的晋厉公是平辈，都是晋文公的玄孙，晋襄公的曾孙，他们俩的祖辈是兄弟。周继位时十四岁，他在就职仪式上说："我的祖父和父亲都没能继承君位，为了避难逃到洛阳，客死他乡。我知道自己和其他人相比血缘较远，没有指望当国君，如今各位大臣拥立我，我怎敢不兢兢业业，勤政爱民呢？你们一定要尽心辅佐我。”他驱逐了七个不称职的大臣，重修祖宗德政，向百姓施惠，释放善意，抚恤、重用曾经跟随晋文公东奔西走的功臣后代。晋悼公让群臣推荐贤士，大臣祁奚举荐自己的仇人解狐，悼公又问有没有其他人了，他又推举自己的儿子祁午，君子们听后十分感动，说：“祁奚可以说不偏私了！推举外人不避弃仇敌，推举内亲不埋没儿子。任人唯贤，胸怀坦荡，可以说他已把这两条做到极致了。”这也是典故“外举不避仇，内举不避亲”的来源。

悼公向当时的作词作曲家师旷询问治国之道，师旷说：“唯仁义是治国之本。”三国时代有人把周瑜比作这个“闻弦歌而知雅意”的师旷，可见师旷的水平相当高超。传说周瑜听人演奏的时候，如果弹错了，他能觉察出来，所以有歌谣道：“曲有误，周郎顾。”

悼公的弟弟杨干扰乱了军队的秩序，将军魏绛处死了杨干的车夫，悼公发怒，有人劝说他不要意气用事，悼公反思，认识到了魏绛的贤能，于是任命魏绛主抓外事工作。周边的少数民族都亲近晋国，悼公当面表扬了魏绛，并赏给他一个乐队。这魏绛是“战国七雄”中魏国的奠基人之一。

第廿八章　霸主业沉沙折戟　韩赵魏三家分晋

晋悼公在位十五年去世，儿子晋平公继位，这时齐国晏子当政。晋平公在位二十六年去世，儿子晋昭公接任，在位六年死去，儿子晋顷公继位。此时晋国中央政府的权力已经被削弱了，政局实际掌控在“六卿”的手里，吴国的季札［这时是春秋时代的末期，季札是吴王阖闾的四叔，他不做君王，经常出来搞外交，本系列丛书之《吴越争霸（故事篇）》中有叙述］早就看出晋国的政权要被大臣篡夺了。齐相晏子有一次出使晋国，和晋国大臣叔向谈论时事时，叔向说：“晋国已经没落了，君王只知搜刮百姓，大兴土木，纵情声色，不理国政，政治大权被私家把持，晋国这样能长久吗？”晏子深表同意，也担心姜氏齐国被田氏替代（其实在晋平公时代，晋国中央政权就已经名存实亡了。因此，各个诸侯国的政权开始新一轮的组合）。

晋顷公时代，晋国公室进一步被削弱，六卿更加强大。顷公在位十四年死去，儿子晋定公继位。在定公二十二年时，范氏、中行氏被打败

◎ **晋文公之后晋国大姓的演变**

晋武公	小宗夺取大宗政权，来路不正，因此他非常担心原大宗不服，也担心有人照猫画虎，于是他屠杀、驱赶原大宗公子
晋献公	晋献公八年（前669），晋献公接纳士蔿的建议，屠杀、驱赶"桓、庄之族"
晋文公	尊贤重士，奖赏功臣。由于公族凋零，无人可用，因此大量起用异姓大夫

↓

晋文公时代十一大姓氏

胥氏 籍氏 狐氏 箕氏 栾氏 郤氏 柏氏 先氏 羊舌氏 董氏 韩氏

↓ 经过一番争夺，变成

六大姓氏（六卿）

范氏 中行氏 智氏 韩氏 赵氏 魏氏

↓ 经过一番争夺，变成

四大姓氏

智氏 韩氏 赵氏 魏氏

↓ 经过一番争夺，变成

三大姓氏

韩氏 赵氏 魏氏

公元前403年，魏斯（魏国第一君魏文侯）、赵籍（赵国第一君赵烈侯）、韩虔（韩国第一君韩景侯）被周威烈王正式封为诸侯，三家分晋获得承认

↓

出逃到齐国。定公在位三十七年去世，儿子晋出公继位。出公十七年，智伯和韩、赵、魏三家私自瓜分范氏、中行氏的土地作为自己的私人领地，出公发怒，告诉齐、鲁，想依靠它们讨伐“四卿”，“四卿”恐惧，反过来攻击晋出公。出公死在向齐国逃亡的路上，智伯就拥立骄为晋哀公。智伯和哀公的父亲忌有旧交情，忌死得早。智伯想完全吞并晋国，可还不敢，于是就拥立骄为国君，想以此为跳板进一步巩固实力。

这时智伯最强大，一切政治举措都出自他的手笔，晋哀公对他不敢有丝毫的限制。但在哀公四年（公元前 453 年），赵襄子、韩康子、魏桓子联手诛杀了智伯，完全瓜分了他的土地。晋哀公在位十八年去世，儿子柳继位，即为晋幽公。晋幽公时代，统治集团能控制的只有都城绛和祖庙所在地曲沃，其余的国土都被韩、赵、魏拥有，这三家也叫“三晋”。晋幽公这时要看三晋的脸色行事，反而要朝拜他们。晋幽公十五年时，魏文侯继位。晋幽公十八年时，晋幽公夜里私自出城奸淫妇女，被盗贼杀死，公子止继位，这就是晋烈公。

晋烈公十九年，中国形式上的国家元首周威烈王赐封韩、赵、魏为诸侯（司马光的《资治通鉴》就是从这时写起的。司马光从封建礼法的观念出发，认为韩、赵、魏这种篡权行为是不对的，然而，这一行为却得到了周王朝的认可。司马光认为“礼乐崩坏”是导致分裂的重要原因，这个教训是后代君主应该记住的，所以他从这时开始编写，一直到宋朝，共一千三百六十二年的历史）。晋烈公在位二十七年去世，儿子颀继位，即为晋孝公，他在位十七年去世，儿子俱酒继位，即为晋静公。晋静公二年，魏武侯、韩哀侯、赵敬侯把晋静公贬为平民，晋国的祭祀从此断绝。这三家灭亡晋国以后，把它的土地分割成三块，收入各自囊中。

这几年是“大地震时代”，新老交替，政权更迭频繁。晋国和姜姓齐国退出历史舞台，韩、赵、魏与田氏齐国脱颖而出。与此同时，秦孝公任用商鞅变法，再加上楚、燕两国得以延续，“战国七雄”正式形成，直到秦始皇统一六国。

司马迁说：晋文公，是自古以来颇受推崇的明君，在国外旅居了十九年，遍尝人情冷暖，历尽坎坷辛苦，等到即位后论功行赏，尚且遗忘了介子推，何况那些薄情寡义、刻薄无恩的君主呢？晋灵公因为横征暴敛、荒淫废政而被杀害（被赵盾的族弟赵穿杀死）。到了晋成公、晋景公时代，统治手段更加严厉（晋景公三年，屠岸贾诛灭赵氏，只剩下一个“赵氏孤儿”赵武，详见《长平之战》）。到了晋厉公时，厉公的残暴程度无以复加（杀直言敢谏的伯宗，任人唯亲，胥童作乱，杀死郤氏兄弟，最后栾书、中行偃为自保杀死胥童、晋厉公），大臣们害怕被诛杀，祸乱迭起。自晋悼公以后，晋国日渐衰微，六卿专权。所以说，国君若想驾驭臣下并不是一件容易的事呀！